Estrada do Rio Grande, 2.921   -:-   Taquara - Jacarepagu[á]

Sexta-Feira Dia 7 – Seresta

* * * * * * * * *

Sábado Dia 8 – Discoteque
e Música Popular

Music Box N.º 2 No Comando MAURO

* * * * * * * * *

Domingo Dia 9 – Discoteque
Ao Comando EDSO[N]

DON PETER

FÁBRICA PRÓPRIA

SÓ MODA MASCULINO
LANÇAMENTOS EXCLUSIVOS
PREÇOS PARA REVENDEDORES

Estrada dos Bandeirantes, 58 - Loja D
Em Frente ao Unibanco-Tel. 392-8564

SA[

CORTES EM MECHA
MASSAGENS CAPILAR[ES]
CORTES SIMPLE[S]

Estrada do Tindiba, 2.331   -   Taqua[ra]
Largo da Taquara   -:-   Jacarepag[uá]

Ao melhor dançarino um brinde de DON PETE[R]

Soul da Libertação
Lançamento 2.º LP

[Ma]lup[e] **Country Club**

GERSON **KING** COMBO

A NOITE
DAS
BRECAS

EM ALTA VELOCIDADE

oul Grand P

INIGUALAVEL

onsieur

VÁRIOS

CIRCU

tru

ORÇA

A O

CA

DE POUPANÇA

Várias Rádios e Televisões participando ao

IS UMA REALIZAÇÃO DR. CRIS PROMO

E OUTUBRO - A Noite do "The Big Soul

ESPORTE

RUA VITORI

ABRIL

29

SEXTA-FEIRA

20 horas

SOUL MAIOR

CAVALHEIROS CRS

Vem aí o aniv

EXPLOSÃO DO SOUL 7

nham conhecer o novo clu

do soul.

ESPORTE CLUB GARNIER

Estação do Rocha

- 22 hs.

X

B. So

ower

Onibus: 477, 274, 277, 279, 696, 285, 663, 272

a 13 de Agosto em Belo Horizo

rson King Combo e Soul Grand F

interessados a irem a excurção procu

lson ou Marco Maguila

UBE LIGIA

AMARAL N.º 55

A COVA

DAMAS GRATIS

io da equipe A COVA

PORT

ABRIL
22

RUA ARRUDA

IA   II - ENC

19

BRII

★★★★☆
★★★★☆
★★★★☆

B

SOUL

UPO ANGOLA SOUL

romoção

GILSON · DANGIO

ibus - Centro - 261 -

Caxias Meie

Tijuca 638 - Penh

Casino Bangu - Está em Festa

EXTRA! EXTRA!

Pela 1. Vez nos Bailes de Discoteca

O comparecimento em massa dos

Aspirantes da Escola de Formaçã

de Oficiais da Marinha Mercant

DYNAMI

EM NOITE DE G

Domingo 26 junho

Sabado 23 Julho - Anu

Dynamic

Sabado 6 - agosto

OS MELHORES

NAMIC

Miranda

APRESENTA

NOVA ERA DO SOUL

ELE 25,00

ELA 10,00

Soul Grand Prix

A

NSIEUR

CASH

MA

BO

Sorteio LP Disc. JOCKEY SOUL

Luizinho

Nº 6020

EBOL DE

ord, 336 -

enta

Equipe B

SADO 14 Janeiro 20:00 horas

Colégio Fute (COLEGINH

Na Inauguração dos novos Ba
Ganhe uma BICICLETA CALO

FURACÃO 2000
J. B. SOUL
BLACK POWER - FUNK
AFRICANA SOUL
ULTRA - FUNK
Nova Discoteca — Entrando nas Paradas

Soul Machine
BLACK BOSS
Vocês já conhecem — O Soul de Caxias

Dinamite - Soul
VIRGIAURE
A Explosão 78

TERREMOTO

CAVALHEIRO ATÉ ÀS 21,00 HS — A Surpresa — CrS 10,00
DISTRIB. INTERNA

BLACK POWER

Apresenta o máximo em
Soul e Qualidad

SOUL GRAND PRIX

CASH BOX

ADEMIR

CLUBE 18 DE JULHO em Clari

Acervo JB/ Almir Veiga

Acervo JB/ Almir Veiga

Acervo JB/ Almir Veiga

Acervo JB/ Almir Veiga

Acervo JB/ Almir Veiga

1976

MOVIMENTO BLACK RIO

Música.

O que é isso que nos toca?
Não é só uma composição de notas, arranjos, ritmos.
É som feito de história, paisagens, pessoas.
Captado por todos os cantos, por todos os poros.
Misturado e reinventado por todos os sentidos.
Essa música que nos toca é universal. É de todos e é de cada um.
Aproxima e aquece. Expressa e conecta. Vibra e ecoa. Transforma.

Nós, brasileiros, trazemos uma música feita de muitas músicas.
De somas, trocas, encontros. Música-diversidade. Música-identidade.
Que, quanto mais se mistura, mais se expande.

Esse encontro íntimo e universal que a música é capaz de promover
revela nossa própria essência. É esta experiência que queremos
valorizar e ampliar.

NATURA MUSICAL
Nos encontramos na música

O projeto *1976 Movimento Black Rio* é patrocinado pela Natura,
por meio de seu programa cultural Natura Musical.

Saiba mais sobre este e outros projetos em: www.naturamusical.com.br

patrocínio

Luiz Felipe de Lima Peixoto
Zé Octávio Sebadelhe

1976
Movimento
Black Rio

1ª edição

Rio de Janeiro, 2016

CIP-BRASIL. CATALOGAÇÃO NA PUBLICAÇÃO
SINDICATO NACIONAL DOS EDITORES DE LIVROS, RJ

S449u

Sebadelhe, Zé Octávio
1976 Movimento Black Rio / Zé Octávio Sebadelhe, Luiz Felipe de Lima
Peixoto. - 1. ed. - Rio de Janeiro: José Olympio, 2016.

ISBN 978-85-03-01284-3

1. Negros - História e crítica. 2. Músicos negros - Rio de Janeiro (RJ).
I. Título.

16-35037

CDD: 781.57

CDU: 323.13 (81)

Copyright © Zé Octávio Sebadelhe e Luiz Felipe de Lima Peixoto, 2016

Projeto gráfico: Chris Lima | Evolutiva Estúdio
Foto de capa: Almir Veiga

Produção de conteúdo complementar e pesquisa iconográfica: Gabriel Bernardo
Equipe de reportagem: André Luís Salgado e Bruno Nunes Gonçalves

Todos os esforços foram feitos para localizar os fotógrafos e fotografados das imagens reproduzidas neste livro. A editora compromete-se a dar os devidos créditos, numa próxima edição, caso os autores as reconheçam e possam provar sua autoria. Nossa intenção é divulgar o material iconográfico de maneira a ilustrar as ideias aqui publicadas, sem qualquer intuito de violar direitos de terceiros.

Este livro foi revisado segundo o novo Acordo Ortográfico da Língua Portuguesa.

Todos os direitos reservados. Proibida a reprodução, armazenamento ou transmissão de partes deste livro, através de quaisquer meios, sem prévia autorização por escrito.

EDITORA JOSÉ OLYMPIO LTDA.
Rua Argentina, 171 – 3º andar – São Cristóvão
20921-380 – Rio de Janeiro, RJ
Tel.: (21) 2585-2000

Seja um leitor preferencial Record.
Cadastre-se e receba informações sobre nossos lançamentos e promoções.

ISBN 978-85-03-01284-3

Impresso no Brasil
2016

Os meus olhos coloridos me fazem refletir...
MACAU, **um negro**

Da adversidade vivemos.
HÉLIO OITICICA, **um branco**

A união é a cura.
FABIANO TXANABANE HUNI KUIN, **um índio**

DEDICATÓRIAS

Dedico a presente obra à hombridade destes cariocas: Marcello Magdaleno, Pedro Tibau, Flávio Abbês, Pedro Serra, Paulo Thiago de Mello, Ernesto Neto, Márcio de Andrade, Sérgio Lutz Barbosa, José Henrique Lutz Barbosa, Felipe Feijó, Leonardo Feijó, Guilherme Feijó, Ronaldo Pereira, Roberto Medeiros, Flávio Silveira, Paulo Tiefenthaler, José Thomaz Nabuco Neto, Ricardo Meteoro, João "Pato" Fontes, Dr. Eduardo Sanches Faveret, Paulo Futura, Otto Nascarella, Lúcio Kleber de Aquino Nogueira, Luiz Eduardo Rydlewski, Cyro Novello, Edson Abbês (*in memoriam*), Márcio Abbês, Sérgio Abbês, Marcus Vinícius Reis Dutra, André Mizarela, Adalberto Berro, Zeca Berro, André Paixão, Marcus Wagner, Márcio Botner, Sebastien Prates, Alfredo Herkenhoff, Carlos Vasconcellos, Roberto Tadeu Nora, Bernardo Botkay, Pedro Lago, Omar Salomão, Daniel Castanheira, Gilberto Borges, Júlio Marcello, Felipe Dantas, Hyldon Souza, Lúcio Branco, Leandro Petersen, William Magalhães, Cláudio Schoppa, Nilson "Primitivo" Gonzales, Leonardo Rivera, Ericson Pires (*in memoriam*), Ricardo Chacal, Tavinho Paes, Marcus Muller, Fausto Fawcett, Carlos Laufer, Toni Platão, Gustavo Corsi, Humberto Effe, Wilson Meirelles, Xando Arau, Cáudio Couto, Maurício Valladares, Wander Wildner, Tom Capone (*in memoriam*), Marcão Oliveira, Bernardo Palmeiro, Luiz Bertoni, Carlos Lomounier, Bernardo Negron, José Guilherme Miranda, Antônio Carlos Miranda (*in memoriam*), Sidney Linhares, Marcelinho Da Lua, Silvio Essinger, Marcelo Pimentel Lins, Daniel Koslinski, Áureo Cesar, Greg Caz, Samir Abujamra, André Ghiatza Fadul, Marcelo Janot e Lucio K. Queiros. Ao meu irmão de fé, Felipe Gaoners.

E à Carmen Filgueiras – sem você não teria sido possível.

Simbora pelos flancos!

Zé Octávio Sebadelhe

Este livro de reportagem é dedicado à família Zoca e à família Peixoto, por bastante me ajudarem a chegar até aqui. Devo tudo a vocês.

Impossível não pensar em dedicar, logo no topo, ao próprio Zé Octávio, que me convidou a fazer parte de um projeto que, assim como para ele, era um sonho para mim. Zé, muito mais que grato por tudo. Sonhos existem para serem realizados, e você me provou isso.

Eternamente dedicado à Morena e ao João, à Renata, à Lina Lúcia, ao Walfredo, à Adriana e à Fabiana, minhas grandes irmãs.

Ao próprio William Magalhães, por todas as possibilidades geradas. Através de amizades e vivências, muito influenciou minha vida. Grato mesmo por tudo.

Ao Aleh, Macau e Augusto Bapt, grandes artistas. Vocês foram responsáveis por mudanças de percurso.

Ao Carlos Alberto Medeiros, por todas as orientações e paciência. Grande referência.

À Sandra Almada, por todos os ensinamentos, que são para sempre.

Ao Léo Feijó, que de olhos fechados acreditou em tudo.

À Luiza Miranda, ao Gabriel Bernardo, à Elisa Rosa, à Chris Lima, à Luiza Baratz e à Gabriela Carvalho. Sem vocês essa história não aconteceria.

Ao Eduardo Affonso, ou DJ Edu, que me apresentou o disco Saci Pererê, da BBR. Foi quando Miss Cheryl mexeu com os meus sentidos e um monte de coisas me veio à tona.

A minha amada música, que em tudo me acompanha. Desde que te ouvi, nunca mais me separei.

Em memória de Isabella Lago: Isa, você fica com esta história também. Em memória do meu avô Léli, que muito me influenciou com os seus cantos de coral. Lembrar-me de sua voz me faz bem.

Este livro é dedicado a todos vocês.

Vamos todos de música!

Luiz Felipe de Lima Peixoto, "Gaoners"

SUMÁRIO

APRESENTAÇÃO | 11

INTRODUÇÃO | 19

1. RIO NEGRO | 26

2. REFLEXOS DA CONTRACULTURA | 30

3. BLACK IS BEAUTIFUL
   — OS PRIMÓRDIOS DA LUTA | 35

4. A JUVENTUDE SUBURBANA | 44

5. OS RITMOS DE BOATE E O
   BAILE DA PESADA | 47

6. A RENASCENÇA NO RENA
   — PROCURA-SE UM DJ | 52

7. O SOUL POWER CARIOCA | 57

8. A CONSCIÊNCIA SOUL GRAND PRIX | 61

9. EQUIPE BLACK POWER | 66

10. A UNIÃO DE DECIBÉIS | 68

11. BLACKS E BROWNS | 76

12. COMISSÃO DA VERDADE DO SOUL | 83

13. O MOVIMENTO E A GRANDE MÍDIA | 92

14. ÁFRICA INTERCONTINENTAL | 99

15. SOU MAIS SAMBA | 107

16. J. BLACK — A VOZ SOLITÁRIA
    DA MASSA | 116

17. BRAZILIAN SOUL MUSIC | 122

18. GROOVE NAS TELAS | 128

19. BIG BOSS NOS GUETOS, NAS
    DANÇAS E TRILHAS SONORAS | 136

20. TIM MAIA — ASTRO-REI | 142

21. BANDA BLACK RIO —
    A GAFIEIRA UNIVERSAL | 146

22. NOVOS ARTISTAS NO BERÇO
    DOS BAILES | 160

23. MPBLACK | 179

24. TAKE IT TO THE BRIDGE | 183

25. O MOVIMENTO REVELA O SALTO
    E OS NOVOS PASSOS | 200

27. HERANÇA BLACKRIANA | 209

28. GET ON UP | 218

CONSIDERAÇÕES FINAIS | 221

REFERÊNCIAS BIBLIOGRÁFICAS | 231

APRESENTAÇÃO

Você conhece o Black Rio?

LUIZ FELIPE DE LIMA PEIXOTO, "GAONERS"

Já ouviu esse termo? Não, nunca? De forma alguma queremos subestimar o prezado leitor ou leitora deste livro. Muito pelo contrário. A ideia aqui é chamar atenção para um importante fato da cultura nacional que talvez tenha passado despercebido por grande parcela da sociedade brasileira. Isso, curiosamente, se torna um fato que não podemos negar.

A insuficiente preservação e a desvalorização da memória cultural no Brasil podem ser vistas como causadoras de grandes problemas na formação da nossa sociedade. Hoje sabemos que um país sem memória acaba significando uma sociedade sem pensamentos críticos e, muitas vezes, sem poder de escolha e decisão.

A história do Movimento Black Rio se encaixa, de certa maneira, numa situação muito parecida com os escassos registros históricos da cultura negra nacional, nesse contexto de costumes e valores pouco registrados, obliterados pela amnésia reinante da memória imaterial, característica comum desse país. Pouco se sabe, ou se recolheu e guardou de forma conveniente, sobre o que foi a influência do soul americano no subúrbio do Rio de Janeiro no início dos anos 1970. Alguns afirmam não ter sido um movimento autêntico, organizado. Outros alegam que foi apenas um brilhante momento em que a juventude negra resolveu dançar uma música diferente. Um fenômeno de massa raro e desconcertante para os padrões da época, que envolvia negros e mestiços, na sua maioria de bairros suburbanos do Rio de Janeiro. Negros não. Eles se chamavam *blacks*.

Há também a opinião de que foi um movimento de identidade racial, veiculado por uma identidade musical, o soul de James Brown. Vale lembrar que o soul, ainda no seu surgimento, foi cultuado e projetado como um forte instrumento de libertação do negro americano. *I'm black, and I'm proud!*

O soul é de origem negra. A África, seu ponto de partida. Os negros norte-americanos identificaram o continente africano como um berço, uma nascente. Para o negro brasileiro o soul também representava esse nascedouro. A luta política e as expressões culturais do negro nos Estados Unidos atingiam, com mais força e evidência, o jovem negro carioca da década de 1970 – também influenciados pelos dreadlocks do reggae de Bob Marley, Peter Tosh, Jimmy Cliff. A valorização da identidade, a descoberta de uma estética negra, a liberdade de expressão, a luta por direitos iguais, que eram brutalmente violados até então no Brasil, todas essas questões reivindicatórias repercutiram fortemente na alma negra carioca. Muito por influência do surgimento do que conhecemos hoje em dia como o Movimento Black Rio.

Muitos negros e brancos, porém, não concordariam com isso àquela época. Identificando certa ausência de autenticidade na dinâmica proveniente do soul. Na concepção deles, o samba é que seria genuíno, a nossa verdadeira expressão. Ponto difícil de negar. Vale lembrar, contudo, que mesmo o samba, imaculadamente original, nato dessas terras, também teria sido marginalizado durante muito tempo. No entanto, havia outros negros que não se sentiam mais à vontade ou plenos com o contexto.

Nas décadas de 1940 e 1950, quando o rádio passou a divulgar o samba ao grande público, quando as escolas de samba deixaram de ser vasculhadas pela Polícia, foi quando a classe média invadiu o samba. Com efeito, o negro de então já não se identificava mais com aquele universo, e encontrou no soul que vinha dos Estados Unidos a sua coluna, o seu apoio, o porto seguro, de real cumplicidade.

Tendo sido tão relevante assim para essa geração negra que não se identificava mais com o samba, por que ainda se desconhece tanto do Movimento Black Rio? Por que um fato histórico como esse, de grande importância cultural para a nossa sociedade, ainda não foi devidamente abordado? Por que só agora surge um livro que busca retomar amplamente o que foram aqueles anos de festa negra, que aconteciam no subúrbio carioca e nas periferias, não só do Rio de Janeiro, mas de outras grandes cidades brasileiras posteriormente?

Pensemos historicamente. Tanto o negro quanto o indígena que aqui conviveram com o branco, desde o período colonial-escravista, ainda encontram dificuldades para registrar suas próprias versões da história. "A história do Brasil foi escrita por mãos brancas." A frase foi lavrada pela historiadora Beatriz Nascimento, no documentário *O negro da senzala ao* soul, realizado pelo Departamento de Jornalismo da TV Cultura de São Paulo, em 1977. No documentário, Beatriz localizava na questão um problema muito sério, pois uma parcela da população negra da época frequentava escolas e universidades, mas não encontrava uma história social do negro brasileiro, de modo que viesse a conhecer melhor a sua própria cultura. A grande história da nação brasileira acabou sendo omissa em determinados pontos, negligenciando fatos muito importantes da memória social, econômica e intelectual dessa população. Causou enorme deformidade, então, tratar basicamente da escravidão, deixando de lado outras formas de o negro viver no Brasil.

Algumas questões raciais, como as relações entre negros e brancos, as definições de raça e até mesmo a luta política do negro no Brasil e nos Estados Unidos, eram diferentemente compreendidas por intelectuais brasileiros e estrangeiros. A partir da primeira metade do século XX, a ideia de miscigenação extensiva no Brasil acabava minimizando a história da escravidão e da abolição no país. A ideia de um povo miscigenado era propagada como a grande solução para uma nação livre de discriminação racial. Se comparado com os Estados Unidos ou a África, que tinham negros radicalmente separados da sociedade branca, transmitia-se a ideia de que no Brasil existia um sistema gradativo de identificação e inclusão racial e que pessoas de grupos étnico-raciais diferentes podiam, sim, conviver harmonicamente. Era a formação de uma nação moderna, mestiça e sem conflitos. No presente momento entendemos que, na verdade, propagava-se "o mito da democracia racial".

A comparação do Brasil com os Estados Unidos nesse aspecto ganhou ainda mais evidência nas décadas de 1950 e 1960, quando alguns ativistas e intelectuais ligados ao Movimento Negro brasileiro começaram a criticar a diferença da luta racial nos dois países. Esses críticos argumentavam que o mito nacionalista de um país culturalmente em harmonia tirava o foco de uma realidade racial bastante parecida com a que era vivida na América do Norte. Diferentemente de como a maioria dos brasileiros pensava, intelectuais afirmavam que a natureza enganadora do racismo brasileiro talvez fosse mais perversa, até aquele momento, do que o racismo nos Estados Unidos. Mais perversa e perniciosa, porque tirava a possibilidade de uma consciência racial. Tirava, sobretudo, a possibilidade de se discutirem amplamente políticas raciais, como o movimento pelos direitos civis norte-americanos ou o surgimento de programas de ações afirmativas e políticas reparatórias por lá. Tirava da população negra, enfim, a possibilidade de tudo. Mas como podemos, então, falar de racismo no Brasil se ele não existe por aqui?

Anos mais tarde, a partir da intensa reivindicação de ativistas negros, a Lei 10.639/2003, de 9 de janeiro, tornou obrigatório o ensino da história da África e dos africanos no Brasil, a história das lutas dos negros brasileiros e, consequentemente, a trajetória da cultura negra na sociedade brasileira. Quando promulgada, acabou demonstrando o quanto a educação brasileira, em pleno século XXI, ainda tinha de viés eurocêntrico, colonial e um tanto quanto racista até. Professores e universidades não se encontravam preparados naquele momento. E entenderam que a lei possuía falhas em seu embrião, pois apenas considerava a questão para os ensinos fundamental e médio, em todos os estabelecimentos públicos e privados do território nacional. Mas a falta de professores universitários formados e preparados para essa demanda educacional chamou bastante atenção. Por isso, foi anexado o parecer de 17 de junho de 2004, que decretava, através do Conselho Nacional de Educação, que não apenas o ensino médio tinha a necessidade de revisão dos conteúdos, mas também os cursos de formação de professores universitários deveriam se adequar, objetivando formar profissionais realmente capacitados para o ensino do assunto. E, assim, a lei que obrigava o ensino da "História e Cultura Afro-brasileira" na base da educação nacional, que por assim dizer acabou sendo limitada perante a extensão do tema, conseguiu então envolver todos os órgãos educacionais brasileiros.

Desde fins da década de 1990, têm sido desenvolvidas políticas públicas mais diversas e positivas, com o objetivo de inserir grande parte da população historicamente marginalizada. Do marco legal em diante, uma rediscussão mais aprofundada sobre alguns importantes segmentos sociais, tais como a educação e a veiculação midiática brasileira praticadas até então, se tornou mais saudável e comprometida com a diversidade étnico-racial brasileira.

Sabemos que em 13 de maio de 1888 aconteceu a abolição da escravatura no país. Mas podemos concluir que esse processo ocorreu muito tarde e que foi malconduzido. Tarde porque o Brasil foi o último país do mundo a abolir a escravidão. E malconduzido porque, depois de libertos, os negros não foram incluídos nos sistemas de educação, sendo ainda excluídos das forças de trabalho e das participações políticas, pois naquele período apenas os alfabetizados podiam exercer o poder do voto. Vale salientar, também, que algumas políticas públicas da época assumiam livre e abertamente a ideologia eugenista, que previa, entre os seus fundamentos, o impedimento da reprodução daquelas pessoas dotadas de "genes defeituosos", através da segregação e esterilização, apresentando como crença de base a superioridade da raça branca. Os defensores dessa ideologia entendiam a necessidade da transformação da sociedade brasileira no mais branco possível dali em diante. O princípio da eugenia posteriormente foi identificado na Constituição brasileira de 1934.

Pelos motivos apontados anteriormente, então, é que entendemos ser necessário adquirir um novo olhar para a questão racial no Brasil, uma outra visão da nossa formação societária. Somos um país relativamente novo, com cerca de 516 anos atualmente. Neste momento em que o livro é lançado, são apenas 128 anos de abolição da escravatura. Durante cerca de quatro séculos, negros e índios foram escravizados em solo brasileiro. Ou seja, são muitos anos de opressão contra poucos anos de abolição por aqui. Não podemos deixar de lado o fator histórico na consideração da situação dos negros e indígenas nos dias de hoje. No entanto, estamos em processo de mudança constante. Educadores contemporâneos indicam que estamos saindo de um referencial predominantemente eurocêntrico para outro intercultural, que evidencia a multiplicidade étnico-racial formadora de nossa sociedade. O conteúdo deste livro, relacionado a um movimento artístico-cultural da população negra carioca, quer ser uma contribuição à construção discursiva de uma memória social positiva da população negra brasileira.

Talvez, por alguns dos motivos já citados, muitas pessoas nunca souberam mesmo da existência e da importância do Movimento Black Rio, que surgiu espontaneamente e mostrou dentre outras coisas o quanto os brasileiros de ascendência africana lutaram por uma simples liberdade de ir e vir, pelo direito de verem e serem vistos, por se expressarem e mostrarem uma identidade própria – daí, então, nasce a necessidade da elucidação histórica.

Num período ditatorial, a representatividade desse movimento *black* e da música soul não teve parâmetros maiores. Perto do fim da ditadura, viveu-se um momento único de busca de definições e espaços através da música soul. Os negros daqui se mostraram contextualizados num âmbito internacional, estavam em sintonia com o que acontecia pelo mundo. E, através dessa identidade de raça, o Movimento Black Rio se tornou um fenômeno sociológico e político incomparável. Um divisor de águas.

As manifestações culturais dos negros sempre sofreram grande resistência e desconfiança das elites brasileiras. Naquela época, muitas vezes foi por medo ou receio de algo que nunca tinham visto, uma grande aglutinação de jovens negros buscando a afirmação como ideal num baile. Deturpado por uma direita política que insistia em taxar o movimento como "um modelo de importação de extremismo afro-americano". Considerado, pela esquerda, mais um meio de colonização, sendo apenas uma dissimulação do imperialismo norte-americano. Foi mesmo pernada a três por quatro; tiro, porrada e bomba, vindo de todos os lados. Mas o Movimento Black Rio foi destemido.

Da mesma forma que a juventude branca teve no rock sua expressão de revolta, a juventude negra buscou na identificação com o soul uma liberdade de expressão. O Black Rio adentrou no cenário carioca e brasileiro como um movimento de anseio musical, mas também político, cultural e intelectual. Acima de tudo, altamente dançante. Algumas versões desses passos serão trilhadas nas páginas que se seguem. Portanto, caro leitor ou leitora, aproveite para cair na dança. Seja muito bem-vindo. Som na caixa e o couro come!

A partir de agora o baile é todo seu.

Introdução

Movimento em curso

ZÉ OCTÁVIO SEBADELHE

Dentro de uma conjuntura de ditadura militar, as políticas públicas vigentes no estado da Guanabara rachavam a região em realidades muito distintas sob diversos aspectos. Uma barreira intangível dividia camadas da sociedade e limitava a circulação entre o subúrbio e a Zona Sul, principalmente no que se referia ao acesso à informação e à cultura. Revelava-se uma topografia desigual, que demarcava a área urbana carioca e a separava entre diferentes grupos de jovens que pouco, ou quase nunca, interagiam. Mais especificamente, no que se relacionava à indústria de entretenimento, digamos, *oficial*, havia uma distinção muito restrita e parcial sobre o que significava "arte e lazer" para uma "nova geração". Essa realidade relegava a bairros mais afastados da periferia e a sua juventude de baixa renda um estreito contato com a vida cultural da metrópole.

Nesse contexto, surge um fenômeno de massa de caráter absolutamente espontâneo nos subúrbios cariocas. Advindo de jovens negros, na sua maioria, que se descobriam com uma força incomparável de mobilização, esse fenômeno tornou-se inevitável à atenção dos veículos de informação e irrefutável ao olhar curioso da população da cidade. Essa juventude negra-mestiça buscava incondicionalmente um novo comportamento, uma forma genuína de se exprimir e uma identidade social bastante particular. Nascia o Movimento Black Rio.

Mesmo sob a influência da contracultura do fim dos anos 1960 e das incansáveis batalhas campais pelos direitos civis e liberdade de expressão – insurgentes nos quatro cantos do planeta –, o que aqui ficou reconhecido como Movimento Black Rio teve características tão peculiares que não apenas mudariam as formas de produção cultural da cidade, mas também os hábitos de convivência e as relações sociais do lugar.

Essa particularidade, enquanto manifestação, não só alcançou a opinião pública do país, como influenciou diversas cidades brasileiras e, finalmente, uniu jovens negros de outros estados com o mesmo propósito: o direito de se expressar livremente, absorver, produzir cultura e se divertir. Surgia uma mocidade que iria questionar veementemente estatutos e modelos arcaicos da civilização brasileira, ainda muito evidentes naquele período e que permanecem presentes até hoje – traços de uma sociedade forjada em severos conceitos da era da escravidão.

O histórico Movimento Black Rio, como ficou conhecido, que por tantas vezes fora taxado ou questionado como movimento de autenticidade cultural (especificamente por agregar valores estrangeiros, alvo certeiro de críticos contumazes), gerou, em última análise, uma transformação profunda na sociedade carioca, a ponto de provocar uma revolução de ideias. Refutado como fenômeno genuíno de mobilização, o Black Rio permaneceria em destaque na grande mídia por tanto tempo, que acarretaria níveis demasiados de exposição, com alcance nacional e internacional. Toda a controvérsia gerada em torno dos *blacks*, suas danças e novos hábitos representaria um prato farto para a imprensa espetaculosa. Finalmente, esse conjunto de novos comportamentos iria atingir sensivelmente certos grupos. Mesmo não tendo o devido reconhecimento como agente transformador, o Movimento assumiu um papel inquestionável de mudança de paradigmas e foi elemento motivacional de diversas frentes. Muitíssimo além do que se consegue identificar. Não só estimulou o surgimento de instituições vinculadas à consciência negra, como veio a inspirar uma nova geração de artistas e subgêneros da música brasileira (como o samba-soul e o samba-jazz), despertando até o interesse de nomes já consagrados da MPB e atingindo uma dimensão internacional. Não obstante, esse levante cultural teria continuidade em inúmeras manifestações subsequentes como, por exemplo, a onda dos bailes de charme, o hip-hop Rio e o fenômeno do funk carioca.

Por representar um momento tão marcante, tantas vezes guardado ao esquecimento, é que pretendemos, nesta obra, nos ater mais especificamente à efervescência Black Rio. Sua trajetória, que teve início no fim dos anos 1960 e o seu auge em 1976, quando foi publicada a controvertida reportagem "Black Rio – O orgulho (importado) de ser negro no Brasil" no *Jornal do Brasil*. A brilhante matéria de quatro páginas assinada pela jornalista Lena Frias, com o tenaz ensaio fotográfico de Almir Veiga, iria batizar o movimento eternamente.

A famosa reportagem, que até hoje divide opiniões e se configura como objeto de grande reflexão, seja em teses acadêmicas, monografias e discussões acerca do assunto, certamente não ficou incólume a uma parcialidade editorial e midiática da época, muitas vezes inevitável a cada viés analítico, a cada contexto histórico, ao distanciamento de quatro décadas da sua publicação, mas principalmente pelos desdobramentos que desencadeou. A extensa matéria com chamada de capa, na edição de um sábado de 1976, publicada como manchete em um dos jornais de maior circulação nacional, iria tanger a opinião pública de uma forma que não se poderia presumir.

Como teor jornalístico e factual, transmitiu uma riqueza tão preponderante de signos e uma gama de elementos tão reveladores para o leitor, que, até hoje, permeia o fascínio de novas gerações e suscita a força desse momento, identificado na própria matéria como um movimento comportamental de grandes proporções: o Black Rio.

O destaque de primeira página daquela edição chamava a atenção para a reportagem sobre o movimento, no suplemento de cultura do veículo:

> Um novo "poder" já está em afirmação na Zona Norte da cidade e em outras áreas periféricas do Grande Rio, mobilizando mais de um milhão de rapazes e moças orgulhosos de sua cor e espiritualmente mais próximos do Harlem do que das quadras de samba. Eles se tratam de *brothers*, se autointitulam de *blacks,* seguem um ritual coreográfico de saudação, identificam-se pelas roupas coloridas de modelo próprio e têm como ponto principal a música soul, a única que escutam e tocam em seus bailes, alegres encontros de até 15 mil dançarinos. É o *soul power* que tem no artista americano James Brown seu ídolo e que está se preparando para recepcionar, em agosto, outro astro soul, Archie Bell. No dia 31, um baile no Mourisco marcará na Zona Sul a chegada desse movimento, um dos mais intrigantes fenômenos sociológicos do Rio de hoje.

No início da matéria, as palavras de Lena Frias descreviam a energia concentrada do Black Rio, uma coqueluche que se alastrava pelo subúrbio e se aproximava da realidade da Zona Sul:

> Uma cidade de cultura própria desenvolve-se dentro do Rio. Uma cidade que cresce e assume características muito específicas. Cidade que o Rio, de modo geral, desconhece ou ignora. Ou porque o Rio só sabe reconhecer os uniformes e os clichês, as gírias e os modismos

da Zona Sul; ou porque prefere ignorar ou minimizar essa cidade absolutamente singular e destacada, classificando-a de arquivo descompromissado do modismo; ou porque considera mais prudente ignorá-la na sua inquietante realidade.[1]

O texto de Lena Frias indicava que uma cultura estrangeira afetava profundamente o modelo tradicional do subúrbio carioca, tido como berço oficial da cultura do samba – ritmo de representatividade nacional. E, principalmente, que esse fenômeno de massa levava uma nova geração a expressar um sentimento de libertação inédito. Lena também abordava como essa manifestação era compreendida por aquela juventude proveniente de bairros classificados, na lógica urbanística, como zonas de população operária: Pavuna, Colégio, Coelho Neto, Rocha Miranda, Irajá, Vicente de Carvalho, Thomas Coelho, Engenho da Rainha, Inhaúma, Marechal Hermes, Realengo, Padre Miguel, Bangu, Madureira, Cascadura, Bonsucesso, Olaria, Jardim Gramacho, Penha Circular, Andaraí, Grajaú, Vila Isabel e também áreas da Baixada Fluminense como, Caxias, Mesquita, Vilar dos Teles. Os bailes ainda se perpetuariam por bairros da Zona Oeste (Freguesia, Taquara e Jacarepaguá) e também chegariam a outros municípios, como Niterói.

Na reportagem, Lena Frias estima o número de equipes de som ("a célula de toda a vida social dos *blacks power* cariocas") em quase trezentas até então. Soul Grand Prix, Black Power, Jet Black, Dynamic Soul, Santos Brazilian Soul, Vip's, Uma Mente Numa Boa, Furacão 2000, Boot Power, Equipe Modelo, Cash Box, Módulo Magnético, Sorac, Black King, Scorpio, Black Panther, Hollywood, Revolução da Mente, Tropa Bagunça, Rick, Arte Negra, Alma Negra, A Cova, Petrus, Truta Soul, Atabaque, Cap Som, Jay Top, Mancha Negra, Soul Brown, A Torre, Mercado

---

[1] Trecho retirado do primeiro parágrafo da matéria.

Soul, Prelúdio, Enigma Soul, Fênix, Apoluisom, Soul Lazer, My Soul, Mancha Negra, Solid State, Célula Negra, J. B. Santos, Music Box, Pop Rio, Olho Negro, Cranius, África Soul, Virgiaure, Afrosoul, A Máquina, Grupo Brown, Black Angola, Geração Black, Black Children, A Mancha, Black Soul, Horus, Black Flower, entre tantas que se espalhavam pelos clubes e quadras de samba suburbanas.

Cada baile reunia cerca de dez a quinze mil pessoas, "com uma renda que um jogo de Flamengo e Vasco não atingia nos domingos do Maracanã", segundo o discotecário Ademir Lemos em entrevista para a mesma matéria – o DJ teria sido um dos impulsionadores do movimento e responsável pelas primeiras coletâneas das equipes no mercado fonográfico brasileiro. A reportagem ainda calculava um público que chegava a 1,5 milhão de frequentadores durante os finais de semana nos bairros do Grande Rio.

Foi no ano de 2001, quando eu ainda era iniciante como repórter na redação do *Jornal do Brasil*, que, por acaso, tive acesso não apenas à famosa reportagem, como a todo o registro fotográfico de Almir Veiga, realizado em julho de 1976. Quando vi o belíssimo material, tive a ideia de montar uma exposição; afinal, entre tantos cliques precisos de Veiga, nenhum era descartável. A importância de revelar aquele trabalho na íntegra me levou a realizar, em parceria com o produtor Ronaldo Pereira, o fotógrafo Pedro Serra e colaboração de Felipe "Gaoners" (com quem partilho mais esta obra), duas primeiras exposições no Circo Voador, em edições do evento *Circo Soul*, que reunia festas ligadas à cultura *black* da cidade e a shows de artistas do gênero, com o propósito fundamental de trazer à baila essa história.

Depois, em 2008, levamos a exposição para o projeto *Retratos do Brasil – Movimento Black Rio*, no SESC

Rio. O evento que aconteceu na unidade SESC Madureira teve, além da exposição, quinze dias de discussões sobre o tema, mostra de cinema e shows com dois ícones da época do Movimento Black Rio: Gerson King Combo e Carlos Dafé.

A reunião de informações e a intensa pesquisa realizada para esta publicação, *1976 Movimento Black Rio,* propõem um mergulho profundo nesse período, muitas vezes contido num passado remoto e imemorial. Através de depoimentos esclarecedores, personagens centrais, imagens inéditas e flagrantes inestimáveis, tentamos nos aproximar de um legado muito oportuno para entender seus desdobramentos e a presente realidade da cidade. Finalmente, esta obra se dedica, sobretudo, a prestar uma homenagem mais do que devida a todos os agentes criadores desse episódio: as equipes de som, produtores, DJs, artistas, dançarinos, radialistas e a massa *black* que fez com que essa história pudesse acontecer e se propagar na sua essência.

RIO NEGRO

Asfilófio de Oliveira Filho ingressou, em março de 1969, na faculdade de engenharia civil. O jovem negro, de dezenove anos, completara o seu curso na Escola Técnica Nacional e partia gloriosamente para a graduação de nível superior. A boa formação que havia conquistado lhe conferia um status que representava, para os padrões da época, um caso praticamente isolado nos subúrbios cariocas. Filó, como era conhecido entre amigos e familiares no bairro do Jacaré (Zona Norte do Rio de Janeiro), lembra que na faculdade particular Souza Marques, além dele, havia apenas mais três colegas negros entre todo o corpo estudantil. Se hoje o meio universitário brasileiro ainda apresenta um quadro de grande disparidade sociorracial (mesmo com a adesão das universidades federais ao sistema de cotas para negros e pardos como medida inclusiva),[2] naquela época esse hiato era ainda maior.

Além de ingressar na faculdade, Filó tinha acabado de ganhar do pai, por mérito nos estudos, o seu primeiro carango, um Volkswagen zero quilômetro. O rapaz es-

---

[2] Segundo o Instituto Brasileiro de Geografia e Estatística (IBGE), apesar de o acesso dos negros à universidade ter crescido exponencialmente na última década, a proporção dos estudantes de 18 a 24 anos negros ou pardos que frequentam o ensino superior ainda não chegou ao mesmo nível que os jovens brancos tinham dez anos antes.

De acordo com a Síntese de Indicadores Sociais, divulgada pelo instituto, em 2004, 16,7% dos alunos negros ou pardos estavam em uma faculdade; em 2014, esse percentual saltou para 45,5%. No caso dos estudantes brancos, em 2004, 47,2% frequentavam o ensino superior; dez anos depois, essa parcela passou para 71,4%.

tava com tudo e não estava prosa. O seu fusquinha, cor pérola, cruzava o Rio de Janeiro de ponta a ponta, das aulas noturnas da faculdade de engenharia, no bairro de Cascadura, para os pontos mais badalados da cidade. A Zona Sul, com suas boates e intensa vida noturna, onde Filó já marcava presença, oferecia uma atividade cultural bem diversificada e mais *liberada* do moralismo vigente, incomparável aos padrões do subúrbio carioca, naqueles idos anos 1960. Essa liberdade e plena identificação com um novo tipo de entretenimento e lazer só seriam experimentadas pela maioria da juventude periférica, predominantemente negra, com o surgimento dos primeiros bailes de *black* e soul (como aqui fora *rotulado* o gênero musical do soul e funk norte-americanos, ritmos que embalavam os eventos de fim de semana daquela região). A profusão dos bailes *black* e soul, que iriam se alastrar espontaneamente pelos bairros da Zona Norte, desencadearia um fenômeno de massa de grandes proporções, com uma abrangência inimaginável. Essa manifestação ficaria conhecida, muito em breve, como Movimento Black Rio.

Segundo Asfilófio, bem antes do Black Rio, o distanciamento entre a Zona Sul e a área periférica do Rio era latente.

> Eram praticamente duas cidades diferentes que não se frequentavam. Certamente a convergência entre esses territórios era muito menor do que a que existe hoje em dia. Assim como a população da Zona Norte não tinha acesso às áreas mais abonadas da cidade, por motivos sociais óbvios, os moradores da Zona Sul, de classe alta e até da média e baixa, não interagiam, não se davam conta ou nem se interessavam pelo que acontecia no resto do Rio. Lembro bem de amigos da Zona Sul, como o DJ Dom Pepe, morador de Copacabana, que se recusava a ir para os bairros suburbanos quando eu o convidava.[3]

---

[3] Depoimento em entrevista aos autores do livro.

Assim exemplifica Filó, que via na época uma confluência exígua entre as diferentes regiões. "Quando se dava algum tipo de intersecção, acontecia apenas em festividades tradicionais, como a festa da Penha ou nas escolas de samba, em épocas de carnaval, ou então entre moradores e familiares de diferentes comunidades."[4]

Filó nasceu no seio de uma família humilde, residente no bairro de Botafogo. Na época, seus pais e tias habitavam uma "cabeça de porco", localizada na rua Bambina. Com o nascimento do rebento, seus pais logo foram buscar condições mais razoáveis no subúrbio carioca. Era uma cidade traçada dentro de um planejamento urbano voltado para a implementação de uma política sistemática de erradicação das casas de cômodos e favelas, no Centro e Zona Sul da cidade. A partir da década de 1950, intensificavam-se as discussões acerca de um programa de remoções que tomaria corpo com a criação da Coordenação de Habitação de Interesse Social da Área Metropolitana do Grande Rio (CHISAM). Em 1964, a CHISAM já executava medidas de remoção de favelas da Zona Sul, onde comunidades inteiras eram transferidas para conjuntos habitacionais construídos em terrenos afastados, na periferia da cidade.

Três grandes favelas situavam-se às margens da Lagoa Rodrigo de Freitas: a Ilha das Dragas, a Praia do Pinto e a Favela do morro da Catacumba, totalizando, as três, vinte e sete mil habitantes. A região da Lagoa foi a primeira a sofrer remoções, e a favela Praia do Pinto foi definitivamente extinta em 1970 após um incêndio de grandes proporções – para muitos, intencional – que destruiu boa parta da comunidade.

O livro *Um país chamado favela*, de Renato Meirelles e Celso Athayde, aborda a questão. Os autores classificam as remoções como "episódios de força e verticalização":

---

[4] *Idem.*

Eleito governador da Guanabara, em 1960, o udenista Carlos Lacerda apostou na remoção das favelas como solução primordial para os problemas urbanos. Em sua gestão, mais de 42 mil pessoas foram retiradas de 32 comunidades, erradicadas parcial ou totalmente. De modo compulsório, esses grupos acabaram conduzidos a conjuntos, como Vila Aliança, em Bangu, e Vila Esperança, em Vigário Geral. Em Vila Kennedy, na Zona Oeste, foram recebidos a partir de 1964 milhares de moradores de comunidades como do Pasmado, Esqueleto e Maria Angu.

Em lares impostos, esses indivíduos tiveram de empreender radical reinvenção, vivendo distantes do centro da cidade e do local de trabalho, em áreas de comércio ralo e transporte precário. Lacerda seria menos criticado pelas remoções forçadas do que supostamente sistematizar uma operação para eliminação física de cidadãos sem-teto, entre 1962 e 1963, recebendo a alcunha de Mata-Mendigos.

A Cidade de Deus, erguida também na década de 1960, insere-se nesse contexto de desterritorialização das comunidades. Aqueles transferidos para o bairro provinham de 63 favelas, 70% deles anteriormente residentes nos núcleos Catacumba, Rocinha, Praia do Pinto, Parque da Gávea, Ilha das Dragas e Parque Leblon.[5]

---

[5] Trecho retirado de *Um país chamado favela.* São Paulo: Gente, 2014, p. 46-47.

REFLEXOS DA CONTRACULTURA

Naquela altura, o pai de Filó, também Asfilófio de Oliveira, mecânico autodidata e com grande tino comercial para o ramo técnico de automóveis, havia ascendido socialmente, proporcionando à família condições financeiras melhores. A criação de uma agência de veículos, quando ainda não existiam muitas concessionárias, e o sucesso de seu empreendimento fizeram com que o chefe de família pudesse proporcionar uma base educacional consistente ao filho, que também trabalhara junto ao pai durante toda a adolescência, sendo seu braço direito na contabilidade do negócio. Filó Filho, com a experiência e o impulso empresarial herdado de seu pai, já se virava para ganhar "dim-dim" e pagar "fom-fom", além do combustível do carro e o cascalho das noitadas. O jovem mercador comprava roupas para revender e buscava a sua independência financeira na comercialização de artigos de moda e uniformes. Essa veia empreendedora levaria Filó a tornar-se uma das figuras mais influentes no desenvolvimento do Movimento Black Rio.

Nessa época, morava no Jacaré (bairro da Zona Norte da cidade), mas circulava por toda parte. Eu e alguns amigos comprávamos casacos camuflados do exército, camisas da Aeronáutica, calças boca de sino, apetrechos da moda, além de *boots*, coturnos e uniformes do colégio militar, tudo na Praça Mauá, para revenda. O que vendia mais eram as disputadas calças da marca Lee e os perfumes Lancaster.

> Na faculdade, me consideravam "fora do padrão". Me identificavam como "bicho-grilo". Usava o cabelo *black power*, às vezes com tranças de barbante, chapéus, calça pantalona, tamanco e bolsa de pano. Ainda por cima era um dos únicos a ter um carro, o que me destacava entre os universitários e já me trazia um certo sentimento de orgulho negro.[6]

É dessa maneira que Filó se recorda daqueles tempos, quando ainda via nessas formas de expressão apenas reflexos de um modismo que surgia, mas que seria o prenúncio do Movimento.

O modismo foi tão forte que, de uma hora para outra, o estilo do cabelo *black* foi adotado em abundância, como avalia Filó:

> No fim dos anos 1960, todos começaram a incorporar o visual *black power*. Até o meu pai, mãe e tias aderiram. A questão era que o visual se transformava em direção a uma identidade mais negra, mas ainda não se tinha o discernimento do que aquilo representava de fato. Por enquanto, essa tendência se reservava ao âmbito estético, sem qualquer discurso de superação ou busca de um orgulho próprio, de uma autoestima especificamente.[7]

A conscientização vinda de uma postura mais autêntica para a negritude e contra a discriminação racial, Filó já trazia de seus tempos de Escola Técnica. Ainda como aluno dessa instituição, fez parte do grêmio estudantil, participou de discussões e palestras acerca do tema. Como membro daquela agremiação, iria vivenciar embates entre alunos de outros institutos como, por exemplo, do Colégio

---

[6] *Idem.*
[7] *Idem.*

Militar, quando muitas vezes se chegava às vias de fato em contendas encarniçadas.

Já na faculdade, Filó se nutria de pensamentos contraculturais, pela liberdade de expressão e em busca dos direitos civis. Os debates em torno das questões raciais e os ecos dos discursos de líderes negros norte-americanos, como os reverendos Martin Luther King e Jesse Jackson, o ativista Malcolm X, além dos principais representantes dos Panteras Negras, reverberavam fortemente na verve do estudante.

Da sala de aula partia para as suas noitadas, não apenas no subúrbio, mas principalmente na Zona Sul, onde frequentava as boates mais disputadas e o *bas-fond* do Beco da Fome (galeria de restaurantes de baixo custo e refeições de sabor caseiro, além de ponto de encontro da rapaziada mais *descolada*), na avenida Prado Júnior, esquina com a rua Ministro Viveiros de Castro, próximo ao bairro do Leme. Foi ali que Filó conheceu vários artistas e personalidades *blacks*, digamos, de vanguarda.

Na turma, entre os amigos boêmios, Antônio Viana Gomes – que em breve adotaria o pseudônimo Toni Tornado como nome artístico – propagava determinadas gírias que se tornariam o linguajar básico utilizado pelos *blacks* e *browns* do movimento que estava por vir. Expressões como "podes crer, amizade", que viria a ser o título de um de seus grandes sucessos, e outros tratamentos como "brother" e "dom" eram disseminados por Toni e seus parceiros da madrugada. O cantor e dançarino trazia os maneirismos e a onda *black power* estadunidense de uma temporada de vivência no Harlem, em Nova Iorque.

Colecionador da famosa revista *Ebony* – uma das pioneiras no mercado editorial norte-americano direcionada ao comportamento e a assuntos ligados especificamente à comunidade negra –, Toni ditava moda, dava dicas de comportamento, além de trazer uma nova atitude para a temática racial, uma postura, digamos, mais *black*, absorvida pelo seu círculo de amizades. "O Toni nos apresentava aquele estilo moderno dos negros americanos nestas revistas, que nos fascinava e servia como um modelo que ultrapassava o *personal stylist.* Nessas magazines víamos finalmente uma identificação real de como queríamos ser e nos portar de fato",[8] aponta Filó, mostrando a importante repercussão desse veículo para a autoestima dos jovens negros de sua época.

O jovem Asfilófio, naquele momento já identificado como Dom Filó entre os parceiros da madrugada, frequentava a fauna noturna de Copacabana e Ipanema, uma mocidade epidermicamente hippie, que constituía o underground carioca. Por ali, nas imediações do Beco da Fome, podia-se encontrar o pessoal da tropicália, Gal Costa, Gil e Caetano; a figura do velho guerreiro, Chacrinha; o produtor Carlos Imperial; um estreante músico negro, Jorge Ben, que começava a despontar no *hit parade*; além de figuras remanescentes do Beco das Garrafas e ainda personagens do *café soçaite.* Nesses bares e boates se concentravam toda a gente do teatro, rádio, televisão, imprensa e profissionais da indústria fonográfica. Era nesses *points* que acontecia grande tráfego de contatos profissionais e muita troca de ideias.

Também circulava pela área Sebastião Rodrigues Maia, talvez o personagem mais representativo de uma nova safra musical da MPB, classificada no subgênero samba-soul justamente pelo pioneirismo de misturar a música brasileira a elementos do soul e do funk norte-americanos. Essa fusão, absolutamente genuína, ficaria muito evidente nas primeiras gravações e trabalhos autorais do cantor. Tim Maia, como ficou conhecido e que seria considerado por muitos o astro-rei de uma plêiade de músicos brasileiros que segui-

---

[8] *Idem.*

ram essa tendência, era regresso de uma temporada nos Estados Unidos, assim com Toni Tornado.

Entre os 17 e os 21 anos, Tim teve acesso ao universo da música negra norte-americana e pôde acompanhar de perto o surgimento de novos lançamentos da indústria do soul; um seguimento que iria conquistar grande fatia do mercado internacional durante os anos 1960, através de gravadoras líderes de vendagem como os selos *Tamla-Motown* e *Stax*.

BLACK IS BEAUTIFUL – OS PRIMÓRDIOS DA LUTA

Toni e Tim Maia já se conheciam do final da década de 1950, dos tempos da Rádio Mayrink Veiga. Toni se apresentava como dançarino e dublador de ídolos do *twist* e *iê-iê-iê*, como Chubby Checker, chegando a ficar conhecido como Tony Checker. Nessa época, surgiam os primórdios da Jovem Guarda, em programas como *Alô Brotos*, na Rádio Mayrink Veiga, apresentado por Jair de Taumaturgo, também à frente do programa *Hoje é dia de Rock*, na TV Rio. Outro dublador/dançarino (uma moda entre os *performers* adolescentes cariocas daquela época) que ensaiava as suas primeiras aparições em programas para a juventude era Gerson Côrtes, irmão de Getúlio Côrtes – compositor de diversos sucessos da Jovem Guarda, como a música "Negro gato". O dançarino, Gerson, que se tornaria um cantor de forte carisma e vigor vocal, teria grande evidência no auge do Movimento Black Rio, ficando conhecido como o ídolo máximo Gerson King Combo, chegando também a ser considerado a principal voz do soul-funk brasileiro, um "James Brown carioca", como anunciariam suplementos culturais nos anos 1970.

Na fase iê-iê-iê, Carlos Imperial também obtinha fama como mestre de cerimônias em programas como *Os brotos comandam,* na TV Continental e Rádio Guanabara, e o legendário *Clube do rock, spot* que apresentava na TV Tupi.

Toni eventualmente esbarrava com Tim Maia, que também fazia suas primeiras performances no quadro de

Carlos Imperial, na TV Tupi. Tim, que inicialmente se apresentava no conjunto Sputniks, uma parceria com Erasmo e Roberto Carlos, posteriormente ficou conhecido como o "Little Richard da Tijuca" e cantava sucessos do astro do rock, depois que o grupo Sputnik se diluiu numa grande discussão, como nos conta o jornalista Nelson Motta na biografia *Vale tudo – o som e a fúria de Tim Maia*.

Finalmente, Toni e Tim foram tentar a sorte no exterior e chegaram a se reencontrar, em Nova Iorque, mas numa situação não muito agradável.

Tim, que havia partido para os States em busca de vida nova depois de ter ficado desiludido com os primeiros passos do início de sua carreira, envolveu-se numa viagem endiabrada com amigos delinquentes e um automóvel roubado rumo à Flórida. Vivenciaram inúmeras confusões, praticaram diversos furtos a supermercados e consumiram quilos de *marijuana* durante o périplo através de cinco estados americanos. Consequentemente a brincadeira acabou mal, e o grupo foi parar numa cadeia, na Flórida. Tim Maia cumpriu uma etapa no chilindró, até finalmente ter sua deportação ao país de origem decretada.

Na comunidade dos poucos brasileiros que viviam no Harlem, a notícia de que um jovem negro brasileiro teria sido preso em tais circunstâncias chegou até Toni Tornado. Foi quando Toni surpreendentemente reencontrou Tim – na cidade de Nova Iorque, que era ponto de regresso para os extraditados dos EUA – e o ajudou a retornar ao Brasil. Tim foi deportado do país pouco antes de o mesmo acontecer com Toni, que, sem o visto de permanência nos Estados Unidos, havia caído na garras da polícia de imigração.

Toni, por sua vez, tinha imigrado para os States depois de prestar serviço militar na Brigada Paraquedista da Aeronáutica de Deodoro. "Na época, o empresário e apresentador Silvio Santos era meu colega de infantaria. Chegamos a lutar no Canal de Suez",[9] lembra o ator/cantor. Mas ele acabou sendo exonerado do cargo e partiu para os EUA, onde morou por cinco anos, em Nova Iorque. Foi quando teve contato com uma juventude negra que seguia princípios de liberdade e os novos ideais do *Black Power*. "Foi lá que pude assistir à comunidade negra do Harlem se convertendo ao islamismo e seguindo os preceitos do nacionalismo negro, propagado por líderes como Malcom X e os Panteras Negras",[10] lembra Toni, que, para sobreviver em Nova Iorque, teve de se render ao submundo do tráfico de drogas.

> Infelizmente, era uma forma de subsistência entre as poucas possibilidades para um negro latino como eu. Tive que aceitar tal situação para me manter como clandestino em terras estrangeiras. Para burlar o departamento de imigração, apresentava carteira profissional de um *carwash* [lava a jato de carros] de um amigo americano. Por um lado, foi uma experiência muito enriquecedora, pois entrei em contato com toda aquela nova cultura underground que surgia. Pude absorver a onda *Black Power* dos cabelos afros, roupas coloridas, camisas de lapela longa e calças boca de sino. Foi identificação total, adotei absolutamente o estilo dos novos filmes *blaxploitation* – produções cinematográficas feitas por cineastas negros para um público negro e que se tornariam uma forte tendência da indústria da época. Me vestia no estilo *pimp* [gigolô] e era conhecido como Mister Comfort – nome que iria inspirar o personagem que o interpretaria anos depois no filme *Pixote, a lei do mais fraco*, do diretor Hector Babenco, de origem argentina.

---

[9] Depoimento em entrevista aos autores do livro.
[10] *Idem.*

Assim relata Toni, que interpretou o papel de um traficante viciado em cocaína nessa obra. E se recorda:

> Mesmo sendo abstêmio e nunca tendo me dado bem com nenhum tipo de droga, tive que experimentar o produto no filme, pois na época não existia cocaína cenográfica. Relutei em usar a substância para gravar uma cena do filme, mas o Babenco me convenceu dizendo, "Tudo pela arte, Toni", com seu sotaque portenho. Fiquei péssimo por uma semana.

Coincidentemente, ele teve uma infância que se aproximava da realidade dos menores abandonados, revelada no filme *Pixote, a lei do mais fraco.* Natural da cidade de Mirante do Paranapanema, interior de São Paulo, filho de pai guianense e mãe brasileira, Toni fugiu de casa aos 11 anos e veio para a capital carioca ainda muito jovem, desgarrado de uma família de condições bastante humildes. Passou boa parte da infância como mascate de doces e balas na estação de trens da Central do Brasil, no Centro do Rio. Ainda na puberdade, pediu ajuda à guarda da estação, pois queria apenas uma chance para que pudesse estudar. Por intermédio de seus amigos da Central, conseguiu ingressar na escola militar, mas ainda se virava na noite do Rio, vendendo pentes e badulaques para turistas, em Copacabana. Foi quando conheceu a cozinheira Lindaura, que se destacava na recepção das personalidades da avenida Prado Júnior, na época do Beco da Fome. Lindaura, que praticamente o adotou como um filho, ofereceu condições para que Toni não se perdesse na delinquência juvenil. "Devo muito à generosidade dessa mulher e a considero uma segunda mãe, por ter me dado guarida e me ajudado tanto a não permanecer no abandono das ruas", recorda ele com carinho.

Depois de suas desventuras em terras estrangeiras, "Tony", sua primeira alcunha artística (ainda com "y"), já cantava em grupos de bailes como Peter Thomas e seu conjunto e na banda de Ed Lincoln, ao lado dos *crooners* Orlandivo e Silvio Cesar. Além disso, se apresentava como o falso cantor negro norte-americano Johnny Bradford, em boates da Praça Mauá. Toni relembra:

> Foi quando, em 1970, finalmente fui sondado pelo músico Tibério Gaspar para interpretar a canção "BR3", de parceria com o pianista Antonio Adolfo. Eles buscavam um cantor de frente com uma onda hippie, mas o hippie negro, o *black power,* para defender a música no V FIC (Festival Internacional da Canção), ao lado do Trio Ternura, também de cantores negros, num arranjo de levada gospel [cântico adotado nas igrejas negras americanas]. Aproveitei pra desfilar todo o trejeito do meu ídolo James Brown, que tantas vezes via em apresentações no Teatro Apollo, quando morei no Harlem. Com cabelo *black power* e um sol pintado no peito (inspirado nos costumes de certos jovens afro-americanos que queimavam símbolos na própria pele para identificar suas etnias, vários deles integrantes de grupos ativistas como o Panteras Negras, de Nova Iorque), a nossa performance levou o público ao delírio.

De fato, o cantor causou grande furor naquela edição do festival, a ponto de os militares temerem "que Toni se tornasse um novo líder negro, a exemplo do que acontecia nos Estados Unidos com os violentos Panteras Negras".[11] Toda essa polêmica iria repercutir e causar forte influência nos jovens que viveram o Movimento Black Rio.

A performance de Toni Tornado, assim como a figura de Wilson Simonal, campeão de audiência em programas como *Show em Si...monal* e *Vamos Simbora*, na TV Tupi, indiscutivelmente tiveram grande influência na busca de

---

[11] MELLO, Zuza Homem de. *A era dos festivais: uma parábola*. São Paulo: Editora 34, 2003, p. 384.

uma postura libertária para o jovem negro brasileiro na segunda metade da década de 1960.

Numa temporada de grande sucesso, em fevereiro de 1967, no Teatro Princesa Isabel, em Copacabana, Simonal apresentou o sucesso *Tributo a Martin Luther King* – uma referência ao pastor americano, ícone na luta pelos direitos civis naquele país. A canção, feita em parceria com o compositor Ronaldo Bôscoli e gravada ao vivo, falava sobre o orgulho de ser negro e ideais antissegregacionistas, objeto de grande discussão naquele momento. No lançamento do disco, o fonograma ficaria retido por quatro meses pela censura militar. Ainda assim, nesse mesmo ano, Simonal cantaria a música na entrega do troféu Roquete Pinto para melhores músicos, no Teatro Paramount, em São Paulo. Simonal iniciava a música com um discurso em homenagem ao seu primogênito e apostava na esperança "de que no futuro meu filho não encontre nunca aqueles problemas que eu encontrei e tenho tantas vezes encontrado, apesar de me chamar Wilson Simonal de Castro". Finalmente, a música foi gravada em compacto e lançada em junho do ano corrente. Estreou em primeiro lugar nas paradas de sucesso. No programa que Simonal gravava ao vivo, para um público que lotava o mesmo Teatro Paramount, ela foi cantada entusiasticamente por mais de quatro mil pessoas num coro uníssono.

Em 1971, Elis Regina gravava a faixa "Black is Beautiful" para o álbum *Ela*, composição dos irmãos Marcos Valle e Paulo Cesar Valle, que também soaria como um hino de representatividade do orgulho negro e causaria espécie em certos críticos.

Numa época em que a temática racial era alvo de grande polêmica, ainda mais naquele contexto de ditadura militar, alguns incidentes nesse aspecto marcariam o show business. Foi o caso, por exemplo, de quando o cantor Toni Tornado foi retirado algemado do palco do ginásio do Maracanãzinho durante a apresentação da cantora Elis Regina no VI FIC, edição seguinte do mesmo festival que o cantor havia vencido no ano anterior. Enquanto Elis interpretava a música "Black is Beautiful" e fixava o olhar em Toni, que estava na plateia, o cantor subiu ao palco e a abraçou. Ovacionados pelo público, Toni levantou o punho esquerdo fechado fazendo o símbolo dos Panteras Negras. Ao sair do palco, foi levado a prestar esclarecimentos na Polícia Federal, a primeira de uma série de quase quarenta passagens pelo órgão de repressão, o DOPS. Posteriormente, a performance de Toni e Elis se tornou alvo de ataques dos principais veículos de comunicação, como na matéria publicada pela *Folha de S.Paulo*, em 5/1/1971. Na matéria, a canção era considerada "perigosa", pois poderia causar "uma onda racista, um conflito aberto entre brancos e negros".[12]

Outra circunstância mais grave ainda e talvez mais representativa da opressão racial no show business durante o regime militar, associada à censura, foi a prisão do maestro Erlon Chaves após performance tida como abusiva durante as apresentações de sua Banda Veneno, no V FIC.

Além de exímio músico, regente, pianista, vibrafonista e cantor, era considerado um dos principais orquestradores de sua geração e, também, arranjador de temas de sucesso como os da TV Excelsior e de peças publicitárias que ganharam fama na época. "Erlon pode ser considerado um dos principais responsáveis de uma fase em que a música brasileira se modernizou. A sua Banda Veneno foi uma das primeiras experiências na fusão da nossa musicalidade com ritmos negros internacionais", como nos revela o grande músico e produtor Roberto Menescal: "Além disso, o maestro foi um dos idealizadores do mesmo FIC

---

[12] REIS, Alexandre. Retirado de *O poder negro da beleza: a influência dos movimentos estadunidenses Black is Bautiful e Black Power na obra de Jorge Ben Jor*. 2014. Disponível em: < http:// anphlac.fflch.usp.br/sites/anphlac.fflch.usp.br/files/Alexandre%20Reis.pdf > .

e presidente do júri internacional do festival, um evento que ganhou grande repercussão no princípio da década de 1970 e que alçou inúmeros talentos da MPB", completa Menescal.[13]

O incidente aconteceu justamente na quinta edição do festival, no ano de 1970, quando Erlon levou a multidão que ocupava o Maracanãzinho a sacolejar intensamente ao som do hit "Eu também quero Mocotó". Ao final da apresentação, Erlon e sua orquestra, a Banda Veneno, com mais de quarenta figuras, incrementaram ainda mais o momento, segundo conta Zuza Homem de Mello no livro *A era dos festivais: uma parábola*. Foi quando o maestro protagonizou um *happening* ao lado de dançarinas loiras:

> Agora vamos fazer um número quente, eu sendo beijado por lindas garotas. É como se eu fosse beijado por todas aqui presentes.

> Na plateia, foi uma vaia só. Nos lares, algumas esposas brancas engoliram a seco, ofendidíssimas, ao lado dos maridos.[14]

O espetáculo de um negro sendo beijado por loiras "em trajes sumários", no encerramento do V FIC, foi demais para os padrões conservadores da época. Erlon foi levado, dias depois, para um interrogatório na Censura Federal, ao qual se seguiu a sua prisão. Segundo consta, por influência das esposas de alguns generais da ditadura que ficaram extremamente afrontadas com o episódio. Solto depois de alguns dias, foi proibido de exercer suas atividades profissionais, em todo o território nacional, por trinta dias e aconselhado a sair do país. Erlon faleceu precocemente aos quarenta anos.[15]

---

[13] Depoimento em entrevista aos autores do livro.
[14] Cf. MELLO, 2003, p. 384.
[15] *Ibidem*, p. 386.

O quadro de repressão, portanto, era mais do que evidente. O que se apregoava sobre a civilização brasileira – como um exemplo de "democracia racial" – revelava-se, naquele período, justamente o contrário. Um cenário pouquíssimo favorável para uma juventude negra que buscava naturalmente uma forma genuína de expressão. Essa geração raramente encontrava meios de se divertir e quase nenhuma alternativa de se revelar com autonomia.

Caíam tabus e pulsavam novas diretrizes. Era um momento de se reverem valores, antigos conceitos precisavam ser repensados e, principalmente, havia necessidade real de uma conscientização racial.

A JUVENTUDE SUBURBANA

Se a separação entre a Zona Norte e a Zona Sul, até os anos 1960, era tão bem definida, a única interseção que existia de fato era o trânsito de uma classe operária que cruzava a cidade nas linhas dos trens da Central, aboletados de gente, a caminho de seus devidos ofícios. Os trens da Central, sempre lotados, fazem parte do cenário da cidade até os dias de hoje, para cumprir a demanda desse tráfego: trazer trabalhadores para o Centro do Rio e levá-los de volta para os seus lares ao fim de cada dia. Nada além.

Nas memórias do jovem Asfilófio, esse isolamento criava um rito cultural muito específico entre as diferentes áreas. Nas palavras dele:

A exclusão social estava presente nas portas das nossas casas. Foi o momento em que o Rio de Janeiro partiu definitivamente para um processo crescente de guetização. Nos subúrbios cariocas, na minha juventude, existia uma definição muito determinante sobre o significado de tradição cultural e opções de lazer para aquela população periférica, que de certa forma permanece até hoje.

Na Zona Norte, o que havia de entretenimento, enquanto Filó ainda era adolescente, "se reservava às Escolas de Samba, nos devidos períodos de carnaval, que percorriam os meses de setembro até fevereiro e março", como ele conta:

> De março até agosto, as famílias negras frequentavam exclusivamente as "festas de largo", como a Festa da Penha, piqueniques na Quinta da Boa Vista, praia de Ramos e as praias da Ilha do Governador. Além dos bailes de suingue organizados em clubes como o Magnatas, onde apresentavam-se conjuntos como, por exemplo, Joni Maza, Ed Lincoln, Copa 7, Devaneios, entre outros. Nesse momento, a minha geração já não se identificava com esse circuito. Esse tipo de programação simplesmente não rolava mais.

Ele se lembra de que, quando tinha 16 anos ainda, vivia esse cenário e assumia um visual identificado como o da "coroada" daquela época:

> Terninho e cabelo alisado com pastas capilares, as mulheres alisavam os cabelos com ferro quente. Para minha juventude, essa postura já não representava conformidade com padrões estéticos a serem seguidos. Como também não havia uma consonância total com a Jovem Guarda, que reinava paralelamente, mais adequada a uma juventude branca.

Dentro desses conformes, os relacionamentos afetivos também eram profundamente delimitados. Filó, aos 17 anos, já um latagão, frequentava *dancings* e gafieiras tradicionais.

> Lembro bem que íamos ao Dancing Avenida, no Centro da cidade, e, para nos aproximarmos das damas e dançar juntinho, o dois pra lá, dois pra cá, tínhamos que furar o cartão – prática

exercida pelas meninas que frequentavam os salões de dança e que, a cada furo no cartão, ganhavam um cruzeiro da casa.

Finalmente, quando chegou à universidade, Filó se aproximava de sua independência financeira. Na Zona Sul, começou a interagir com o que viria a ser a sua verdadeira turma: jovens negros, na sua maioria, que buscavam uma afinidade estética e filosófica de novos tempos, com cabelos à la *black power* e roupas modernas (macacões de brim da marca Lee ou calças com nesgas; sapatos e camisas coloridas). Toda uma juventude rumo a uma cultura que lhes trouxesse real liberdade de expressão. Essa ideia reverberava na mente de Filó, com vontade de levar esses novos paradigmas a outras instâncias, e um sentimento crescia: trazer aquele contexto atual para o lugar de suas origens, a Zona Norte carioca.

OS RITMOS DE BOATE E O BAILE DA PESADA

No início dos anos 1970, a Zona Sul vivia um processo de transformação do seu universo boêmio: a era das boates com som mecânico chegava com força total. Copacabana e Ipanema abriam novas casas noturnas onde disc-jockeys (DJs, na época conhecidos como discotecários) comandavam a noite. Como uma antítese aos tempos dos *nightclubs* (com música ao vivo e apresentações intimistas de pequenos conjuntos), novos lugares ficariam em voga por conta de suas pistas de dança. Vivia-se o reverso da penumbra e da *ambiance* do Piano Bar – ainda mais antigos e "fora de moda", da época do chamado *café soçaite*. Uma atmosfera underground e uma postura contracultural tomavam a cena. Indivíduos comprometidos com uma liberdade de expressão, com uma espontaneidade vivenciada nos idos anos 1960, formavam um público moderno, de atitude mais jovem e despojada, que tomava conta dos pontos mais badalados dos ditos bairros da moda.

Era o momento da rapaziada da onda hippie, da liberdade sexual, dos novos tempos, novas gírias e comportamentos. Até então, não se via nas casas noturnas a circulação de um público com faixa etária menor do que trinta, quarenta anos. Boates como a Black Horse (inspirada no modelo da *discothèque* parisiense, com toca-discos e pista de dança),[16] a Arpège, a Jirau, que

---

[16] FEIJÓ, Léo; WAGNER, Marcus. *Rio cultura da noite*. Rio de Janeiro: Casa da Palavra, 2014.

se tornaria New Jirau, e finalmente a Le Bateau, todas em Copacabana, colocariam a presença do discotecário em evidência nas noites cariocas. Nomes como Ademir Lemos e Monsieur Lima se destacavam como DJs que garantiam a assiduidade desse público moderno. Uma juventude que se percebia atraída por um repertório de música pop variado. O empresário Ricardo Amaral lembra:[17]

> Antes do surgimento dessas casas, o público jovem ainda não frequentava a noite, só boêmios precoces. As exceções eram ocasiões especiais como aniversários. No Jirau, começou a haver um *mix*. Tinha pessoas mais velhas moderninhas e outras mais jovens; no Black Horse, esse perfil ficou cravado.

Na boate Le Bateau, situada na Praça Serzedelo Correia, a figura do discotecário atingiria uma relevância ainda maior. No ano de 1970, Ademir Lemos lançava a primeira coletânea produzida por um DJ (de boate) para o mercado fonográfico brasileiro: o LP *Le Bateau – ao vivo*, pela gravadora Top Tape. No mesmo ano, juntamente com o parceiro Big Boy, também emplacaria o álbum *Baile da Pesada*, da mesma Top Tape. A coletânea apresentava uma seleção dos *hits* mais tocados pela dupla de discotecários durante o baile, um evento promovido pelos próprios para as tardes de domingo do Canecão – a casa de show e choperia de maior visibilidade da época. O *Baile da Pesada,* um sucesso retumbante, entraria para a história da produção cultural carioca e teria grande influência na formação dos primeiros bailes de *black soul* suburbanos (fundamentalmente por apresentar, em primeira mão, ritmos da música *black* para moças e rapazes advindos de todos os pontos da cidade).

A importância do disc-jockey Newton Alvarenga Duarte, o legendário Big Boy, não tem comparação ao surgi-

---

[17] AMARAL, Ricardo *apud* FEIJÓ, Léo; WAGNER, Marcus, 2014, p. 235.

mento de uma linguagem de mídia voltada especificamente para um público jovem. O alcance dessa audiência jovem e a abrangência conquistada por Big Boy no rádio e, posteriormente, na televisão foram um fenômeno considerado marco na história da comunicação brasileira. Grande pesquisador musical, profundo conhecedor do brit-pop, do rock e do soul, Big Boy, mais do que tudo, era um grande garimpeiro de raridades e novos lançamentos do mercado fonográfico. Esses fonogramas raros e/ou novos eram obtidos por ele mesmo, não apenas no Brasil, mas nos sebos mais recônditos e nas principais lojas do mundo inteiro. Com os seus programas de rádio, *Ritmos de Boate* e *Carvern Club,* e as diversas colunas assinadas por ele em jornais e revistas de grande circulação, Big Boy foi o responsável por criar um elo entre a produção fonográfica brasileira e o mercado internacional. Entre suas proezas, lançou em primeira mão o famoso álbum *Sgt. Pepper's Lonely Hearts Club Band*, dos Beatles, simultaneamente ao lançamento oficial em Londres; criou uma ligação direta com gravadoras e artistas da magnitude de James Brown – este mesmo gravou vinhetas especialmente para os seus programas de rádio; além de ficar reconhecido mundialmente como o principal comunicador de música para a juventude brasileira (na época o maior mercado em vendas de discos, depois dos EUA).

"Foi no Baile da Pesada que ouvi pela primeira vez o hino *soul power*, de James Brown",[18] conta o radialista Zeca Marques.

> Fiquei impressionado quando vi pela primeira vez pessoas dançando o mesmo passo, uma onda para a direita e que depois retornava para a esquerda. Quem puxava a coreografia era o DJ Ademir Lemos, que se agitava no palco em cima de caixas de som e ensinava o público a balançar. Também foi a primeira vez que

---

[18] Depoimento em entrevista aos autores do livro.

ouvi os ritmos do soul, que o grande Big Boy e Ademir Lemos tocavam entre outras ondas da música pop. O baile era eclético, ia do rock à música *black*.

O radialista relembra isso dizendo que identifica aí, naquelas matinês do Canecão, um primeiro momento de união dos jovens da Zona Norte com os da Zona Sul do Rio.

Segundo o produtor Leandro Petersen, filho de Big Boy, o Baile da Pesada, mesmo tendo sido o recorde de público da casa, teve que buscar outros espaços posteriormente:

> O evento foi um empreendimento dos amigos Ademir e Big Boy. Teve a sua temporada de estreia apenas durante o mês de julho de 1970, aproveitando as férias estudantis, mas depois não pôde continuar no Canecão. A casa não tinha agenda. No mês seguinte, inclusive, o cantor Roberto Carlos começaria uma temporada no mesmo espaço.[19]

Leandro nos revela isso, mas acrescenta dizendo que o pai seguiu fazendo os Bailes da Pesada por pelo menos mais cinco anos:

> Depois disso, o evento se tornou itinerante com a administração do empresário João Pecegueiro do Amaral, sem mais a participação de Ademir, que seguiu com seus projetos pessoais. O Baile da Pesada percorreu vários clubes do Rio de Janeiro e chegou a ir para outros estados, onde Big Boy fazia sets com os sucessos mais tocados em seus programas de rádio.

O maranhense Raimundo de Lima Almeida, mais conhecido como Monsieur Lima ou Messiê Limá, também figurou como DJ principal e participou intensamente desse

---

[19] Depoimento em entrevista aos autores do livro.

momento inaugural das boates cariocas. Foi residente da Arpège, Sachinha's, Le Bateau e Sambatoque – onde Toni Tornado era leão de chácara. Entusiasta dos bailes *black*, foi um dos grandes divulgadores do movimento. Foi disc--jockey da Rádio Tamoio e acabou na televisão, aparecendo em vários programas da TV Tupi, até ganhar o seu próprio programa. Branco-aço, com 1,57cm de altura, Lima circulava com roupas extravagantes e sapatos altos estilo plataforma. Inventou inúmeros bordões como "Som na caixa!", que se tornou o nome de um de seus programas. Misturava o francês com o português e popularizava máximas: "O couro come e ninguém vê", "vem aí um balanço firme", "e a poeira sobe"; além das *à la française*: "e pras gatinhas *très jolie*", "*a côté*", "*s'il vous plaît, merci beaucoup*" e a clássica, "*avec* Monsieur Lima", que se tornou o nome de um outro programa no qual ele apresentava a agenda dos bailes do final de semana. Ao lado de Lima, durante o começo dos anos 1980, sempre estava a figura de Cidinho Cambalhota, que foi pioneiro nas discotecagens de disco--funk, uma das transições do Movimento Black Rio para os tempos atuais.

Nos bailes do Movimento Black Rio, Monsieur Limá e Cidinho Cambalhota capitalizavam com aluguel de filmes em película para exibição, apresentações de grupos de *soul*, produções *blaxploitation* e *Wattstax* –, uma contrapartida negra ao sucesso de Woodstock.

A RENASCENÇA NO RENA — PROCURA-SE UM DJ

Frequentador dos agitos da Zona Sul, Filó e sua turma percorriam um roteiro noturno que começava cedo. Gostavam de pintar nas boates de Copacabana e Ipanema num horário em que a casa não estivesse tão cheia. Como eram amigos da maioria dos DJs, conseguiam ouvir a pura música *black,* era só chegar e solicitar. "Depois as boates ficavam abarrotadas e começava a rolar aquele som cocota.[20] Daí íamos embora", relembra Filó. Em cada lugar que passavam eram confundi-

dos com negros americanos, por causa do visual diferente, cabelos *black* bem cultivados e a "pinta" *soul power.*

Os encontros eram na casa do músico Ruy Maurity, em Copacabana, onde morava o baterista Chaplin, que usava um *black* enorme, ou na república onde Filó havia se instalado na rua Resedá, na Lagoa. Nessa época, morava uma galera, entre atores e diretores, como: Zezé Motta, Antônio Pompêo, o diretor Zózimo Bulbul, Wolf Maia, Lucélia Santos, Marco Nanini, Jorge Fernando e outros artistas que circulavam pelo espaçoso apartamento. Foi da república que o cantor Ronaldo Resedá, sucesso nos anos 1970, retirou a referên-

---

[20] Termo usado para se referir aos apreciadores dos sons mais pop-rock como, por exemplo, *Yellow River*, da banda Christie. O termo cocota tem origem no francês *cocotte*, um tipo de calça jeans com o cós muito baixo e justa ao corpo. *Cocotte* era uma calça muito utilizada no balneário de Saint Tropez, pelas jovens francesas. Foi copiada por vários estilistas de moda e chegou ao Brasil com o nome de calça cocota.

cia para o seu nome artístico. Zezé recorda em depoimento aos autores:

> Aquela foi uma época muito divertida. Morava também com a gente o visagista Carlos Pietro, responsável pela estética dos personagens de filmes como *Xica da Silva* e *Quilombo*, do diretor Cacá Diegues. Foi ele que criou o meu visual na época, meio andrógino, com cabelo curto, batom e unhas negras, que viria inspirar a música "Tigresa", de Caetano Veloso, uma honra que carrego no coração. Nessa república, tivemos a ideia de remontar a peça *Orfeu Negro,* de Vinícius de Moraes e Antônio Carlos Jobim, no Teatro Tereza Raquel, depois de uma temporada que se deu no Renascença Clube, no Andaraí (um dos pontos originais do Movimento Black Rio).

Uma trupe de jovens atores negros, composta por Geraldo Rosas, Paulão, Cidinho, José Araujo, Marcos Vinícius e grande elenco, sob direção de Haroldo de Oliveira e Luiz Carlos Saroldi e coordenação de Zózimo Bulbul, estreou a peça em 1973 no clube. Depois, as apresentações teatrais seguiram com a peça infantil *Os Gazeteiros*, de Ubirajara Fidalgo – ator, diretor e figurinista, Fidalgo foi figura proeminente do Movimento Negro no Brasil, nas décadas de 1970 e 1980, tendo fundado o Teatro Profissional Negro, TEPRON.[21]

Posteriormente, no Tereza Raquel, Zezé interpretou a personagem Eurídice e Zózimo foi o Orfeu. No elenco, Cléa Simões, Jacyra Silva, Antônio Pompêo, Maria Alves, Jorge Coutinho e Marcus Vinícius, com apoio musical de Carlos Negreiros e o maestro Paulo Moura. Participaram também

---

[21] A filosofia do TEPRON era encenar os textos de Fidalgo relacionados às questões político-sociais e, principalmente, à problemática dos conflitos do negro na sociedade brasileira.

os músicos Raul Mascarenhas, Mauro Senise e Ruy Quaresma. Zezé Motta comenta:

> Minha trajetória como atriz teve início na companhia Arena, coordenada pelo dramaturgo Augusto Boal. Quando fizemos, em 1969, a montagem das peças *Arena canta Zumbi* e *Arena canta Bahia*, em uma temporada pelos Estados Unidos, essa experiência marcou muito a minha vida. Eu cheguei em pleno movimento *Black is Beautiful* e comecei a prestar atenção que as negras e os negros americanos eram muito altivos e comecei a comparar a postura do negro no Brasil daquela época. Nós ainda estávamos intrinsecamente oprimidos. A questão ficou muito clara pra mim. Nós, negros brasileiros, ainda acreditávamos que nosso cabelo era ruim, entende?

A atriz completa sua análise: "Portanto, a minha memória da época que vieram os *blacks* cariocas é muito grata. Porque, em todo o processo de conscientização do negro na sociedade, foi o Movimento Black Rio que nos trouxe um resultado mais rápido, e com muita força, daí a grande importância dessa manifestação."

Ao lado da república da rua Resedá, Tim Maia tinha acabado de construir a sua casa no terreno vizinho. Mais tarde, ele fundaria no mesmo endereço o estúdio Seroma, com produções próprias e independentes. Nessa época, aliás, Tim estava com a sua carreira em plena ascensão. Tinha feito uma participação especial no álbum de Elis Regina, *Em pleno verão*, na faixa "These are the songs", um dueto com a cantora que se tornaria peça célebre da MPB, e lançava o seu primeiro disco.

Tempos depois, Zezé se mudou para Ipanema, quando ganhou notoriedade com o filme *Xica da Silva*. No novo endereço, na rua Almirante Saddock de Sá, traria o espírito da república Resedá para sua casa de dois andares. Próximo dali, Zezé começou a frequentar as reuniões do IPCN, na Faculdade Cândido Mendes.

> Aí sim a minha casa virou realmente uma república negra. Foi quando conheci a socióloga Lélia Gonzales, e frequentava os seus cursos sobre questões afro-brasileiras, no Parque Lage. Com o sucesso de *Xica da Silva*, dava diversas entrevistas por dia para jornais e revistas do mundo inteiro e percebi a minha responsabilidade de pensar e expressar os temas raciais. A Lélia me ajudou muito nesse sentido. Já na aula inaugural ela disse: "Eu sei por que vocês estão aqui, mas não temos mais tempo para lamúrias. Temos que arregaçar as mangas e virar esse jogo." Isso foi definitivo na minha vida. Depois das reuniões e dos cursos, as discussões continuavam lá em casa, e eu acolhia gente de todos os lugares, durante seminários e congressos. A socióloga Beatriz Nascimento, o João Jorge, fundador do Olodum, o fotógrafo Januário Garcia, pensadores estrangeiros, minha casa era um espaço aberto para a discussão racial. Tudo isso, associado à força do Movimento Black Rio, me fariam criar anos mais tarde uma associação de cultura negra, a CIDAN (Centro de Informação e Documentação do Artista Negro).

Nas badalações, reuniões e na república da Resedá, portanto, as ideias fervilhavam não apenas para Filó, mas para todas as cabeças pensantes de uma nova geração negra que iria reformular valores e estatutos sociorraciais brasileiros de forma definitiva. A rapaziada *black* estava unida. No começo dos anos 1970, Filó tinha sido convocado pelo Clube Renascença, no Andaraí, para criar um evento dominical destinado ao público jovem.

O clube tinha sido criado nos anos 1950, no Méier, e depois transferido para as imediações da Tijuca, com o intuito de receber a família negra. O Rena, como carinhosamente é chamado até hoje, foi então criado para reunir a comunidade e destacar o papel do negro na sociedade. Contra a discriminação racial e em prol de uma autoestima afro-brasileira, o clube sempre barrou qualquer tipo de preconceito e se manteve e se mantém de portas abertas para todas as raças, credos e cores.

Dom Filó buscava um DJ à altura para esse projeto de baile no Rena. Como conhecia a maioria das boates, encontrou o que queria na boate One Way, o DJ branco Luiz Stelzer. Filó relembra:

> A One Way ficava na Prudente de Morais, próxima à rua Montenegro, hoje Vinícius de Moraes. Era o ponto final das nossas nights. Quando chegávamos éramos recebidos por Luizinho com o melhor do soul, foi quando me caiu a ficha: aquele era o cara que eu tinha que levar para o Renascença.

Quando Luiz se tornou um dos primeiros DJs de destaque do Movimento Black Rio, logo ficaria conhecido como Luizinho Disc Jockey Soul. Tempos depois de compor a equipe que seria montada por Filó, ele teria o seu próprio baile itinerante.

O *SOUL POWER* CARIOCA

Oséas Moura dos Santos, morador do morro da Mineira (Catumbi), na adolescência também era grande curtidor do Baile da Pesada. Admirava o DJ Ademir Lemos e acompanhava os programas de Big Boy, na Rádio Mundial, e de Monsieur Lima, na Rádio Tamoio. Por influência desses pioneiros, começou a organizar *hi-fis* (festas caseiras com discos e vitrolas) e vislumbrou um futuro como disc-jockey. Por volta de 1969, teve a ideia de fazer um baile diferente, que fosse integralmente voltado para a música soul. Mesmo aficionado por rock, seu mundo se transformou quando ouviu o funk de James Brown pela primeira vez. Cultivou uma juba *black* enorme e reuniu amigos para a produção do que viria a ser o primeiro baile *black* carioca.

O extinto Astória Futebol Clube, no bairro do Catumbi, seria o ponto de partida do DJ Mister Funky Santos – como depois Oséas ficaria conhecido pelos frequentadores dos inúmeros bailes *blacks* que organizaria durante a década de 1970. Na reportagem de Lena Frias, publicada em 1976 no *Jornal do Brasil*, o discotecário e produtor era identificado como Santos dos Santos (talvez um erro de editoração). No texto, o DJ era considerado "um dos pioneiros do *soul power* no Brasil" e revelava o significado do Movimento Black Rio. Mister Funky Santos explicava as origens dos bailes que reuniam um público praticamente todo negro, onde só se ouvia uma pegada de soul/funk:

> O soul começou com Big Boy, Ademir Lemos e Monsieur Lima por volta de 1969, 1970. Eles eram profissionais e eu então, de repente, entrei numa de curtir um sonzinho. Comecei no Astória, que depois se fundiu com o Minerva (...). Comecei a fazer um soul diferente do de Big Boy. Era o seguinte: o soul que Big Boy lançava era bacana, mas não era aquilo que o pessoal queria. (...) Aí eu entrei com um soul pesado, marcado, e apanhei o público do Big Boy. É por isso que a rapaziada me considera assim, uma espécie de pai do soul. Comecei a descobrir nas importadoras sons que ninguém curtia. Foi em cima desses que eu fiquei.

Ele prosseguia explicando por que existia uma identificação tão forte entre a juventude negra suburbana e os bailes *blacks* e de onde vinha tanta originalidade:

> Nessa reunião aqui todo mundo se sente junto porque eles estão todos no ambiente deles. O pessoal não criou propositalmente uma diferença. Sem querer, a coisa foi se criando sozinha. Hoje em dia o crioulo já está numa de afro. Antigamente, o crioulo esticava o cabelo. Hoje em dia os crioulos já procuram fazer o máximo como os crioulos americanos, os nossos irmãos lá do outro lado, está entendendo? Então dá nisso que você está vendo, cada um lança a sua moda, cada um dança à sua maneira. Hoje em dia o crioulo vê que não é nada disso.

A atmosfera dos primeiros bailes do Astória, de fato, era *black* total. Não apenas pela maioria do público, mas também pela pouca iluminação do ambiente. Mister Funky

Santos dava os primeiros passos nesse gênero de evento e fazia os bailes acontecerem com pouquíssimos recursos. Dois toca-discos e um amplificador. A mixagem era feita na mudança de fase do aparelho, na própria mão trocavam--se os canais da chave: *left* e *right*.

Mas o que se notava naqueles primeiros bailes, sempre aos domingos, era a concentração de uma rapaziada que se percebia unida. Os encontros do Astória representavam o espelho e a identificação deles, ou seja, uma opção de lazer que realmente era a cara daquelas moças e rapazes. A máxima *I'm black and I'm proud*, da música de James Brown e repetida pelos Panteras Negras, surgia como algo embrionário no recente reduto *soul power* carioca: o orgulho negro de se sentir bonito com uma estética original e iconoclasta, entre iguais.

Em depoimento para o projeto *Brazil Soul Power*, o DJ explicava a força daquele momento:

> Os bailes e o *soul power* trouxeram o seguinte sentimento: Olha, meu irmão, sou crioulo, sim, sou bonito, moro no morro e sou eu, e quero ser eu. A coisa acabou tendo um efeito avalanche. Se o soul começou a quebrar certas barreiras na América, aqui também começou a quebrar. Então, o Movimento Black Rio abriu muito os nossos olhos. Uma geração começou a despontar. E em conjunto com o movimento musical veio o movimento do teatro, o início da consciência de luta contra o sistema e de autopreservação. Então a gente já não aceitava muitas coisas que a segregação nos empunha. O negro começou a estudar, começou a entrar na faculdade, começou a se cuidar, começou a se admirar e a se valorizar mais. O Movimento Black Rio, pra mim, foi realmente o início de uma nova era pra todo negro, pra todo pobre,

pra toda uma geração. Enfim, abriu a cabeça de muita gente.[22]

Logo os bailes de Mister Funky Santos ganharam regularidade. A cada fim de semana o clube recebia um público ávido para se encontrar e dançar ao som de James Brown, Marva Whitney e JBs, Staple Singers, Rufus Thomas, Isaac Hayes, Side Effect, Bar-kays, um tipo de música que só se ouvia nos blocos de programas de rádio com DJs especializados, e em LPs que não se tinha muito acesso nas lojas de discos. "O Rio de Janeiro em peso e até pessoas de outros estados, interessadas nesse tipo de som, marcavam presença religiosamente nos nossos bailes",[23] avaliava o DJ, que reunia um público de 1.500 pessoas já nas primeiras edições dos seus bailes no Astória.

Depois disso, Mister Funky Santos empreendeu várias equipes de som: Santos Equipe, Santos Equipe de soul, Brazilian soul e Curtisom, e participou ativamente do movimento. Lançou quatro coletâneas com os maiores sucessos de seus bailes, discos de montagem.[24] Os dois primeiros, em 1979, pelos selos Top Tape e Fantasy. Mais um, em 1980, *Mr. Funky Santos/presents Funk Fantasy II* (Ariola) e o último, em 1981, *Mr. Funky Santos Vol. II* (Ariola), em que aparece na capa com a sua equipe em um calhambeque.

Ele teve programas na Rádio Roquete Pinto e Imprensa, e foi um dos responsáveis pela transição dos bailes da Black Rio para o movimento do Charme carioca – no qual se destacou o seu maior herdeiro, o DJ Corello, que chegou a trabalhar na equipe de Santos. Mister Funky faleceu, em 2012, aos 61 anos.

---

[22] FAWCETT, Thomas. Projeto Brazil Soul Power. Disponível em < www.brazilsoulpower.com >.
[23] *Idem.*
[24] Como se classificavam os discos de coletânea lançados por equipes. Depois o termo foi adotado pelas produções do atual funk carioca.

A CONSCIÊNCIA SOUL GRAND PRIX

Quando o baile de Mister Funky Santos já tinha se estabelecido, logo nas primeiras edições, o Astória se tornou realmente um *point.* Numa ocasião, Dom Filó e a diretoria do Renascença foram fazer uma visita a Santos. "Na época, estávamos na busca por um evento parecido. Vimos que a ideia já estava em curso, mas faltava um elemento fundamental: a consciência negra", avalia Filó.

Filó era um cara realmente engajado e na época tinha ingressado numa campanha para o combate da doença de Chagas nas favelas de Vila Isabel, Salgueiro e Mangueira. O papel dele era justamente levar uma conscientização à população pobre que morava em casas de pau a pique – onde o barbeiro, inseto que transmite a doença, se instalava.

Para isso, convidava os jovens das comunidades para palestras no Renascença. Como estratégia para atrair a garotada, anunciava que os papos seriam seguidos de festas animadas por determinado estilo de música, o "som preto" – uma forma de classificar os discos de soul para que os meninos pudessem entender. Além de música, Filó exibia filmes de jazz cedidos pelo Instituto Cultural Brasil–Alemanha. Daí surgiu a ideia de se criar um baile que, além da diversão, transmitisse discernimento para a rapaziada, com roda de debates e exibição de filmes no início da festa. Consciência e entretenimento sempre foram a orientação, o norte na série de eventos promovidos pelo clube. Filó recorda:

> Quando finalmente encontrei o Luizinho, como o DJ ideal para o evento, percebi que o projeto iria se materializar. Optamos por um nome, a Noite do Shaft, baseado no filme do diretor Gordon Parks e na música de Isaac Hayes, que tinha acabado de ganhar um Oscar de melhor trilha sonora original. Como podia exibir trechos do filme em slides, com o carismático detetive John Shaft (personagem central e símbolo de herói da negritude), foi aí que a ideia fechou.

Filó, então, discorre sobre a fórmula pensada por ele e sua equipe para atingir o sucesso: "Esse foi o pulo do gato do evento, porque misturávamos as imagens do filme com imagens em slide dos frequentadores do baile. Aquele efeito, quase pirotécnico, fazia a galera vibrar e se ver com orgulho próprio."

Esse era um dos diferenciais daquela produção. Afinal, os outros bailes, mesmo os que vieram depois, descartavam questões como jogos de luzes e outros elementos. Posteriormente, as equipes iriam criar uma disputa saudável entre si, e os suportes de som e equipamentos ficariam cada vez mais arrojados: efeitos e sistemas de luz e, principalmente, a potência sonora e a ostentação quanto ao maior número possível de caixas de som.

O jornalista Marcus Romão também lembra do impacto de filmes como *Melinda* (sobre a vida no Harlem), de 1972, *Black Samson, Claudine* (com músicas de Gladys Night e Curtis Mayfield), ambos de 1974, e *Wattstax* que também eram exibidos no Baile do Shaft, no Renascença Clube e em sessões especiais no cinema Brune Ipanema e no Museu de Arte Moderna – na famosa sessão que reunião milhares de *blacks* para marcar o primeiro aniversário do IPCN. Marcos Romão conta:

> Wattstax foi o festival organizado na cidade de Watts pelo selo Stax, uma contrapartida do Woodstock. Ter visto o filme foi o primeiro momento que na minha cabeça apareceu algo de consciência negra nas palavras do reverendo Jesse Jackson: I'm somebody. Eu sou negro. Eu estou orgulhoso de ser negro. Eu sou bonito. Eu sou demais, repetíamos em coro quando víamos o filme.

Mas a inovação da Noite do Shaft não parava por aí. Além da ótima discotecagem de Luizinho Disc Jockey Soul, um mestre na arte, o baile ainda contava com o primeiro MC carioca: o próprio Dom Filó. Entre uma música e outra, Filó pegava o microfone e transmitia mensagens positivas para o seu público. O jornalista Silvio Essinger, no livro *Batidão: uma história do funk*, reproduz algumas das mensagens que eram proferidas pelo MC precursor:

> Falando de jovem pra jovem, Filó abordava brevemente temas como estudo, família, droga e violência. E pregava: "Nós temos que nos organizar como negros, senão nós não vamos chegar lá." Ou então: "O seu cabelo cresce dia a dia, mas o mais importante é o que está debaixo desse cabelo. O que você está pensando do futuro?"[25]

A Noite do Shaft começou em 1972 e deu tão certo que o espaço do Rena acabou ficando pequeno demais. Primeiramente, o evento foi transferido para o Clube Maxwell, mas teve o seu ápice e viveu sua grande transformação na edição de estreia no Cascadura Tênis Clube. O empreen-

---

[25] ESSINGER, Silvio. *Batidão: uma história do funk*. Rio de Janeiro: Record, 2005.

dedorismo de Filó nunca teve freios, e o promotor, e agora MC, achava que o baile precisava ter outra cara, já que iria acontecer em outro lugar, num ginásio ainda maior. Daí surgiu a luz: Soul Grand Prix, soul em alta velocidade.

O prospecto anunciava:

> Loucura total em noite de alta velocidade. Muito som. Muita luz. Muita curti-som. Slides em alta velocidade. Filmes pop. Pinte no Cascadura Tênis Clube. Pois reunimos a maior e mais completa discoteca de música pop da cidade. É soul da pesada mais a atmosfera alucinante da luz estroboscópica. Não perca. A partir das 22h. Todas as sextas-feiras. Equipe Curti-soul & Grupo Angola Soul, exclusivo do Renascença Clube (Noite do Shaft).

O resultado: um público de quase duas mil pessoas. Agora o barato era misturar imagens de pilotos de Fórmula 1 com as dos frequentadores, nada mais atraente para a rapaziada da época.

Marketing criativo, empreendedorismo incessante, produção competente e, ainda por cima, uma nova parceria, Nirto Batista de Souza, primo de Filó. Imediatamente, Nirto descolou um apoio de equipamento de som de uma loja do Leblon, a Curti-som. Além disso, contrataram um grupo de trinta dançarinos do Renascença, o Angola Soul. Quando o baile começava, os dançarinos chamavam os frequentadores para a pista, o que já criava o rebuliço. A *mise-en-scène* ficava ainda mais quente com a abertura da festa. A música "Heartbreak", da banda War, luzes estroboscópicas e chuva de filipetas.

Com a compra de uma Kombi e de equipamento próprio, a nova Soul Grand Prix ia rodar por clubes e bairros do subúrbio numa boa. Com a eficiente administração da renda dos bailes e o dinheiro entrando, eles incrementaram o suporte técnico e contrataram outros DJs. Um deles permaneceu na equipe até o fim, DJ Nenném, ou João Marcos Ferreira Filho, irmão do DJ Corello. Ambos trabalharam na equipe de Mister Funky Santos.

Daí em diante, restava apenas conquistar o mercado fonográfico. A Soul Grand Prix, na sua formação original, lançou quatro coletâneas. A primeira, de 1976, pela Top Tape, ficaria em décimo lugar no *hit parade*, à frente do próprio rei Roberto Carlos nos índices de vendagem. A segunda saiu no mesmo ano, pela Warner, gravadora grande e de destaque. Em 1977, também pela Warner, mais uma com um disco voador na capa. E a considerada por Filó a seleção mais apurada, a quarta coletânea saiu pela K-Tel. "Como esse era um selo pequeno e com artistas mais underground, a gente tinha um som que ninguém tinha", se orgulha Dom Filó.

EQUIPE BLACK POWER

Paralelamente ao surgimento das primeiras equipes de som, talvez a que mais teve força e alcance de público tenha sido a pioneira Black Power, comandada por Mister Paulão Black Power.

Assim como Oséas Santos, o Mister Funky Santos, Paulo Santos Filho já era conhecido na adolescência por fazer *hi-fis* em frente à sua casa, no bairro de Rocha Miranda, quando colocava seus discos de soul para tocar na vitrolinha. A rapaziada se amarrava no suingue daquele som e a rua virava um baile. Até hoje, aos 66 anos, Paulão Black Power, como ficou conhecido, faz festas de rua, como acontece todas as quintas quando toca em Madureira.

Também frequentou os Bailes da Pesada de Big Boy, que depois começou a circular por clubes do subúrbio carioca. Grande fã do DJ, certa vez recebeu um telefonema de Big Boy. O radialista estava curioso sobre certa banda que se chamava Matata. De fato, Paulão tinha o disco do grupo africano, natural do Quênia, que despontava nas paradas da Inglaterra por apresentar um soul baseado em fortes tipos percussivos da cultura africana. Mas Paulão não acreditou que era Big Boy que estava na linha, achou que fosse um trote. Big Boy estava ciente de que Paulão tocava músicas da banda em suas festas, porque vários amigos vinham perguntar ao radialista se ele conhecia: "Pois é, o Paulão Black Power sempre toca essa banda Matata nas suas festas e o som é da pesada."[26]

---

[26] Depoimentos em entrevista aos autores do livro.

Finalmente, Paulão foi convidado para ir à Rádio Mundial para conferir que não era uma pegadinha. Os dois se tornaram grandes amigos, e Big Boy ainda presenteou Paulão com uma sacola de discos como gratidão pela preciosa informação. Big Boy chegou a fazer algumas participações nos bailes da Black Power. Mas foi em Guadalupe, no Clube Botafoguinho, que Paulão começou a sua jornada como DJ.

Quando o baile cresceu e foi transferido para o Grêmio de Rocha Miranda, Paulo Freitas, o DJ Paulinho, entrou para o time da Black Power. Carioca do bairro de Irajá, Paulinho, mesmo sendo branco, sempre foi grande apreciador de soul. Chegou a fazer parte das equipes Célula Negra e Fênix.

> Em 1976, a Equipe Black Power era citada na reportagem de Lena Frias, do *Jornal do Brasil*, como umas das equipes mais poderosas, que chegava a reunir de cinco a quinze mil pessoas em cada baile e delimitava territórios de ocupação.

Em depoimento para o livro *Batidão: uma história do funk,* o cantor Gerson King Combo conta:

> A Zona Sul era do Big Boy e do Ademir, a Zona Portuária e o Centro eram do Funky Santos, a Zona da Leopoldina, do Méier a Cascadura, da Soul Grand Prix. Mas de Madureira pra lá – Oswaldo Cruz, Bento Ribeiro, Marechal Hermes, Rocha Miranda, era tudo da Black Power.

A equipe permaneceu promovendo bailes até o começo dos anos 1980. Em 1982, Sandra de Sá gravou para o programa *Fantástico* o clipe de "Olhos coloridos", do compositor Macau, um hino, talvez a canção mais representativa da música *black* brasileira. O cenário do clipe foi justamente o baile da Equipe Black Power.

A UNIÃO DE DECIBÉIS

A ascensão do Movimento Black Rio foi tão bem-sucedida que as equipes pipocavam aos montes em todos os pontos do Grande Rio. Público não faltava.

Em novembro de 1976, a *Veja* também publicou o alcance do fenômeno na região periférica da cidade: "Do Andaraí a Jacarepaguá, de Olaria ao bairro do Colégio, de Bangu a Caxias, a grande vitoriosa nos subúrbios cariocas é a soul music, música negra de origem norte-americana."

Aldemar Matias Silva, o DJ Sir Dema (que realiza alguns dos principais bailes de resistência do soul da atualidade), morador de Bangu, lembra que, em 1974, com apenas com 15 anos, já frequentava os bailes no Cassino Bangu e no Bangu Atlético Clube. Sir Dema sintetiza:

Naquela época nós não acompanhávamos especificamente o DJ, nós acompanhávamos as equipes e ponto. As equipes pra gente eram como se fossem os nossos artistas. Foi uma geração de seguidores de caixas de som. Éramos jovens muito pobres e sem opções de cultura e lazer, num período muito difícil de regime militar. Portanto, a nossa salvação nessa história toda foi ter tido acesso a música mundial, tivemos, única e exclusivamente, por intermédio das equipes. Graças às equipes de soul que tivemos a oportunidade de aprender o que era música. E foram nos bailes que esse universo se apresentou pra gente.

Nesse período, os bairros de Bangu, Irajá, Rocha Miranda e Colégio eram verdadeiros celeiros de equipes de som. Dema lembra que o pioneiro Mister Funky Santos considerava o clube Colégio F.C., por exemplo, como o verdadeiro templo do soul, o Bronx carioca. E o DJ mapeia:

> Eram vários clubes e quadras de escola de samba que se distribuíam nessas áreas e que propiciavam a surgimento de diversas equipes locais. Em Bangu, tínhamos a equipe Soul Lazer, do produtor Robinho Paraguaçu, que depois se tornaria Hollywood Discoteque, com o DJ Cientista. Com o passar do tempo veio a equipe Amém, Africana Soul, Afro Soul, Geração Black; a Dynamic Soul, do DJ Valente, estabeleceu residência no bairro (e depois viraria equipe Las Vegas); assim como a Furacão 2000, que em seguida vai pro CREIB de Padre Miguel, no conjunto Dom Jaime Câmara. Então, nos fomos muito beneficiados aqui nessa região. E ainda começaram a acontecer os festivais das equipes, no Grêmio e na Associação de Rocha Miranda (um bairro também considerado como o palácio do soul), onde residia a grande Black Power, do DJ Paulão, e que se reunia muitas vezes com a Soul Grand Prix e a Cash Box. E na sequência, ainda vinha o Colégio F. C., que tinha um salão de terra batida e com várias favelas em volta, e, por isso, com um público quase que 100% *black*. Então, havia esse cinturão num perímetro de 1,5 km, pelo menos, onde tínhamos grandes espaços pra absorver todo aquele contingente jovem, que era imenso.

Nas investigações de Marcelo Gularte, historiador das equipes do período Black Rio e autor do livro *A lenda do funk carioca*, há destaque para a existência da equipe

Mister Pinguim, uma das pioneiras do bairro de Colégio, o "templo do soul".

Algumas das equipes que surgiram na sequência dessa etapa inicial do Black Rio, a partir de 1974, permanecem no cenário do funk carioca atual. Algumas delas, inclusive, responsáveis pela transição que o Movimento vivenciou na virada das décadas 1970 e 1980.

Uma delas foi a Cash Box – o som acima do normal. A equipe foi criada por Marco Antonio Baranda, o Marcão da Cashbox como ficou conhecido. Marcão se juntou aos amigos Clésio e Márcio, saiu do Méier e se tornou itinerante. O grupo comprou uma Kombi e circulava fazendo bailes no Cassino Bangu, Maria da Graça Futebol Clube, Associação Atlética de Jacarepaguá e Greip da Penha. Foi uma das primeiras equipes a ostentar alturas máximas em decibéis, com paredões de caixas de som.

Como a Cashbox, que buscava potência máxima e acima do normal, surgiu a Furacão 2000.

Rômulo Arthur Costa era morador do bairro de Anchieta (Baixada Fluminense) quando foi trabalhar no Bonsucesso Futebol Clube. Foi neste espaço que teve contato com as primeiras equipes e ficou impressionado com a enorme reunião de *blacks* nos fins de semana. Ele não apenas tinha se encantado com o movimento, como viu ali uma grande oportunidade.

Rômulo já conhecia o empresário Gilberto Guarany, que tinha uma equipe em Petrópolis, porém voltada exclusivamente para o rock. O que impressionava era a potência do som. Nessa época, a equipe chamava-se Som 2000. Depois de um evento no hotel Quitandinha, o presidente Médici que ali se hospedava foi quem deu a dica: "esse som mais parece um furacão."

Assim surgiu o projeto de trazer a equipe para o Rio, com a ideia de modificá-la e atingir o público *black*.

Tiveram que contar com a ajuda de outras equipes, e, depois de eventos no Cassino Bangu, Coleginho e Grêmio de Rocha Miranda, a carreira da Furacão 2000 definitivamente se firmou, permanecendo até hoje como a equipe de funk carioca que mais abraçou a causa. Rômulo se tornou um porta-voz da massa funkeira e atualmente faz uma frente política para defender esse universo, muitas vezes discriminado.

O primeiro disco da Furacão 2000, que saiu pela gravadora PhonoGram, em 1977, traz uma coletânea 100% soul. Na foto da contracapa, um flagrante do baile no Cassino Bangu com o famoso paredão de caixas brancas, que seria uma marca registrada da equipe. No fabulário do mundo do funk, conta-se que Gilberto Guarany tinha convocado um funcionário para comprar latas de tintas preta e pintar o paredão de caixas, durante a tarde de sábado, antes do baile começar. O comércio estava praticamente fechado e só havia conseguido encontrar latas de tinta branca para executar a tarefa. O esporro foi geral quando a equipe viu a obra do rapaz. Onde já se viu caixas de som brancas?! Mas a novidade fez sucesso e todos comentaram a inovação durante a noite. O rapaz foi promovido e ganhou um jantar.

A grande demanda de público, uma multidão sedenta por bailes e ávida para dançar o soul, fez com que despertasse em vários empresários uma reação incontida de investir em equipamentos de som. Conta-se que a equipe JB Soul, por exemplo, foi criada por um serralheiro que vendeu seu negócio porque achou o ramo dos bailes muito mais rentável.

Independentemente de qualquer juízo de valor, o Movimento Black Rio crescia e se espalhava. Um verdadeiro fenômeno nunca visto antes. Uma maneira de suprir aquele enorme contingente de apreciadores de soul era reunir as equipes. Mister Funky Santos contava que tinha se tornado uma praxe a união das equipes nos dias de sábado. O domingo ficava reservado para cada equipe fazer seu baile na sua área de origem ou base definida.

O pesquisador Marcelo Gularte também chama a atenção para a figura do empresário Osnir Silva, um dos principais fomentadores dos festivais que reuniam diversas equipes:

> Osnir, ao lado de nomes como Paulo Apocalipse, Rômulo Costa e Dom Filó, foi um dos primeiros realizadores desse tipo de baile, os festivais que agregavam as equipes e que reuniam os maiores públicos, com mais de 15 mil frequentadores.

Se a união faz a força, o foco era unir decibéis. O volante (filipeta da época) impresso em papel jornal anunciava: Grêmio Rocha Miranda. Apresenta. A nova era do soul: "Soul Grand Prix, Black Power, Dynamic Soul, Cash Box, Ademir Lemos, Monsieur Lima e Você!"

"E o couro come!" Não tinha como não se arrepiar. Para completar, no pé do volante, em letras miúdas, uma mensagem: "Prepare-se, a reviravolta vem aí... Aguardem!" As mensagens subliminares aumentavam a ansiedade dos frequentadores.

Filó descreve o quanto era impressionante aquela reunião de 15 mil pessoas, em certos eventos, como foi o lançamento do primeiro disco da Soul Grand Prix, no Guadalupe Country. Era emocionante:

> A Avenida Brasil parava, era uma coisa uma coisa de louco. Tinha tanta gente querendo entrar que o portão foi a baixo. A passarela em frente ao Guadalupe estava repleta de gente. Não tínhamos nem logística para receber aquela imensidão de *blacks*. (...) Na ocasião, em determinada hora, uma tropa da PM com mais de 600 homens invadiram o clube prontos pra

baixar o sarrafo. Quando vi aquilo me veio a presença de espírito. Peguei o microfone e falei: "Gente, estamos recebendo a presença da PM que está aqui para nos proteger, até porque eles vêm mostrar segurança", o público aplaudiu e os policiais se acalmaram.

Esses festivais, que tinham mais de 8 horas de duração, recebiam, muitas vezes, até 10 equipes no mesmo espaço. O jornal *Última Hora* de 13 de setembro de 1977, publicava a cobertura do II Encontro do Black Rio, com lançamento do LP de Luizinho Disc Jockey Soul, show da Banda Soul Power e participação especial de Tony Tornado, no Grêmio de Rocha Miranda.

> Muito antes das 16 horas, o movimento de kombis e caminhões, carregando equipamentos, tomava por completo a Avenida dos Italianos, onde está o clube. Eram as aparelhagens das 10 equipes convidadas a participar da festa – Soul Grand Prix, Tropa Bagunça, Black Power, Solid State, Black Night, Boot Power, Furacão 2000, A Cova, Santos Brazilian Soul e, naturalmente, a dona da festa, Luizinho Disc Jockey Soul. Cada uma, é claro, trazendo os seus componentes, a maioria técnicos de som de primeira qualidade.
>
> O público mesmo só teve acesso ao grande salão do Grêmio de Rocha Miranda após as 20 horas, pois a organização de um baile não é assim tão fácil. Além do complicado trabalho de montagem, que implica, muitas vezes, numa disputa entre as equipes pelo melhor ponto em volta do salão, há ainda um especial cuidado com a decoração do ambiente: faixas com os nomes das equipes, cartazes de James Brown, muitos balões coloridos no teto e todos os dispositivos para a utilização de som e jogos de luz.

Segundo Sir Dema, cada equipe carregava seu público com os seus principais dançarinos:

> A Cova, por exemplo, cujo os seguidores se chamavam de "os coveiros" tinha um dançarino famoso, o Piolho, que era uma personalidade respeitada entre os frequentadores dos bailes. Piolho tinha uma sepultura tatuada no pé e dizia que não ouvia soul e que não dançava soul. Dizia que ouvia e dançava A Cova. E, de fato, ele só abria a roda de dançarinos quando o som da sua equipe começava. Ele tava pouco se lixando para o que as outras equipes tocavam.
>
> Quando abria a "roda", era um momento mágico, os dançarinos disputavam entre si, talvez uma manifestação do nosso inconsciente afro-descendente, das rodas de candomblé, jongo etc. Entre os dançarinos tinha a Equipe Philadelphia (com Walter, Pedrinho, Ricardo, Antônio, Marcos, Edinho e Paulinho Filadelfia – esses dois últimos ainda na ativa), que dançavam na equipe do Luizinho Disc Jockey Soul; a Black Power, tinha o dançarino Manero, também muito respeitado; o Ligeirinho, que dançava na Soul Grand Prix, mas também se apresentava no palco com o Tony Tornado, com o grupo BR3, composto por ele e os dançarinos Antônio Carlos e Tornadinho. Tínhamos o grande P.C. Capoeira, falecido em 2012 e Francisco Black, que veio a falecer depois. E as mulheres, como Lurdinha, Marcia da Cash Box, Cassia Black, Elenice, Ruth, Vera, Rejane e as Irmãs Grand Prix-2000 que encaravam a roda com os dançarinos masculinos.

Além da potência do som e das batalhas entre os dançarinos, o principal fator que incentivava a disputa era a exclusividade dos *hits*. Cada equipe tinha seu hino e sua fonte de discos raros, que nenhuma outra equipe poderia ter. Os discos eram trazidos por colegas comissários de bordo, ou recolhidos entre o refugo das boates da Zona Sul, que dispensavam as bolachas de soul, como lembra Dom Filó. Lojas como a Master Ranger, que depois se tornaria Modern Sound e a Billboard, situadas em Copacabana, eram as importadoras mais quentes que recebiam DJs de todas as partes da cidade. Uma prática para manter os discos como um código secreto era pintar os rótulos dos LPs de preto.

Sir Dema diz que essa rivalidade era levada a ferro e fogo, numa época em que a circulação de informações sobre a música internacional era um privilégio. O DJ recorda-se de um episódio marcante na disputa de som entre as equipes:

> Foi num festival no Grêmio de Rocha Miranda. A Boot Power, que era uma equipe pequena e estreante, com apenas seis caixas de som, teria "dado um sacode" na Furacão 2000. Estavam as equipes mais potentes no festival: a Petrus, a Black Power, a Cash Box, e a Furacão 2000, com Monsieur Lima como convidado. A Furacão já tinha estourado o tempo e o produtor Queixada da Boot Power estava sinalizando para que eles pudessem entrar. Foi quando o Petrúcio, da Petrus, pediu que a equipe mantivesse o respeito, no microfone e passasse a vez para a Boot Power. Monsieur Lima pediu desculpas e disse que iria terminar o set com uma música que ninguém tinha do ídolo James Brown, em primeiríssima mão, e disparou a faixa "Don't tell", que começava: *one, two... get down!* A pista veio à baixo com o balanço de Mr. Dynamite. Lima se despediu e disse que se alguém trouxesse esse disco na semana seguinte ganharia 10 mil cruzeiros. Finalmente, o Queixada se apresentou ao microfone: "Boa noite, rapaziada. Essa aqui é a Boot Power, uma equipe pequena, sem grandes equipamentos, sem muitos recursos, mas vamos dar o nosso melhor." E disparou: one, two... get down! E esse era o espírito dos festivais.

BLACKS E BROWNS

A massa *black* estava constituída. Milhares de rapazes e moças, negros ou mestiços, oriundos das áreas suburbanas da cidade e que seguiam os mesmos preceitos, trejeitos e comportamentos. Além das cabeleiras e roupas extravagantes, um sentimento se autoproclamava: *I'm black and I'm proud*. A postura deixava de ser puramente estética para se tornar atitude e convicção.

O sociólogo Carlos Alberto Medeiros, 66 anos, membro do IPCN, se lembra de quando, na sua juventude, esse espírito de autoestima elevada insurgiu. Ele localiza, por intermédio de uma experiência pessoal, certo movimento autoanalítico que se espalhou voluntariamente naquela nova geração. O insight se deu quando decidiu adquirir uma revista *Ebony*.[27] Medeiros avalia:

> Eu trabalhava no centro da cidade como revisor no *Jornal do Brasil*. Quando saí do trabalho resolvi comprar a revista e percebi que, naquele momento, para mim, tinha sido um passo. Porque, comprar uma revista para negros, na minha concepção, naquela época, significava, de uma certa forma, assumir uma posição.

---

[27] Na coluna As Dicas, do jornal *O Pasquim* de 15/1/1970, a nota "Nego paca", de Pedro Ferneti, destaca a revista *Ebony* como a de maior circulação: "O colunista de Gente, do *Jornal do Brasil*, é o chamado humorista involuntário (figura fácil em todos os cantos da vida brasileira). O moço é engraçadíssimo. Descobriu que a revista *Ebony* tem uma tiragem de 26 milhões de exemplares. Vá ser foca assim na China (em Formosa). Nenhuma publicação no mundo chega perto de tal tiragem. Pelos cálculos de Gente, *Ebony*, que é uma revista feita para a classe média negra nos EUA, vende mais do que existem negros nos EUA (22 milhões). Qua, qua, qua...".

E assumir uma posição, nesse sentido, era algo que os negros eram estimulados a não fazer, porque aquela atitude poderia lhes causar problemas. Problemas no emprego, ou com alguns amigos brancos, ou seja, não representava algo positivo. E foi então que percebi que aquele receio era uma bobagem. Ter comprado a revista foi uma quebra de paradigmas.

Tempos depois, Medeiros foi pela primeira vez a um baile *black*, na Noite do Shaft, no Clube Renascença:

Pra mim foi um impacto muito grande, porque me deparei com centenas de jovens negros, homens e mulheres, a maioria de cabelo afro. Daí eu percebi que aquelas pessoas estavam ali, não porque elas só poderiam frequentar aquele lugar, ou seja, não era por uma questão de segregação. Elas estavam ali porque elas queriam celebrar a sua negritude, a sua beleza, o seu cabelo e a sua estética. Foi uma segunda experiência muito forte pra mim, para perceber a minha própria personalidade.

Na mesma noite, Medeiros se aproximou de um grupo que o convidou para uma reunião no Centro de Estudos Afro-Asiáticos, na Faculdade Cândido Mendes, em Ipanema. "Daí em diante me tornei um militante do Movimento Negro",[28] revela.

Por trás do entretenimento, da dança e da diversão, havia todo um contexto inserido nos bailes do Movimento Black Rio. A exemplo dos hippies, *mod,* punk, góticos ou roqueiros, surgia naquele momento uma nova tribo, os *black*s e *browns*. Pois era assim que eles queriam ser reconhecidos e assim que se tratavam entre si. E ainda ha-

---

[28] Depoimento em entrevista aos autores do livro.

via os que se identificavam como grupo: os *brownlinos,* gíria propagada pelos bailes. Fossem eles mulatos, pardos, mestiços, brancos-aço; enfim, eles se sentiam *blacks.*

A jornalista Lena Frias registrou o depoimento de um rapaz que ilustrava bem essa questão:

> Sou *white*, mas sou *black*. O caso não é cor. Soul é de preto mesmo. Rock não. Rock é de branco. Você vê um *black* dançando no meio dos *white*. Todo mundo acha graça. Mesmo ele dançando bem, todo mundo acha graça. Soul, não, cada um faz o que quer. Samba? Samba não é mais nosso. Escola de samba não tem mais lugar pra gente. Branco nos bailes? Aí eu acho que tem que barrar. Não é por nada não. É que onde eles chegam não deixam lugar pra ninguém. Sujam logo a barra. O soul pode separar um pouco, não querer muito que o branco se chegue. Mas é assim como uma defesa. (Everaldo João Farias, 19 anos, contínuo. Embora branco, é inteiramente afastado de valores culturais tidos como de brancos e identificados como "coisa de rock". Seus amigos do morro da Saúde são todos negros, e ele usa roupas típicas dos *black*, sapatões soul.)

No livro *O mundo funk carioca*, o antropólogo Hermano Vianna sintetiza muito bem esse momento de transição, quando se forma um sentimento de orgulho e autoestima: "O soul perdia suas características de pura diversão, 'curtição', um fim em si (no discurso das equipes) e passava a ser um meio para se atingir um fim – a superação do racismo (no discurso do Movimento Negro)."[29]

Boinas, óculos de aro redondo, cachimbos customizados, bengalas, gravatas-borboleta, coletes, calças boqui-

---

[29] VIANNA, Hermano. *O mundo funk carioca*. Rio de Janeiro: Zahar, 1988, p. 53.

nha, calças tubinho, camisas pintadas à própria mão e que reproduziam capas do ídolo James Brown, ternos talhados atrás, casacos longos de veludo (em pleno verão) e, fundamentalmente, os pisantes (que eram tratados como um objeto de desejo e de ostentação).

No *Jornal do Brasil*, Lena Frias descrevia os modelos:

> Os pisantes de três, quatro andares feitos à mão, modelos especiais, custam de Cr$ 250 a Cr$ 600 nas lojas do Souza e do Pinheiro, no centro da cidade e em Madureira; Só a filial do Pinheiro na galeria São Luis, em Madureira, está vendendo, por semana, cerca de 500 pares de sapatos especiais para os *black*... Calçam pisantes brancos, ou, o que é mais comum, coloridos – rosa, rosa e roxo, amarelo ovo, verde limão, azul e creme, lilás, todas as combinações imagináveis.

O pente-garfo – para fazer o penteado afro, o *blackão* –, quando surgiu, foi um achado. Um dos responsáveis por essa revelação foi o jogador americano de basquete, Jameson Samuel Lee, contratado pelo time do Flamengo. Jim Lee trazia com ele vários pentes para o Brasil e distribuía para os amigos *blacks*. Todo mundo almejava um daqueles. Jim não perdeu a oportunidade e abriu uma empresa de cremes, pentes e produtos importados para cabelos afro no Brasil.

Nossos atletas negros também assumiam a causa. Vários jogadores de futebol armavam os cabelos *black*, poucos por contato direto com o exterior, nas partidas internacionais. Alguns de seus expoentes foram os jogadores Jairzinho e Paulo Cezar Caju, que explica como adquiriu o apelido "caju":

Em 1968, o Botafogo foi fazer um torneio em Los Angeles. Era muito comum esses amistosos internacionais naquela época e a presença de Botafogo e Santos, base da seleção, despertava a atenção até de quem não gostasse de futebol. Naquele ano, ganhamos o torneio e falei com a comissão técnica que iria conhecer a Sunset Boulevard. Fui com o Jairzinho e não acreditei quando nos deparamos com uma manifestação dos Black Panthers, partido revolucionário que patrulhava os guetos negros para protegê-los da violência policial.

Nessa época, meus ídolos eram Martin Luther King, Cassius Clay, a professora de sociologia Angela Davis e, claro, Malcolm X, um dos maiores defensores do nacionalismo negro, e que estava preso.

Me emociono ao lembrar desse momento. Os integrantes do Black Panther Party exigiam a libertação de todos os negros e a ala mais radical sugeria a luta armada. Todos usavam *black powers* coloridos, calças bocas de sino e roupas extravagantes. Precisava comprar aquele barulho de alguma forma. Entrei no primeiro salão que encontrei e mandei tingir meu cabelo de vermelho. Muitos jogadores, a partir daí, também deixaram o cabelo crescer, mas pintar, pelo que me lembre, fui um dos únicos. Dali, fomos para uma feijoada promovida pelo Sérgio Mendes, que estava totalmente estourado nos Estados Unidos, e ele divertiu-se com o meu novo visual! Quando voltamos ao Brasil, descemos em São Paulo e logo passaram a me chamar de Caju.

Quem não perdeu a oportunidade de polemizar a questão foi João "Sem Medo", o técnico e comentarista de futebol, João Saldanha, em entrevista externa (na rua) para o *Jornal Hoje*, da Rede Globo:

> Nos crioulos, *black power*, com aquela grama daquele tamanho, eles perdem a conta da bola. Já vi o Zequinha (atacante com passagens por times como Flamengo, Botafogo e Grêmio) na frente do gol dar uma cabeçada, amorteceu aquilo no *black*, na grama, e o goleiro pegou. Se pega num coco bem raspadinho... estou falando do ponto de vista técnico. Se eles gostam, faz uma peruca, ajeita, na hora do serviço usa uma ferramenta, na hora do "rebolado" usa outra, compreendeu?

Durante seu discurso para a câmera, um transeunte com cabelo afro parou para acompanhar a gravação, e o jornalista passou a usá-lo como exemplo para complementar a análise de forma hilariante: "Olha aqui (disse enquanto tocava o cabelo do torcedor), amaciou a bola, a bola é capaz de parar aqui. Que ande assim na rua, eu acho bacana, acho legal, mas no meu time não joga, não", concluía.

Quem não tinha acesso ao pente-garfo, geralmente a rapaziada mais humilde da Zona Norte, improvisava o artefato com aros de bicicleta fixados a uma base de madeira. O instrumento capilar improvisado também ficou conhecido como "ouriçador". "Isso virou uma febre e um problema", conta Dom Filó, "aquilo era um pretexto para os canas levarem os garotos pra delegacia com a justificativa de que portavam uma arma branca."

Uma das situações mais desagradáveis relatadas pelos *blacks* da época é que, durante as duras policiais, os PMs insistiam que eles escondiam objetos ou drogas dentro das próprias "jubas *blacks*". O DJ Jailson, que fez parte da equipe Jet Black, Jacarepaguá, lembra:

Passávamos horas armando os nossos *bla-ckões*, na frente do espelho, com vários mace-tes (laquê, parafina – para fios de cabelos mais finos – e banhos que perfumavam o cabelo com folhas de eucalipto) e, na maioria das vezes, antes de entrar nos bailes eles desmanchavam nossos penteados e mexiam violentamente nas nossas cabeleiras para nos revistar. Aquilo era aviltante mesmo.

Filó conta que, mesmo antes da barra pesar pra valer, o abuso de poder da Polícia Militar era acintoso.

Era recorrente a apropriação dos nosso discos. Os canas quando viam nossa bolsas de vinis não perdoavam. Foi quando bolei uma tática para ludibriar os oficiais. Sempre estava munido de discos de samba de grande sucesso, Marti-nho da Vila, Paulinho da Viola etc. que nego-ciava para que eles não levassem minhas rari-dades, se não fosse essa manha, nossa equipe estava perdida.

COMISSÃO DA VERDADE DO SOUL

O Movimento Black Rio chegava ao seu auge. O fenômeno tinha se disseminado radicalmente e virado uma coqueluche de fato. Nessa época, os produtores dos bailes presenciavam certa vigilância redobrada nas imediações dos encontros, que se recrudescia cada vez mais e ultrapassava a simples rotina policial.

No Cascadura Tênis Clube, segundo Dom Filó, a pista ficava sempre cheia. E ele percebia nitidamente a presença de algumas pessoas que não eram muito comuns nos bailes, certamente infiltrados dos órgãos de repressão.

Creio que tivemos picos de público de até duas mil pessoas por conta do ginásio não ser tão grande assim. Chegamos a bombar com a SGP e as equipes Alma Negra e Mr. Funky Santos. Numa das noites, tivemos um quebra-quebra e descobrimos que tinha sido programado por terceiros. Depois passaram atirando para a porta do clube e promoveram uma briga generalizada com cadeiras voando.

Muito além de ser uma possível paranoia, essa questão não apenas aconteceu de fato como foi muito bem-elucidada recentemente na Comissão Estadual da Verdade do Rio de Janeiro, publicada no dia 10 de agosto de 2015. O relatório da pesquisa "Colorindo memórias e redefinindo olhares: Ditadura Militar e Racismo no Rio de Janeiro" expõe diversos documentos do Departamento Geral de Investigações Especiais (DGIE)[30] que estavam engavetados no Arquivo Público do Estado do Rio de Janeiro.

Eram os anos de chumbo, que permaneceram de 1968 até 1974, quando do fim do governo do General Emílio Garrastazu Médici, enquanto mandatário da nação.

A perseguição nessa época se tornou evidente, quando alguns dos principais produtores e DJs das equipes de maior visibilidade começaram a ser convocados para averiguação policial. Paulão Black Power foi detido algumas vezes por agentes especiais do DOI-CODI, pois insistiam que o nome da equipe Black Power teria ligação direta com o partido norte-americano dos Panteras Negras.

Com a abertura dos arquivos do DOPS, teria sido recuperada uma pasta especial intitulada Black Power, que comprovava uma busca estapafúrdia: agentes da CIA ou representantes dos Black Panther Party infiltrados nos grupos ligados ao Movimento Black Rio.

Em depoimento prestado à Comissão Estadual da Verdade do Rio, em 2 de junho de 2015, Dom Filó conta sobre o seu sequestro (DOI-CODI), em 1976:

> Filó: Saindo do baile, quando eu ia entrar no carro, meteram o capuz na minha cabeça e eu só vi estrelas. Me levaram dentro do camburão, dei algumas voltas. Pelo cheiro, pela umidade, mais tarde eu vim saber que era aquele quartel da polícia do Exército, na Barão de Mesquita. Chegando lá me botaram em uma cadeira, tiraram o capuz, tinha muita luz, muita luz. Eles perguntavam onde estava o US$ 1 milhão, se

---

[30] Com a fusão do antigo estado do Rio de Janeiro com o extinto estado da Guanabara, em março de 1975, surge o novo estado do Rio de Janeiro, e na sua Secretaria de Segurança Pública é criado o DGIE, como órgão de "inteligência policial", que tem como função coligir dados, concentrar informações sobre pessoas e instituições de modo, a colaborar nas tarefas de repressão social.

eu era comunista. Aí apagaram toda a luz e falaram: agora você vai ver. Aí eu falei: se eu sumir, imagina o que vai ter aí na porta. Se um baile tem quinze mil, multiplica isso aí por quatrocentos bailes que acontecem. Aí eles pararam, fizeram uma reflexão, me deixaram lá por um bom tempo. Aí me botaram no carro e me largaram no Lins.[31]

Gradativamente, os monitoramentos foram gerando ações mais incisivas sobre as lideranças do Movimento Black Soul, e ações nos próprios bailes, conforme outro relato de Dom Filó à Comissão da Verdade.

> Filó: Aconteceram vários fatos, mas alguns que balançaram realmente. Foi quando nós fizemos o lançamento do nosso LP pela Warner. Depois de ter fechado dez mil pessoas no Portelão, depois de ter ocupado o Lespan na avenida Brasil, aí resolvemos fazer o lançamento em um clube médio, que dava umas seis mil pessoas. Só que tinham 15,9 mil fechando a avenida Brasil. No Guadalupe Country Clube. Se vocês forem em Guadalupe, esse clube é na beira na av. Brasil, aí tem uma passarela. Você imagina as pessoas dançando em cima daquela passarela, a av. Brasil fechada, arrebentaram a porta do clube, a piscina estava vazia e eles dançaram dentro da piscina. Conclusão: a tropa de choque da aeronáutica veio para dispersar. Foi um negócio terrível. Aí chegaram acendendo a luz. Aí o capitão veio caminhando com aqueles catarinas, na época eram aqueles catarinas, os caras não eram nem do Rio de Janeiro, todos amarelos, vermelhos, doidos pra bater. Aí quando ele veio na minha direção eu peguei o microfone, era

---

[31] Relatório de pesquisa da Comissão da Verdade "Colorindo memórias e redefinindo olhares: Ditadura Militar e Racismo no Rio de Janeiro", p. 43, Rio de Janeiro, 10 de agosto de 2015.

um festival de equipes, estava na minha hora, uma hora da manhã mais ou menos, e eu falei: olha galera, vocês fiquem tranquilos porque a polícia... eu falei polícia, porque pra mim, quando eu vi, era polícia, mas não era polícia, era aeronáutica, pior ainda, porque polícia a gente tinha um medo, era na época da Invernada de Olaria, um negócio mais barra-pesada, a gente tinha medo da Invernada, que eram os sete homens de ouro, sumia mesmo, negócio barra-pesada. Eu tinha mais medo da Invernada do que da aeronáutica. Porque até então a aeronáutica para mim era outra história... enfim, ele chegou até o palco, eu peguei o microfone, fui acalmando, e ele chegou até mim e falou: "Olha, muito obrigado, você fez um grande favor, me ajudou bastante, porque a ordem que eu tinha era para acabar com o baile e meter o pau em geral." Eu falei: "Capitão, nós temos aqui seis mil aqui dentro e lá fora deve ter o dobro, olha, por favor o senhor não faça isso. Não acaba esse baile agora não, deixa ele ir acabando devagarinho." E ele disse: "Tudo bem, mas depois o senhor vai ter que me acompanhar." E eu: "Quem vai ter que acompanhar? Eu? Eu não, o senhor tem que falar com o dono do clube. O clube que me contratou." Eu tinha o discurso todo já preparado.[32]

Além disso, a PM ficava atenta, em rotas cotidianas, à circulação de adolescentes negros nos arredores dos clubes onde aconteciam os bailes. Uma prática de coerção e pressão psicológica era a detenção de rapazes em camburões, quando as viaturas ficavam rodando e dando voltas infinitas pela cidade ou dentro da própria comunidade, num sentido de expor os jovens a um constrangimento.

---

[32] *Ibidem*, p. 41.

No texto de Lena Frias, o relato de um adolescente identificado como Carlinhos esclarece bem uma dessas tristes experiências:

> Semana passada, quase entro numa fria, irmã. Eu e meu primo, a gente ia descendo a Ladeira do Barroso. Aí a gente enxergou a baratinha. Aí eu disse: "Não tem outro crioulo na rua, só pode ser com a gente." Não deu outra, irmã. A baratinha encostou, aí o cana disse: documento. Legal, eu passei minha carteira do curso que estava fazendo na Aeronáutica, nem acabei, mas tinha carteira. O cana bronqueou: "Isso é carteira fria." "Fria nada, cara, tão quente que está queimando no meu bolso." Passei a carteira de estudante que eu ainda tinha, aí passei o documento de alistamento militar. O cana bronqueando: "Carteira fria, hein, negão? Vai com a gente." Não teve jeito. O cana fez a gente entrar na baratinha e mandou a gente esticar a mão bem pra frente. Que jeito tem? É sempre assim, né, irmã? Sabe como é, né? Eles obrigam a gente a entrar no carro e é aquela humilhação, ficam passeando com a gente pela localidade, que é pra todo mundo ver. E eu com irmã de menor. Como é que fica a minha autoridade?
>
> Carlos aponta o dedo para o próprio punho, mostra a pele: "É essa cor, não é, irmã?" Eu ainda disse: por que é que você quer me prejudicar, você ganha o quê com isso? Foi aquela, quando eles levaram a gente prum terreno baldio eu vi que tinha que fazer alguma coisa. Aí eu disse: "Que que há, cara?" Ele disse: "Delegacia e 281 (tóxico)." E a gente de cara limpa, hein, irmã? Aí eu falei: "Te passo uma perna (nota de Cr$ 100) pra você tirar a cara da gente." O cara nem nada. Aí eu ofereci uma perna e meia. O cana só refrescou quando eu disse que tinha duas pernas. Ele perguntou: "Está aí

com você?" Não, estava em casa. Aí ele disse: "Você vai lá e apanha. Esse fica aqui, se tu não voltar, já sabe, a gente fecha ele." Poxa, irmã, que sufoco. Cheguei, apanhei nas duas pernas, eu só tinha aquelas, era um biscate que eu fiz, um alívio que o coroa me deu também. Entreguei tudo pro cana. Aí ele aliviou, eu e meu primo. Devolveu os documentos da gente e disse: "Isso é pra vocês aprenderem." Aprender o que, hein, irmã?

Uma situação parecida, no ano de 1973, teria acontecido com Macau, o célebre compositor do sucesso "Olhos coloridos", pouco depois de completar a maioridade.

Fui abordado numa exposição de escola que tínhamos ido ver com alguns amigos. Era morador da Cruzada São Sebastião, no Leblon, e fomos ver o evento que acontecia na Lagoa, ao lado do extinto Tivoli Park. Quando um policial pediu pra acompanhá-lo. Eu me recusei e perguntei: "Por que tenho que te acompanhar?" Mostrei meus documentos da ordem dos músicos e um amigo, o Jamil, que era bombeiro, ainda tentou interceder. O guarda falou: "Mas você vai ter que me acompanhar assim mesmo." Meu amigo Jamil falou: "Vai lá, Macau. Eu fico resolvendo daqui."

Quando cheguei no departamento de polícia, um sargento baixinho me disse: "Tô te vendo. Tô sabendo de tudo. Você é muito folgado." Eu me surpreendi e perguntei: "Por que eu sou folgado, meu amigo? Eu não fiz nada."

"Sabe de uma coisa, seu folgado, é porque você mora na Cruzada, eu te conheço de lá. Ali só mora marginal. E outra: esse seu cabelo, essa sua roupa, esses seus olhos, esse seu sorriso. Sabe o que você é? Você é um crioulo muito folgado."

Daí eu respondi: "Eu não sou crioulo. Eu sou um negro. E, tem mais, o sangue que corre na minha veia, também corre na sua. E sabe o que o senhor é, seu sargento? O senhor é um sararár!"

Aí, pronto, fui agredido e levado para dentro de um camburão. Fiquei rodando com eles pela cidade enquanto outros rapazes iam sendo jogados para dentro do camburão durante o percurso. O camburão ficou abarrotado, uma coisa horrível.

Já era de noite, na delegacia fui jogado numa cela e enquadrado por "abuso à autoridade", vejam vocês. A cela também estava superlotada. Fiquei horas ali, até que finalmente os meus amigos conseguiram me interceptar, pela graça divina.

A minha revolta era indescritível. Cheguei em casa aos prantos. Peguei o meu violão e fui pra praia. Foi quando surgiu a inspiração para a música "Olhos coloridos", desse triste acontecimento e de um momento de absoluta decepção com o sistema e a sociedade.

Olhei pro horizonte e lembrei do meu avô, que, naquela mesma praia do Leblon, ficava assando milho e tocando caxambu, um batuque afro-brasileiro de Minas Gerais, de onde ele veio. "Olhos coloridos" foi um manifesto pessoal, saiu como um desabafo, com aquela levada que aprendi com meu avô. Afinal, percebi que só consegui contar a minha história com o meu violão: "Você ri da minha roupa/ Você ri do meu cabelo/ Você ri da minha pele/ Você ri do meu sorriso/ A verdade é que você/ tem sangue crioulo/ tem cabelo duro/ Sarará Crioulo..."

O Movimento Black Rio só veio consolidar a minha busca por informação contra o preconceito e afirmação negra.[33]

"Olhos coloridos" foi gravada posteriormente pela cantora Sandra de Sá e se tornou um hino da MPBlack, sempre cantada em uníssono, pelo público, a cada interpretação.

Outro pavor entre os jovens da periferia eram as rurais (automóveis para terrenos acidentados) de cor verde da Invernada de Olaria – delegacia policial criada, em 1962, pelo Governo Carlos Lacerda para "preservar a lei e a ordem" na base da violência e do terror. Alguns militantes foram presos e torturados neste local, onde se situa o atual 16º Batalhão de Polícia Militar.

Em 1980, o clima ainda pesava quando se falava de um personagem, o Mão Branca. Estudos da antropóloga Ana Lucia Silva Enne apontam para o caráter ficcional do personagem, que teria sido criado por um repórter do jornal *Última Hora*. O caso foi tão falado e causava tanto medo, que ficou famoso nos bailes o "Melô do Mão Branca", gravado pelo *soulman* brasileiro Gerson King Combo, um dos primeiros registros da série de "melôs" que seriam absorvidos como um conceito nas músicas do funk carioca.

O fato é que nada foi oficialmente definido como subversivo em relação aos bailes *black*. De acordo com os documentos apresentados pela Comissão da Verdade, de 2015, o Movimento Black Rio foi monitorado minuciosamente pelos órgãos de repressão como uma manifestação perigosa e temerária. Mas a conclusão final atestada pelo DGIE, um dos braços do DOPS, seria a seguinte:

> Pelo que foi apurado pelos monitoramentos não foi possível corroborar nenhuma das ameaças "procuradas" pela repressão como, por exem-

---

[33] Depoimento em entrevista aos autores do livro.

plo, o envolvimento de capital e membros estrangeiros; difusão de discriminação contra brancos ou guerra racial; uso de drogas ou outros ilícitos nos bailes; material usado nos bailes de direta crítica ao regime militar ou de propaganda comunista, entre outros. Nesse sentido, outras formas de violência foram empreendidas pelo regime contra o Movimento Black Soul.[34]

---

[34] Relatório de pesquisa da Comissão da Verdade "Colorindo memórias e redefinindo olhares: Ditadura Militar e Racismo no Rio de Janeiro", p. 43, Rio de Janeiro, 10 de agosto de 2015.

O MOVIMENTO E A GRANDE MÍDIA

Era o ano de 1976. Lena Frias, repórter negra, reconhecida pelo brilhantismo de suas matérias, era totalmente ligada ao samba e defendia a identidade da cultura brasileira na maioria de seus artigos. Mal sabia ela que uma explosão jovem fazia grande alarido nos arredores da av. Brasil. A bem da verdade, porque ela sequer tinha interesse pelo assunto.

Conta-se que um office boy do jornal, frequentador dos bailes *blacks*, insistia para que ela fosse conhecer o circuito. De tanto insistir, Lena sugeriu a pauta para a sua editoria. Compromisso firmado, a repórter seguiu com o fotógrafo Almir Veiga para a cobertura de um dos bailes no fim de semana. Lena se deparou com algo que não esperava, mesmo já tendo ouvido falar. A cena *black* se alastrava pelos quatro cantos da periferia carioca, o que lhe fez cair o queixo.

Na época, como a matéria estimava, eram pelo menos 1,5 milhão de frequentadores de bailes que aconteciam em clubes e quadras de escolas de samba das Zonas Norte, Oeste e Baixada Fluminense, por fim de semana. Mais de trezentas equipes de som, que movimentavam um mercado pululante em várias direções e setores: moda (roupas, sapatos, cosméticos e produtos capilares), entretenimento, técnica de som e indústria fonográfica, sem contar a incrível capacidade de mobilização que esses eventos tinham para aglutinar jovens, um contingente gigantesco de *blacks* que buscavam uma maneira muito própria de se comportar.

A pauta viraria uma reportagem especial de quatro páginas (uma edição rara de se ver) para o tradicional e provocador suplemento de cultura diário chamado Caderno B, do *Jornal do Brasil*. Eram muitos fatores reunidos, muitas ações evidenciadas ao mesmo tempo e, mais do que isso, um acontecimento que não seria tão simples de realizar dentro da lógica da repórter, que até então não havia se inteirado sobre aquele universo. Embora ela até soubesse da existência, já que frequentava o mesmo Renascença Clube nos dias de roda de samba.

Aturdida com tanta informação, como se um raio tivesse caído sobre a sua cabeça, acometida por uma realidade que desconhecia, Lena sem querer batizou o movimento: Black Rio. Ela não poderia imaginar o quanto a sua reportagem, "O orgulho (importado) de ser negro no Brasil", influenciaria de tal maneira a opinião pública, algo que seria considerado uma provocação ao *establishment.*

A questão ganhou dimensão nacional e despertou a atenção de diversos veículos brasileiros de mídia. Depois da publicação, o Movimento Black Rio ficou em voga e se tornou objeto de inúmeras reportagens nos principais jornais e revistas de todo o país, chegando até a ganhar destaque no jornal norte-americano *New York Times*.

Logo após a publicação da reportagem, choviam cartas de leitores manifestando as suas opiniões. Tantos pareceres teriam que ser enumerados pelos editores do jornal:

Black Rio (I)

De uma forma tendenciosa a senhora Helena Frias, repórter dessa matéria, manipula a informação de maneira sub-reptícia e com dúbias pretensões, articulando termos como, por exemplo, *importado* ou evidenciando situações comprometedoras como aquela em que jovens negros formariam grupos agressivos para espancar pessoas brancas que passassem por suas "jurisdições", além de utilizar lances fotográficos de apreciáveis situações apenas no sentido plástico-visual, querendo demonstrar assim haver na realidade essas importações negativas e sem conteúdos culturais para o homem negro ou mesmo branco, no Brasil ou em todo o hemisfério. – Jorge Claudir de Messias, Rio.

Seguia a nota de resposta do jornal:

N. da R. – A repórter Lena Frias (e não Helena Frias) não manipulou qualquer informação nem teve outra pretensão senão a de revelar, documentada, uma realidade desconhecida dos que nela não estão envolvidos e, de resto, confirmada na carta do leitor Messias.

Black Rio (II)

Com referência à informação publicada no Caderno B, de 17.7.76, reportagem "Black Rio", de Lena Frias, estranhamos que o jornalista e disc-jockey Big Boy apareça vinculando o nome da equipe Soul Grand Prix à palavra racismo. Gostaríamos de manifestar publicamente o nosso repúdio à afirmativa, uma acusação ilógica, improcedente e inverídica, conforme pode ser constatado por exame isento de nossa atividade – Equipe Soul Grand Prix, Rio. *Jornal do Brasil*, 1º de agosto de 1976.

Segundo Dom Filó, que teria elaborado a resposta ao jornal junto com sua equipe, Big Boy teria ficado muito magoado com a má interpretação ou má editoração de sua fala na matéria, mesmo porque era grande amigo e entusiasta do movimento, além de tudo participante e fomentador. Para ele, a matéria teria contribuído para a formação de uma imagem negativa sobre o movimento.

No artigo "When Rio was black: soul music, national culture, and the politics of racial comparison in 1970's Brazil", da professora e pesquisadora da Universidade de Michigan, a doutora Paulina Alberto observa que a matéria havia despertado críticas tanto de direita quanto de esquerda, deixando o Movimento Black Rio vulnerável a bordoadas que vinham de todos os lados: "A inquietante avaliação de Frias provocou uma enxurrada de artigos sobre o fenômeno soul nos principais jornais e revistas nacionais, bem como na imprensa alternativa da cidade, que representava vários grupos de esquerda e do emergente movimento negro."[35]

O texto de Alberto também chama a atenção para um artigo anônimo publicado no editorial do jornal *O Globo*, em abril de 1977, que discorre sobre o tema:

> É próprio da juventude escolher os seus próprios meios de expressão; e é comum que esses meios sejam esdrúxulos, excêntricos. Assim, não é por seus aspectos pitorescos, beirando às vezes o grotesco, que se deve condenar esse movimento batizado de soul, ou, na versão carioca, de "Black Rio". O problema não está nas roupas, nos sapatos, ou nos apelidos. Mas está no que se esconde atrás de tudo isso: uma visão alienada da realidade, artificialmente estimulada por interesses nitidamente comerciais, e tendo por base um indisfarçado racismo.

Até Ibrahim Sued, na sua coluna no jornal *O Globo,* teria tirado uma casquinha na corrente sensacionalista criada

---

[35] ALBERTO, Paulina. "When Rio was black: soul music, national culture, and the politics of racial comparison in 1970's Brazil". Carolina do Norte: Duke University Press, 2009, p. 2.

em torno do tema, em outubro de 1977. O movimento se tornava uma polêmica:

> O líder é o cantor Gerson King Combo e o vice-líder Tony Tornado. A tônica do movimento é lançar o racismo no país, como existe nos States. Eles chamam uns aos outros de "brother", e o cumprimento é com o punho fechado para o alto. Nos shows que estão promovendo no Rio e em São Paulo conseguiram a presença de dez mil pessoas. Os brancos são evitados, maltratados e até insultados. (...) Nos espetáculos os negros aproveitam a oportunidade para agitação, jogando negros contra brancos e fazendo uma preleção para o domínio da raça no Brasil, a exemplo do que acontece nos States.

Não demorou muito para que articulistas da estatura de José Ramos Tinhorão, crítico musical purista e mordaz (de personalidade assertiva), começassem a avaliar o tema sob os mais diversos pontos de vista. Na sua coluna Música Popular, no *Jornal do Brasil*, de fevereiro de 1977, Tinhorão faz uma avaliação socioeconômica nem um pouco bem-humorada, como de costume, sobre os artistas que surgiam correlacionados ao movimento.

A onda Black Rio apareceu subitamente na mídia, com destaque estrondoso, e, ao que parece, incomodou incautos e desavisados. A sociedade moralista da conjuntura militar obviamente iria se exasperar, afinal surgia um grupo na contramão do discurso acerca do "projeto de integração nacional" da ditadura.

Lena Frias mostrava, no seu texto, um público negro debatendo questões raciais, após uma sessão de cinema do filme *Wattstax* no Museu de Arte Moderna, organizado pelo IPCN. Além de tratar sobre o debate no MAM, ainda anunciava a próxima parada do Movimento Black Rio: a

A equipe Soul Grand Prix começa a concentrar um grande público de jovens negros da periferia em diversos clubes e quadras suburbanas.

Arte Estúdio Mestar

Acervo Cultne/ Acervo Dom Filó

Depois da Noite do Shaft, o Clube Renascença ficaria pequeno para os bailes da Soul Grand Prix. A equipe mistura slides dos frequentadores a filmes *blaxploitation* e com ídolos como James Brown. Começa a conscientização do Movimento Black Rio. Na foto à esquerda, Carlos Medeiros e Dom Filó analisam o baile.

Acervo Cultne

Acervo Cultne

SOUL GRAND PRI[X]

28 de Junho – 6.ª feira – 22 ho[ras]

Loucura total em noite de alta velocidade. Muito som. Muita luz. Muita curti-som. Slides em alta velocidade. Filmes pop. Pinte no Cascadura Tênis Clube.
Pois reunimos a maior e mais completa dis[coteca] de musica pop da cidade.
E soul da pesada mais a atmosfera alucina[nte] luz estroboscópica.

Não perca. A partir das 22 horas. Todas 6.as Equipe Curti-Soul & Grupo Angola Soul exclusivos do Renascença Clube (Noite do [Shaft])

Cascadura Tênis Clube
e soul pop em alta velocidade.

Realização
curti·som
Av. Ataulfo de Paiva, 143 - A

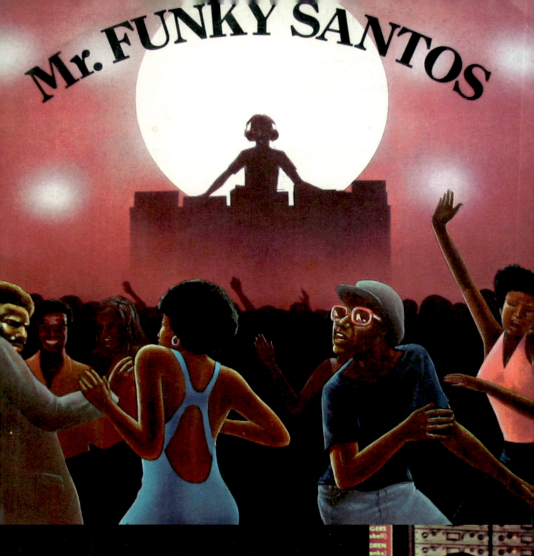

Mr. FUNKY SANTOS

Mister Funky Santos, o DJ pioneiro a fazer um baile 100% soul, no Clube Astória. Ele lançaria diversas coletâneas durante a sua carreira.

BLACK POWER

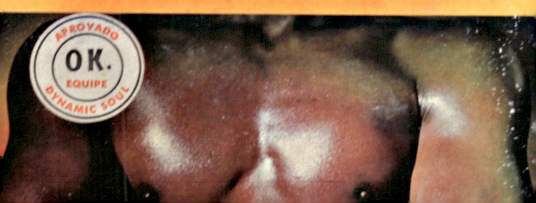

A equipe Black Power de Paulão e Paulinho, entre as pioneiras, reunia os maiores públicos. Paulão lançaria várias coletâneas da equipe Black Power, assim como a Soul Grand Prix. A Dynamic Soul também foi inovadora nos lançamentos de LP próprios.

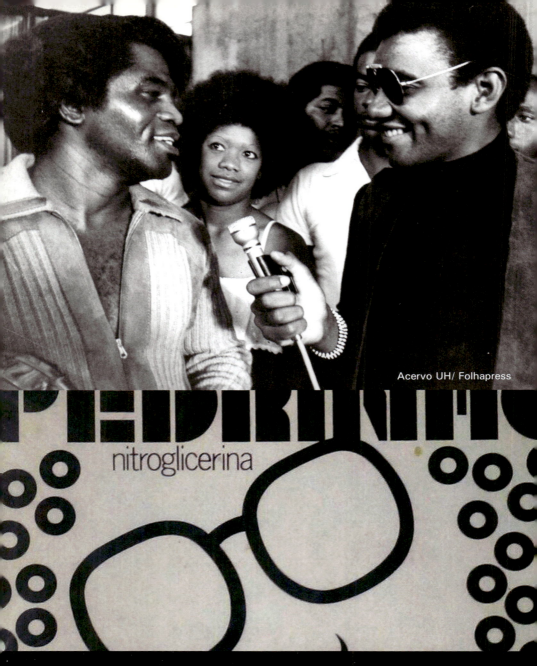

Big Boy, em 1972, encontra-se com James Brown, em Paris. O DJ é recebido com pompas por Mr Dynamite, que tinha conhecimento de seu papel como principal divulgador do soul no Brasil. Na primeira foto, Wilson Simonal recebe o ídolo pela primeira vez no Brasil, em São Paulo. No Rio, JB é ciceroneado por Monsieur Lima, no Galeão. Pedrinho Nitroglicerina foi outro DJ e

ROGÉRIA
vem para Erotika

James Brown e Big Boy — Uma foto que é, agora, de todo o mundo e que foi feita depois de um bate-papo em que se falou, inclusive, na possibilidade de uma apresentação no Brasil.

"Mamãe, eu apertei a mão de James Brown"

Quem é realmente Mr. Brown? Como os seus discos, musicalmente tão parecidos, vendem-se aos milhares em todo o mundo? Deve ser um cara loução, daqueles criolões explosivos, berrador e mais nada, pensava eu, a menos de dois metros do palco (na primeira fila do teatro) e a dez minutos do seu show no Olympia. Por que James Brown é considerado quase como um deus pelos da sua raça? Que fascínio teria ele para fazer com que os dois mil e quinhentos lugares daquela casa de

racha). Soul Power, Mother Popcorn, Get Up. As canções sucediam-se freneticamente: James deitava e rolava no seu repertório exclusivo, fazendo a plateia entrar em autêntico pânico. Uma pausa para a lamentosa Please, Please Me, na qual, utilizando o microfone como bengala, ele cai como vítima de um enfarte, desesperadamente ao chão. O seu rosto se contrai, se transfigura

— James não sente a música, ele é a própria música. O microfone não é para ele somen-

todos os dias do ano — sua agenda está totalmente tomada até fevereiro de 73.

No final do primeiro espetáculo conheci um pouco James Brown: curti com ele um longo papo, soube da sua infância difícil e humilde, e da sua intenção de unir o mundo e todas as raças através da música. Brown é tranquilo, cara limpa, um profissional, um homem que luta pelo dinheiro, porque já passou fome e sempre teve que brigar para obtê-lo. Amigo e convidado

Agência O Globo

Rádio GLOBO
TAÇA INDEPENDÊNCIA

WALDIR AMARAL e JORGE CURI
COMANDAM O ESCRETE DO RÁDIO

BRAHMA PATROCINA COM EXCLUSIVIDADE

Amanhã, às 21h05m
Taça Independência
BRASIL x TCHECOSLOVÁQUIA
(Mário Filho)
Comando Waldir Amaral e Jorge Curi
Comentário: João Saldanha e Mário Vianna
Reportagens: Denis Menezes e Washington Rodrigues

REPÓRTER-AMADOR
222-2000 e 232-2301

Revista *Fatos e Fotos*

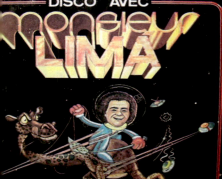

Monsieur Lima se torna umas das atrações da Furacão 2000, nos bailes *black*. Além de MC, Monsieur exibia diversas películas nos bailes.

Marcos André Pinto/ Agência O Globo

Músicos de uma nova geração iniciam carreiras com influências do soul. Acima, Macau, compositor de "Olhos coloridos"

Coletânea das equipes Modelo e Soul Layzer, *A Soul da Massa* atinge grandes índices de vendagem. A *Soul da Massa* foi mais uma lançada por Ademir Lemos na década de 1970.

Luizinho Disc Jockey Soul sai da Soul Grand Prix para montar a própria equipe.

Foto Franklin Corrêa

Alguns dos primeiros projetos musicais brasileiros que flertaram com o soul norte-americano. O saxofonista Oberdan Magalhães participou de praticamente todos esses grupos, antes de fundar a Banda Black Rio.

Acervo Gerson Cortes

Gerson King Combo e Carlos Dafé, dois expoentes do soul brasileiro, lançam discos solos no auge do Movimento Black Rio. Talvez esses tenham sido os artistas que mais fizeram shows nos bailes das equipes de som. Dafé tem o seu primeiro álbum acompanhado pela Banda Black Rio.

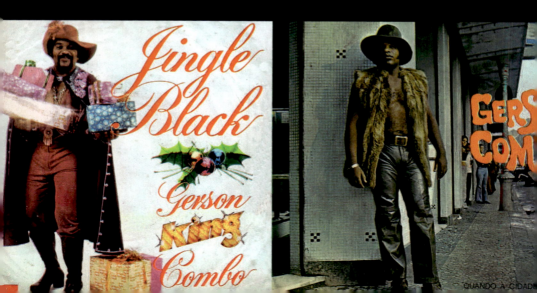

Acervo Carlos Dafé

Foto Sebastião Barbosa

Discos solo do mestre do soul brasileiro, Cassiano.

Realização Oswaldo Cadaxo

SOUL DANCE

Acervo Cultne/ Acervo Dom Filó

Uma das primeiras coletâneas de soul no Brasil, pelo extinto selo Imagem.
Os cabelos afro começam a virar moda no final dos anos 1960. Ao lado, Dom Filó inicia a sua empreitada nos bailes do Renascença.

Gerson Cortes, o King Combo, em uma das suas primeiras apresentações no programa de Jair de Taumaturgo, em 1967, na TV Rio. Acima, sua esposa, Maria Angélica Galhardo, com quem fazia dublagens em programas ao vivo, na Rádio Mayrink Veiga.

Acervo Gerson Cortes

Revista *Fatos e Fotos*

TRIBUTO A MARTIN LUTHER KING
DEIXA QUEM QUIZER FALAR
ESTÁ CHEGANDO A HORA
ELA É DEMAIS

Foto Estampa Gaúcho

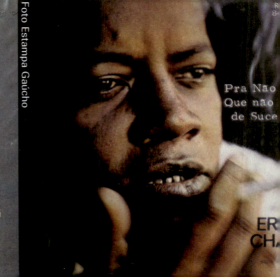

Pra Não
Que não
de Suce

Revista *Fatos e Fotos*

Erlon Chaves com a sua Banda e Orquestra Veneno no
V Festival Internacional da Canção (FIC), em 1970.
Assim como Wilson Simonal, que teria a sua música
"Tributo a Martin Luther King" censurada,
Toni e Erlon também sofreriam perseguições do regime militar.

Na primeira foto, Erlon protagoniza a performance que causaria grande polêmica no FIC. Toni Tornado surge como ídolo da geração *black*.

Foto Joselito

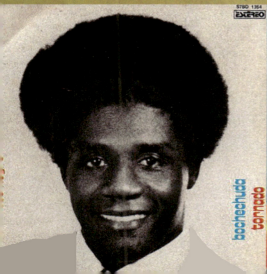

Manchete

Em 1970, Tim Maia lança seu primeiro LP. Tim participou como cantor e compositor de várias músicas do LP na *A onda é Boogaloo*, de Eduardo Araújo, considerado um dos primeiros discos de soul brasileiro.

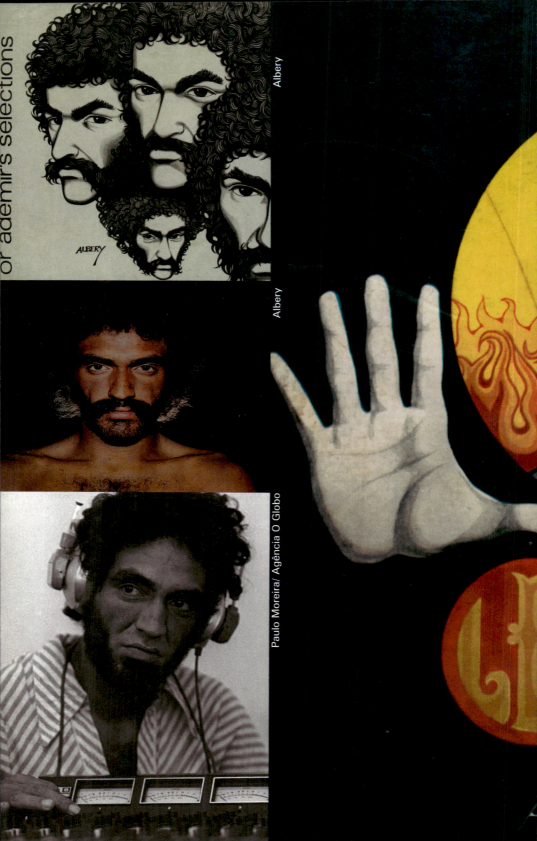

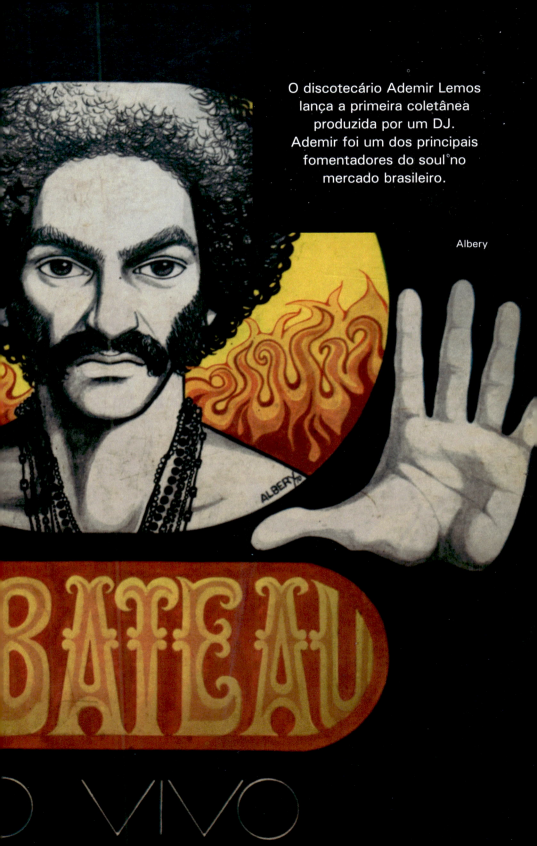

O discotecário Ademir Lemos lança a primeira coletânea produzida por um DJ. Ademir foi um dos principais fomentadores do soul no mercado brasileiro.

Albery

Ademir e Big Boy realizam o Baile da Pesada, no Canecão. Um marco que influenciaria o Movimento Black Rio.

Mr. Funky Santos e Dom Filó
(Acervo Cultne)

Em 1976 foi lançada a primeira coletânea da equipe Soul Grand Prix. A segunda teria a gravação original da Hot Stuff Band, uma das origens da Banda Black Rio. Na foto, os parceiros Mister Funky Santos e Dom Filó.

Arte José Moure

Paulo Moreira/ Agência O Globo

Zona Sul do Rio de Janeiro. O baile estava marcado para o dia 31 de julho, no clube Mourisco, em Botafogo:

> A Black Power e a Soul Grand Prix comandarão a festa, quando se esperam lançamentos especialmente notáveis em roupas, sapatos, chapéus e cortes de cabelo. A festa funcionará como uma espécie de aquecimento para a primeira apresentação de Archie Bell & the Drells, que não se sabe exatamente onde vai se dar, mas que deve ser mesmo no Mourisco.

Todo esse estardalhaço não ia passar incólume pelos órgãos de repressão. A matéria de Lena Frias certamente reacendeu de forma preponderante a vigilância militar. Apenas cinco dias depois da reportagem chegar às bancas, uma carta enviada ao DGIE pelo delegado da Polícia Militar Antônio Viçoso Cotta Gomes solicitava a retomada e reavaliação das investigações feitas pelo órgão de repressão que monitorava os bailes, considerando o assunto de "magna importância".

Segundo a doutora Paulina Alberto, que teve acesso a esse documento, a carta enviada pelo delegado ao órgão continha a matéria de Frias anexada. Ali, ele dizia:

> Causou-me impacto pelo sentido de oposição que, futuramente, poderá ser criado entre pessoas brancas e pretas. Incentiva-se a separação com o surgimento de várias atividades sociais exclusivistas, inicialmente de bailes onde é tocada a música soul preferida dos pretos, citando-se o rock como sendo a dos brancos.

"Não seria possível", continuou ele, que a "exclusividade do tipo de música, a uniformidade no vestir e no calçar não viriam a constituir, mais tarde, um grupo também político e orientado no sentido de preconceito racial?" E completava: "É mister lembrar que em nosso país sempre houve harmonia entre brasileiros, independente de raça e religião. A miscigenação de nosso povo – branco, preto, índio –, segundo Gilberto Freyre, em *Casa-grande & senzala*, é um privilégio."

No ano seguinte, o próprio medalhão das Ciências Sociais Gilberto Freyre iria se pronunciar sobre a ameaça de o Movimento Black Rio estar descaracterizando a música nacional, o samba.

Após essa grande celeuma, o Movimento ficou famoso no Brasil todo. *Blacks* de outros estados iriam naturalmente se identificar com o que acontecia no subúrbio do Rio de Janeiro. No livro *O mundo funk carioca*, o antropólogo Hermano Vianna destaca a propagação nacional do Movimento Black Rio numa publicação da revista *Versus* (maio/junho de 1978: 42):

> Black Rio, Black São Paulo, Black Porto (Porto Alegre) e até Black Uái (Belo Horizonte)! Primeiro a descoberta da beleza negra. A vontade de lutar como negro norte-americano, em busca da libertação do espírito negro, através do soul. As roupas coloridas, as investidas na imprensa branca junto com a polícia comum (...)

ÁFRICA INTERCONTINENTAL

Certamente, a maior crítica sofrida pelo Movimento iria se sustentar no discurso da identidade nacional e da preservação cultural brasileira. Com o destaque que teve na grande imprensa, as atenções se voltariam para o fenômeno que explodia no subúrbio carioca e se propagava por todo o país. Do ponto de vista dos opositores, aquela massa de jovens reunida para dançar a música estrangeira, ligados ao soul e atentos aos líderes negros do Civil Rights Movement, era a síntese da alienação engendrada pelos veículos de cultura de massa. Na opinião dos defensores inveterados do nacionalismo pujante, a influência de valores impor-tados naquele grupo significava uma aceitação passiva, imposta pela indústria cultural dominante. O Movimento Black Rio carregaria, portanto, a pecha de uma manifestação nociva à sociedade.

O país vivia o período mais repressivo da ditadura militar, registrado nos livros de história como os Anos de Chumbo (entre 1968 e 1974). Paradoxalmente, vivíamos o milagre econômico e a seleção brasileira ganhava a Copa de 1970, no México. Um sentimento ufanista se arvorava na sociedade. O governo veiculava o slogan: "Brasil, ame-o ou deixe-o." Com a alta nas bolsas de valores e a oportunidade de uma conjuntura internacional favorável, surgia o otimismo do desenvolvimento econômico. Era o surto do progresso nacional. Com a abertura do país ao capital estrangeiro, inúmeras multinacionais se fixaram no Brasil, assim como o mercado de exportações cresceu substancialmente, liderado pelo setor automotivo. Dentro do projeto de desenvolvimento econômico, estava o incremento das telecomunicações e o avanço tecnológico.

A teoria da Aldeia Global,[36] do filósofo canadense McLuhan, apesentava os seus primeiros sinais de concretude. Como um sintoma do processo de globalização que se iniciava (no sentido de que o mundo passava a experimentar a universalidade da comunicação, durante a década de 1970), consolidava-se a troca de informações em âmbito mundial.

> O panorama internacional estimulava a luta contra a discriminação de cor e a segregação disfarçada, o racismo à brasileira. No Brasil, militantes negros apoiavam a independência dos países de língua portuguesa: Cabo Verde, São Tomé e Príncipe, Guiné Bissau, Angola, Moçambique, nas guerras anticolonialistas. Uniam vozes às dos militantes estadunidenses nas denúncias dos massacres dos colonizadores na Rodésia e Namíbia; manifestavam-se contra o apartheid na África do Sul; e acompanhavam o ativismo dos estadunidenses, que havia derrubado barreiras segregacionistas de forma violenta, com as brigadas dos Black Panthers (os Panteras Negras) e o pacifismo de Martin Luther King. A agência alemã de notícias DPA

---

[36] Aldeia Global foi uma expressão criada pelo referido filósofo com o intuito de indicar que as novas tecnologias eletrônicas tendiam a encurtar distâncias e que o progresso tecnológico tendia a reduzir todo o planeta à mesma situação que ocorre numa aldeia: um mundo em que todos estariam, de certa forma, interligados. A expressão foi popularizada nas sua obras *A Galáxia de Gutenberg* (1962) e, posteriormente, em *Os meios de comunicação como extensões do homem* (1964). McLuhan foi o primeiro filósofo a tratar das transformações sociais provocadas pela revolução tecnológica do computador e das telecomunicações.

noticiava que o campeão mundial de pesos-pesados, Cassius Clay, teria declarado, em entrevista publicada na última edição da revista *Playboy*, que a população negra dos Estados Unidos precisava de um Estado próprio e "A América terá que pagar pelos linchamentos e mortes dos escravos, por tudo o que fez aos negros (...)"[37]

Não obstante, foi na década de 1970 que o espírito de universalidade e a integração global tomaram proporções cada vez maiores, não apenas aproximando culturas, mas revelando referências, como se descortinassem um espelho. O reflexo de novos modelos e a compreensão de que existia uma busca comum por uma autoestima da negritude foram determinantes, para que um novo sentimento se manifestasse em várias partes do mundo, assim como se revelaria no Brasil. O cerne da questão não se restringia a uma nacionalidade, mas a uma origem, uma célula mater: a África e a ancestralidade negra, acima de tudo.

Essa gama de novos signos e de paridades, que iria influenciar profundamente os *blacks* cariocas e os de outras cidades, consequentemente, iria gerar um impulso definitivo contra a discriminação racial. Abria-se uma janela, uma nova condição. Surgia uma vanguarda sobre o pensamento negro, um momento único e especial, como se percebe no relato de Carlos Alberto Medeiros, em 1977, no filme *ORI* (direção: Isabel Gerber/texto: Beatriz Nascimento):

> Essa coisa que está acontecendo agora, em 1977, está acontecendo agora, em 77, porque ela só pode acontecer nesse momento. Quer dizer, tem todo um dado histórico aí, tem África, tem o que aconteceu nos Estados Unidos, tem a evolução do negro na sociedade brasileira, que

---

[37] OLIVEIRA, Iris Agatha de./CAPES-DS, *Black Soul e "Samba de Raiz": convergências e divergências do Movimento Negro no Rio de Janeiro 1975–1985,* p. 26. Disponível em < http://www.memoriasocial.pro.br/documentos/Disserta%C3%A7%C3%B5es/Diss341.pdf >.

foi desembocar nos vários grupos (de consciência negra) que estão trabalhando por aí, que foi desembocar também no soul, nessas coisas todas, ou seja, manifestação de culturas negras. De repente se fala de cultura negra. E tem uma conjuntura internacional muito propícia, sabe? O Brasil se aproxima da África pra vender Volkswagen, uns negócios desse tipo. Então a gente tem que aproveitar esse momento porque pode ser que depois não seja tão fácil.[38]

No calor das emoções, Medeiros notava que o universo conspirava a favor de uma cultura que ultrapassava fronteiras. O fluxo da integração global crescia a passos largos, unindo povos e nações que encontravam identificação nas suas origens. Assim como no Brasil, a África reverberava a sua influência ancestral entre os negros dos Estados Unidos, Europa e do resto do mundo. No caminho reverso, da mesma forma que o soul americano atingia o Brasil, também influenciava o universo musical africano. O surgimento de subgêneros musicais como o afro-beat ou afro-funk do multi-instrumentista e líder social Olufela Olusegun Oludotun Ransome-Kuti, também conhecido como Fela Ransome-Kuti – o Fela Kuti – revolucionava a música africana e influenciaria diversos músicos no mundo inteiro. Bem como Hugh Masekela Ramopolo, trompetista nascido na África do Sul, que desenvolveu as vertentes do *african jazz*, entre tantos expoentes do continente africano.

Nas palavras de Beatriz Nascimento, a importância de se rever a origem africana era o ponto de partida para aquele novo tempo:

Então, é importante levantar a África como a verdadeira Atlântida do nosso mito, porque, pra nós do Ocidente, a África é um continente en-

---

[38] Disponível em < https://www.youtube.com/watch?v=DBxLx8D99b4 >.

terrado, é um continente que a gente não conhece muito. É um saber congelado. É um povo que está congelado, nas nossas relações, nas nossas comunicações, no nosso inconsciente, no *quem eles são* (...)[39]

Naquela década de 1970, a interação de universitários, acadêmicos, jornalistas, pesquisadores, produtores e atores que compartilhavam o exercício da compreensão sobre uma identidade própria teria sido o estopim para o surgimento do Movimento Negro brasileiro, com uma representatividade contemporânea e inserção no contexto mundial. Fica muito claro, portanto, que a busca pela conformação do empoderamento social da negritude, naquele momento, encontrava nos bailes do Movimento Black Rio uma base condutora, uma ferramenta para transferência de ideias.

Dessa conjunção de forças, nasceram associações de estudos e instituições voltadas para a consciência negra, como a Sociedade de Intercâmbio Brasil–África (Sinba), o Centro de Estudos Afro-Asiáticos (CEAA), o Movimento Negro Unificado contra a Discriminação Racial (MNUDR), o IPCN e outras organizações. Esses grupos obtiveram grandes conquistas, que se refletem nos tempos atuais como, por exemplo, as ações afirmativas, a inserção da história negra nos livros escolares e o sistema de cotas para universitários negros. Carlos Alberto Medeiros avalia:

> O Movimento Black Rio plantou a semente e fez uma transformação cirúrgica na mente daquela rapaziada. De forma sutil, utilizou uma tática eficaz baseada na dança, na música, na autoafirmação e no orgulho próprio como uma atitude desafiadora e revolucionária."[40]

---

[39] Retirado do documentário *ORI* (1986).
[40] Depoimento em entrevista aos autores do livro.

A luta, ainda embrionária, pela afirmação racial e contra a discriminação desmascarava a "falsa consciência" da sociedade brasileira, conceito utilizado pelo sociólogo argentino Carlos Hasenbalg no livro *Discriminação e desigualdades raciais no Brasil*, publicado em 1979. Para ele, o "mito da democracia racial" se apresentava de forma subliminar:

> A adesão dos brasileiros brancos à ideologia da democracia racial é tal que a distinção entre "falsa consciência", como conjunto de concepções cuja inadequação não é clara para seus aderentes, e "falsidade da consciência" ou hipocrisia pura, torna-se difícil. Esta adesão implica um padrão duplo em que concepções preconceituosas sobre os negros e práticas discriminatórias disfarçadas coexistem com uma polida etiqueta racial, pela qual as manifestações públicas de preconceito e as formas abertas de discriminação incorrem numa severa desaprovação.[41]

Nesse discurso se baseava o projeto de integração social assumido pelo regime militar. Na concepção da ditadura, as relações raciais estavam de acordo com o que o ministro das Relações Exteriores Mário Gibson Barboza declarava na época, pois não havia motivos para "assegurar a igualdade de raças no Brasil", afinal, para ele, não havia discriminação racial.[42]

O historiador Bryan McCann, autor do livro *Orpheus and Power: The Movimento Negro of Rio de Janeiro and São Paulo, 1945–1988,* evidencia uma linha de esquerda, mas que também engrossava o coro da crítica ao Movimento Black Rio, pelo seu caráter comercial e importado:

---

[41] HASENBALG, Carlos. *Discriminação e desigualdades raciais no Brasil.* Rio de Janeiro: Graal, 1979, p.242, 243.

[42] *Apud* THEODORO, M. (org.). *As políticas públicas e a desigualdade racial no Brasil: 120 anos após a abolição.* IPEA, 2008.

"Adeptos do mito da democracia racial acusavam o movimento soul de importar o vírus perigoso da divisão birracial e animosidade norte-americana para um inadequado clima tropical", destaca.

A matéria de Lena Frias teria se tornado um prato-cheio para a cizânia que havia se criado após a sua publicação. As opiniões contrárias ao soul não se restringiam apenas aos críticos de direita ou à classe média TFP[43] (defensores ferrenhos da moral e dos bons costumes), que enxergavam no Movimento Black Rio uma ameaça aos valores nacionais. A crítica se tornava contumaz, e de forma muito parecida, na opinião da esquerda tradicional, que via nos bailes de soul cariocas os perigos do estrangeirismo e sinais de alienação impostos pela cultura de massa. A polêmica do soul desencadeou uma ampla discussão sobre os valores de originalidade brasileira, numa época em que era proibitivo aceitar referências estrangeiras na MPB ou nas esferas culturais – um preceito que podemos perceber como incoerente, de acordo com a circulação de música internacional consumida no Brasil; um mercado que oscilava, durante a década de 1970, entre o primeiro e o quinto lugar de maior vendagem de discos de música estrangeira no mundo (de acordo com estimativas de magazines especializadas no mercado fonográfico, como a Cashbox e a Billboard).

A estudiosa Paulina Alberto assinala em seu artigo:

> Como os críticos conservadores, escritores de esquerda articularam sua rejeição ao soul mais claramente em contraste com o samba. Enquanto os críticos de direita viam o samba como ex-

---

[43] A Tradição, Família e Propriedade (TFP), no Brasil registrada como Sociedade Brasileira de Defesa da Tradição, Família e Propriedade, é uma organização civil de inspiração católica, tradicionalista, fundada primeiramente no Brasil em 1960 pelo professor catedrático, deputado federal constituinte em 1934, escritor e jornalista católico, paulista Plinio Corrêa de Oliveira. Ela é pautada pela tradição católica e pelo combate às ideias maçônicas, socialistas e comunistas. A sociedade baseia-se na obra *Revolução e Contrarrevolução* e propõe uma vigorosa reação (Contrarrevolução) com base no amor à ordem cristã e na aversão à desordem (Revolução).

pressão da estabilidade social brasileira, muitos na esquerda viam-no como a única expressão verdadeira, progressista, de uma identidade nacional africanamente modulada.

Alberto também se refere a cronistas da imprensa alternativa de oposição, como o caso do famoso tabloide *O Pasquim:*

> As acusações mais contundentes de inautenticidade do soul vieram do irreverente jornal de esquerda *O Pasquim*. Em um artigo, o crítico de música Roberto M. Moura escreveu que "se trata de uma insidiosa campanha publicitária, neo-colonialista, que visa apenas criar o sujeito que vai consumir o excedente de uma produção de fora daqui. [...] Fica claro que este agrupamento social não está pensando; está sendo pensado. De fora para dentro. Se de repente vier uma ordem concitando a um outro tipo de roupa, ele tira a jaqueta e descalça o pisante".
>
> Moura, o escritor do esquerdista *O Pasquim*, prosseguia suas invectivas contra o soul com a afirmação de que, se, em vez de participar em "uma transação [...] na base do inconsciente coletivo arrastando tudo", essa massa de gente realmente pensasse por si mesma, voltariam as energias que estavam desperdiçando no soul para a tarefa de revitalizar os verdadeiros valores e cultura negros no Brasil. Isto é, "então este agrupamento social teria que se voltar para o samba".[44]

---

[44] MOURA, Roberto M. "Carta aberta ao Black Rio." O fim da citação de Gonzales a Batista também sugere um retorno ao samba; BATISTA, Tarlis. "Os blacks no embalo do soul." Cf. *O Pasquim*, 2-8 de setembro de 1977, p. 26, 27.

SOU MAIS SAMBA

A rinha estava determinada: soul versus samba. Por trás desse ringue, uma série de estigmas velados que se constituíram na formação da civilização brasileira. Tantas nuanças reunidas iriam desencadear um extenso panorama de debates sobre as questões raciais no país no decorrer dos anos 1970.

A crítica que se colocava tenazmente contra o fenômeno soul, baseada no discurso nacionalista sobre os perigos de um estrangeirismo aparente, não obteve tanto êxito como se pretendia. Se, de alguma forma, a intenção dos oponentes era conter a explosão do Movimento Black Rio, no subúrbio carioca acontecia justamente o contrário.

O alcance dos bailes estava em franca ascensão. Pelo menos por um breve período, de 1975 a 1978, o soul teve uma repercussão enorme e alcançou outros lugares, em São Paulo, Bahia, Belo Horizonte e outras cidades.[45]

Depois disso, veículos que ainda tentavam explorar o potencial sensacionalista do tema, nas revistas de circulação nacional e nos programas de televisão, criariam uma querela ainda mais acirrada, um confronto supostamente arquitetado entre o soul e o samba de raiz.

De acordo com a biografia do empresário André Midani, depois de matéria publicada na revista *Veja*, a

---

[45] OLIVEIRA, Iris Agatha/CAPES-DS – Black Soul e samba de raiz – convergências do Movimento Negro no Rio de Janeiro, 1975–1985.

controvérsia se intensificou "a favor e contra os *blacks,* sua cultura e sua música, que muitos julgavam alienada temendo que tais manifestações viessem a destruir a tradição secular dos morros". Segundo Midani, a longa matéria de quatro páginas ampliava os debates e punha fogo no confronto entre "Velhas Guardas versus Jovens Guardas", que no fim se resumia a uma intriga entre o samba e o soul. "Pouca gente considerava que essas modalidades pudessem conviver", revela o executivo. Midani, logo em seguida, sofreria a perseguição do regime militar. Pouco tempo após a publicação da matéria da *Veja,* o diretor da Warner no Brasil seria advertido sobre rumores de que um determinado processo contra ele circulava em Brasília. A ação visava a sua deportação do país, como nos revela Midani:

> A alegação, que parecia de um filme de ficção, era que eu recebia dinheiro, através da Warner norte-americana, proveniente dos contestadores movimentos *black* americanos. Liderados pelo Quincy Jones para financiar a revolução e a insurgência dos negros nas favelas brasileiras. E que a reportagem sobre os bailes da Zona Norte era nada menos que o sinal de partida dessa operação e fazia parte de uma estratégia de desestabilização.[46]

Em 1977, o próprio universo do samba tradicional, símbolo da cultura nacional, já não estava em concordância com as suas origens. Essa opinião era compartilhada entre sambistas que tinham comprometimento com velhas guardas e que hasteavam a bandeira da retomada do samba de raiz. Erguia-se uma oposição à indústria das escolas de samba e ao mercado fonográfico – que pasteurizava o seguimento para um público de classe média ou estrangeiro. Na figura do sambista Antônio Candeia Filho, o mestre

---

[46] MIDANI, André. *Música, ídolos e poder do vinil ao download.* Rio de Janeiro: Nova Fronteira: 2008.

Candeia, surge a defesa pela retomada do samba original, representada pelos principais sambistas e compositores.

Candeia havia fundado, em 1975, o Grêmio Recreativo de Arte Negra e Escola de Samba Quilombo (G.R.A.N.E.S. Quilombo), com o objetivo de criar uma alternativa ao cenário do samba massificado pela indústria cultural e fonográfica. A ideia era se diferenciar das outras agremiações carnavalescas do Rio de Janeiro na tentativa de resguardar as supostas raízes do samba – na forma como teria sido o espírito comunitário nos redutos de bambas dos anos 1930.

Na mesma linha de discussões traçadas pelos novos grupos do Movimento Negro contemporâneo, a escola de samba Quilombo tinha como princípio tornar-se um centro de resistência e resgate das origens da cultura negra. Em matéria de página inteira, "Quilombo: nasce uma nova escola de samba", publicada no *Jornal do Brasil* no dia 8 de dezembro de 1975, em que se fundava a agremiação, Candeia pautava o jornalista Juarez Barroso sobre as diretrizes da Quilombo:

> As escolas de samba agigantaram-se, deformaram-se à medida que se transformaram (ou pretenderam transformar-se) em shows para turistas. O tema polêmico, tratado quase sempre em tom passional. Deformação ou evolução? Seria possível o retorno à pureza, ao comunitarismo dos anos 1930, quando essas escolas se consolidaram? O sambista Candeia, liderando outros sambistas descontentes com a situação, prefere responder de modo objetivo. E responde com a fundação de uma nova escola de samba, Quilombo, escola que terá sede em Rocha Miranda e irá para a avenida mostrando como era e como deve ser o samba.

O ponto de partida do projeto era enfatizar a cultura negra e sua importância na formação da sociedade brasileira. Candeia diz, na matéria, que buscava a reconstrução de uma identidade afrodescendente, capaz de garantir a aceitação de suas manifestações socioculturais enquanto legado dos primeiros africanos que foram trazidos para o Brasil.

Em matéria anterior, publicada pelo *Jornal do Brasil* no dia 1º de julho de 1970, Candeia já manifestava sua preocupação acerca da integridade do samba de tradição: "Os verdadeiros sambistas estão se afastando do terreiro das Escolas. Agora só quem vem é o público que paga e se acha no direito de participar do ensaio."[47]

A partir daí, um sentimento de que as escolas de samba sofriam um processo de descaracterização unia vozes poderosas do universo do samba de raiz. Era o levante do movimento de resistência pela retomada dos redutos dos sambistas originais. Num ato de desagravo, juntaram-se a Candeia, Paulinho da Viola, Claudio Pinheiro, André Motta Lima e Carlos Monte. Como primeiro passo, a formulação de uma carta-manifesto ao presidente da Portela, Carlos Teixeira Martins, em março de 1975. O documento trazia vários apontamentos:

> Escola de samba é Povo em sua manifestação mais autêntica! Quando se submete às influências externas, a escola deixa de representar a cultura do nosso povo. (...) Durante a década de 1960, o que se viu foi a passagem de pessoas de fora, sem identificação com o samba, para dentro das escolas. O sambista, a princípio, entendeu isso como uma vitória do samba, antes desprezado e até perseguido. O sambista não notou que essas pessoas não estavam na

---

[47] OLIVEIRA, Iris Agatha de./CAPES-DS, *Black Soul e "Samba de Raiz": convergências e divergências do Movimento Negro no Rio de Janeiro 1975–1985*, p. 26.

escola para prestigiar o samba. E aí as escolas de samba começaram a mudar. Dentro da escola, o sambista passou a fazer tudo para agradar essas pessoas que chegavam. Com o tempo, o sambista acabou fazendo a mesma coisa com o desfile. (...) Consideramos que este é o momento de fazer a única evolução possível, com o pensamento voltado para a própria escola. Ou seja, corrigindo o que vem atrapalhando os desfiles da Portela, que tem confundido simples modificações com evolução. É preciso ficar claro que nem tudo que vemos pela primeira vez é novo.

Em outro manifesto, Candeia fundava as bases do G.R.A.N.E.S. Quilombo:

Estou chegando... Venho com fé. Respeito mitos e tradições. Trago um canto negro. Busco a liberdade. Não admito moldes. As forças contrárias são muitas. Não faz mal. Meus pés estão no chão. Tenho certeza da vitória. Minhas portas estão abertas. Entre com cuidado. Aqui, todos podem colaborar. Ninguém pode imperar. Teorias, deixo de lado. Dou vazão à riqueza de um mundo ideal. O amor é meu princípio. A imaginação é minha bandeira. Não sou radical. Pretendo, apenas, salvaguardar o que resta de uma cultura. Gritarei bem alto explicando um sistema que cala vozes importantes e permite que outras totalmente alheias falem quando bem entendem. Sou franco-atirador. Não almejo glórias. Faço questão de não virar academia. Tampouco palácio. Não atribua a meu nome o desgastado sufixo -ão. Nada de forjadas e malfeitas especulações literárias. Deixo os complexos temas à observação dos verdadeiros intelectuais. Eu sou povo. Basta de complicações. Extraio o belo das coisas simples que me seduzem. Quero sair pelas ruas dos subúrbios, com minhas baianas rendadas sambando sem parar. Com minha comissão de frente digna de respeito. Intimamente ligado às minhas origens. Artistas plásticos, figurinistas, coreógrafos, departamentos culturais, profissionais: não me incomodem, por favor. Sintetizo um mundo mágico. Estou chegando...

Posteriormente, em 1977, Candeia se empenharia numa nova frente. O guardião das raízes do samba começava a investir numa campanha que questionaria o Movimento Black Rio e seus reflexos nas tradições afro-brasileiras. Mais lenha na fogueira da polêmica que a imprensa já havia acendido. A quizila soul versus samba iria atiçar ainda mais a polaridade de opiniões. Mas também iria estimular as vendas da indústria de disco – no que é possível se supor que talvez toda a celeuma tenha sido intencionalmente sustentada pelo mercado fonográfico.

Segundo a dissertação "Black Soul e 'Samba de Raiz': convergências e divergências do Movimento Negro no Rio de Janeiro 1975–1985", de Iris Agatha de Oliveira, especialista em memória social, um dos gatilhos que promoveram a polêmica entre esses dois universos musicais teria sido a reportagem "samba de raiz × música *black*" produzida para o programa Fantástico da TV Globo, em abril de 1977. A matéria confrontava opiniões e encerrava com o videoclipe de lançamento do partido-alto "Sou mais samba", com Candeia, Dona Ivone Lara e Clementina de Jesus. A composição, mais do que um protesto contra a música *black*, fazia uma provocação explícita ao Movimento Black Rio: "Pra acabar com o tal do soul basta um pouco de macumba", entoavam os sambistas: "Eu não sou africano, eu não/ Nem norte-americano!/ Ao som da viola e pandeiro/ Sou mais o samba brasileiro!"

No dia 15 de maio de 1977, o secretário municipal de Turismo, Pedro de Toledo Pizza, declarava que "o Black Rio é um movimento comercial com filosofia racista", em depoimento para o *Jornal do Brasil*.

Rapidamente, o Black Rio voltava a ocupar o seu lugar na berlinda. Os ataques vinham de todos os lados. Para incrementar ainda mais a discussão, o renomado autor Gilberto Freyre manifestava o seu repúdio às notícias sobre o movimento. Perplexo, Freyre tinha publicado o artigo num diário pernambucano alertando "a nação para o perigo da mistura de negros norte--americanos com os brasileiros negros que possuem um movimento chamado Black Rio, com a finalidade de transformar a música negra – o samba, principalmente – em música de protesto".

A matéria do *Jornal do Brasil*, de 17 de maio de 1977, evidenciava a publicação de Freyre no informativo pernambucano e aproveitava o ensejo para expor o que o cientista social queria dizer no artigo. A reportagem daria mais corda para a reação crítica dos nacionalistas de plantão:

> Teriam os meus olhos me enganado? Ou realmente li que, dos Estados Unidos, estariam chegando ao Brasil – se é que já não se encontram (...) americanos de cor encarregados – por quem? – de convencer brasileiros, também de cor, de que suas danças e seus cantos afro-brasileiros deveriam ser de melancolia e de revolta?

E, a ser verdade, conjectura o sociólogo, afirma ser uma

> tentativa da mesma origem no sentido de introduzir-se no Brasil crescentemente, fraternalmente, brasileiramente moreno – o que parece causar inveja nas nações bi ou trirracionais nas

suas bases – o mito da negritude (...) que faria às vezes daquela luta de classes tida por instrumento de guerra civil.

O Movimento Black Rio incomodava várias esferas da sociedade e alcançava enorme visibilidade na mídia, de forma impressionante: acirrava ânimos e tornava-se objeto de destaque na imprensa sensacionalista. Praticamente todas as publicações de importância do país, entre jornais e revistas, tiveram matérias de extenso conteúdo e forte apelo visual revelando o quão exótica aquela manifestação poderia ser. As reportagens carregavam nas tintas para apresentar a nova e desconcertante onda *black.*

Iris Agatha de Oliveira[48] em sua dissertação de mestrado destaca a coluna do jornalista Ruy Fabiano, que observava os exageros e a atenção excessiva que a imprensa dedicava aos bailes. Ruy achava "estranho tanto alarido em torno desse 'movimento' (melhor seria chamá-lo de moda). Afinal, nem mesmo o rock eriçou tanto os brios dos nacionalistas".

O colunista informava, na mesma edição, que naquele ano de 1977 o samba parecia ser a prioridade das gravadoras. A indústria lançava grande produção de compactos no mercado, entre eles o de Martinho da Vila, sobre o qual chamava a atenção:

> Preocupado com as "forças ocultas" que ameaçam o samba, no caso a referência ao chamado Movimento Black Rio é clara, Martinho adverte: "Já tem a mente alienada/ e nego pisando na bola (...) abre o olho meu cumpadre/ porque tem remandiola/ atrás de um som inocente/ tem um fraque e um cartola" ("Oi, cumpadre"). A

---

[48] OLIVEIRA, Iris Agatha de./CAPES-DS, *Black Soul e "Samba de Raiz": convergências e divergências do Movimento Negro no Rio de Janeiro 1975–1985,* p. 26. Disponível em < http://www.memoriasocial.pro.br/documentos/Disserta%C3%A7%C3%B5es/Diss341.pdf >.

intenção pode ser até boa, mas o resultado é fraco. A crítica soa ingênua, simplista, e a melodia é bem banal.

No sucesso de Martinho, o arranjo musical de "Oi, cumpadre" sofre uma virada no meio do samba para um soul da pesada. Martinho ainda solta um "O que que há, meu irmão?" para fazer troça com as gírias da massa *black*. A provocação, mais do que explícita, se unia à cruzada contra a música *black* incentivada por Candeia.

Reações musicais ao Movimento Black Rio ainda repercutiriam posteriormente. Em 1978, por exemplo, o cantor Franco, que ficaria reconhecido como um clássico representante do samba-rock – gênero que ganharia evidência em São Paulo.[49] Na música "Black samba", lançada em compacto em 1978 (Continental), Franco abordava o Movimento como tema com estranhamento. Nessa gravação, o arranjo também variava como em "Oi, cumpadre", mas dessa vez o soul aparecia na introdução da faixa, que sofria uma virada radical para o samba, uma deixa para o início da canção: "Na quadra da escola/ O som tá diferente/ Está pintando aí/ A nova transação,/ O movimento é black, é som importação!"

Ainda no campo do samba-rock, outro hit já entoava a crítica ao estrangeirismo, "Do you like samba" (1973), do cantor baiano Cyro Aguiar: "Do you like samba?/ I love too/ If you love the samba/ I love you."

---

[49] OLIVEIRA, Iris Agatha de./CAPES-DS, *Black Soul e "Samba de Raiz": convergências e divergências do Movimento Negro no Rio de Janeiro 1975–1985,* p. 26. Disponível em < http://www.memoriasocial.pro.br/documentos/Disserta%C3%A7%C3%B5es/Diss341.pdf >.

J. BLACK –
A VOZ SOLITÁRIA DA MASSA

O que jamais foi revelado dessa rixa entre o soul e o samba de raiz era a aliança que existia – quase que secretamente – entre os dois universos. Dom Filó e Candeia eram amigos íntimos e não só se frequentavam como desenvolviam parcerias. Além disso, os dois eram filiados ao Renascença Clube, e Candeia acompanhava não apenas as programações de samba do Rena – como era conhecido pelos íntimos –, como também o trabalho realizado por aquela nova geração de produtores culturais: as reuniões e a nova trupe de teatro que havia se formado no clube.

A prova cabal dessa aliança foi a série de três espetáculos, *O ressurgir das origens,* que aconteceu na Associação Brasileira de Imprensa (ABI) e na G.R.A.N.E.S. Quilombo em comemoração aos dois anos do IPCN, em julho de 1977. No fôlder do evento, a participação do time de jovens que criaram a companhia de teatro do Renascença Clube – identificados como Equipe Soul Grand Prix (Direção: Haroldo de Oliveira, roteiro José Ricardo, Supervisão de Dom Filó e Carlos Alberto Medeiros). O evento teve grande êxito. A encenação da peça *Orfeu do Carnaval*, sem diálogos, foi coreografada para interagir dentro da Escola de Samba Quilombo, de Candeia. "Nenhum jornal escreveu uma linha sequer sobre o evento, que teve a presença de um grande público composto por formadores de opinião.

Apenas quem deu a notícia foi o jornal *Última Hora*, por nosso intermédio", recorda-se Filó, que percebe que a imprensa da época, mesmo tendo feito tantas investidas sobre o Movimento Black Rio (na maioria das vezes, com críticas severas ao fenômeno de massa), quase nunca citou o nome de suas lideranças. Filó conta, em depoimento aos autores, que, com José Reinaldo Belisário Marques, Carlos Alberto Medeiros e José Ricardo D'Almeida, criou o pseudônimo J. Black para divulgar os bailes e contextualizar o movimento.

> Apenas três matérias na época, duas no *Jornal da Música* e uma no *Jornal do Brasil* (em edição de 1º de dezembro de 1978), citaram os nossos nomes devidamente. Foi aí que tivemos a ideia de criar um personagem fictício no jornal *Última Hora*, para que pudéssemos ter uma voz na mídia, afinal, depois de tantos ataques, tínhamos que nos fazer ouvir nos meios de comunicação que fechavam as portas pra gente.

"Em várias ocasiões, durante os bailes da Soul Grand Prix, recebíamos a visita da polícia, que nos perguntava se o tal do J. Black estava presente no recinto, se alguém o tinha visto e como ele era", diverte-se Filó. J. Black, na voz dos quatro articuladores, rebatia notícias inverídicas e falava para a massa *black*. Concomitantemente a isso, outros jornais também tiveram colunas exclusivas para divulgar a programação específica do circuito das equipes, haja vista acontecerem muitos e muitos bailes a cada fim de semana. Além disso, existia um grande público consumidor, que comprava os periódicos apenas para se informar sobre a programação.

Por sua vez, Candeia também se articulava muito bem e com grande respaldo da mídia. Ao fundar uma nova escola de samba, teve ao seu lado artistas midiáticos como: Martinho da Vila, Nei Lopes, Clara Nunes, Paulinho da Viola, João Nogueira, Milton Gonçalves, Ruth de Souza, todos com visibilidade na imprensa e bastante considerados no meio artístico. Candeia ainda tinha o apoio de jornalistas especializados no assunto, como Sérgio Cabral e Hermínio Bello de Carvalho, e era considerado um baluarte do samba de raiz. Além de ser reverenciado no meio acadêmico e respeitado por intelectuais, como Lélia Gonzáles e Beatriz Nascimento, e outros representantes do Movimento Negro contemporâneo.

Na época, a gravadora Warner tinha entre o seu rol de artistas, além de alguns dos principais nomes da MPB, sambistas de raiz como Nelson Cavaquinho, Elton Medeiros e Candeia, e ainda abria uma linha de mercado voltada para o soul do Movimento Black Rio, com o lançamento das coletâneas da equipe Soul Grand Prix. Todos os segmentos com grande repercussão e ótimos resultados de venda. A mídia se encarregava de criar o embate entre o soul e o samba.

> Só que o Candeia na verdade tinha uma perspectiva global da situação. Juntos chegamos à conclusão de que a briga imposta pelo mercado entre os dois gêneros, *black* e samba de raiz, poderia correr solta e à vontade na mídia, o que criava a polêmica e incrementava a venda de discos. Mas tínhamos conosco que a nossa base comunitária não podia se alterar. A ideia era a seguinte: "Vamos vender discos mas continuar a fazer a nossa festa misturando tudo", como já fazíamos. A mídia não considerou e nem deu visibilidade, preferiu se fixar na rixa entre os gêneros. Nós da Soul Grand Prix, em aliança com Candeia, decidimos tirar partido das circunstâncias e atiçar a polêmica de uma rivalidade que, na real, não existia.

Filó faz essas considerações, dizendo que ambos perceberam a polêmica como possibilidade de se fortalecerem. Segundo Nei Lopes, compositor proeminente do samba:

> Candeia era um sambista militante, sem sombra de dúvida, mas não me lembro dele ter um desacordo com o Movimento Black Rio. Na música "Sou mais samba" ele faz um retrato de uma polêmica que já tinha sido criada pelos jornais. Candeia brincava com o assunto no partido-alto, mas não havia um tom de ridicularização, na minha opinião.[50]

Nei se recorda de também ter composto músicas com inspiração no *black* e no soul, tais como "Tributo a Cassius Clay", gravada pela cantora Sônia Santos, e "Você vai ter que me aturar", gravada por Reginaldo Bessa. A música que evoca a figura de

> Muhammad Ali é um soul, de acordo com a onda *black* daquele momento. Tanto que, quando eu comecei a fazer algum sucesso, a partir de 1979, com o Wilson Moreira, eu reneguei essa canção, por questões de imagem mesmo. Eu vinha da escola de samba Acadêmicos do Salgueiro, da qual eu participava desde 1963; e tinha realmente vontade de firmar minha posição de sambista, fazendo letras bem-feitas, para que o mundo visse do que o samba era capaz. E esse foi o caminho que trilhei. Já a música "Você vai ter que me aturar" é um samba com uma mensagem política bem forte. Mas, como não tocou no rádio, não teve repercussão, a censura parece que não percebeu.

Nei ainda faz uma analogia entre os bailes *black* cariocas e as atuais radiólas de São Luís, o Maranhão – grupos

---

[50] Depoimento em entrevista aos autores do livro.

de som organizados na base do reggae jamaicano, com DJs e paredes de som que chegam a ter até quarenta amplificadores. E analisa:

> Quando tive oportunidade de conhecer esse fenômeno de massa que toma conta do Maranhão (são mais de duzentas radiolas, por final de semana, espalhadas pela cidade), fiz a associação direta ao que acontecia no Movimento Black Rio dos anos 1970. Foi quando percebi que a identificação do público, tanto no Black Rio como nas radiolas, estava concentrada na música negra universal.

Para Filó, Candeia soube aproveitar a ocasião como certa estratégia de marketing e se utilizou da polêmica para se fortalecer mercadologicamente. O próprio sambista tinha lançado pelo selo Imagem, em 1971, o LP *Raiz,* que trazia a faixa "Saudação a Toco Preto", um ponto de macumba, com uma base endiabrada de funk-soul, sons de órgão e sintetizadores de José Roberto Bertrami, da banda Azymuth.

Em entrevista ao jornalista Roberto Ponciano, o sambista Marquinho de Oswaldo Cruz, considerado um herdeiro de Candeia além de ter convivido com ele, faz considerações sobre a postura do mestre na época do Movimento Black Rio:

> Fiz atletismo e nele eu descobri a minha autoestima como negro. No Brasil e na maioria dos outros países, o atletismo é um esporte da classe baixa predominantemente negra. Eu dançava muito soul. A gente batucava. Eu queria ir aos bailes de charme e meu irmão não deixava, mas eu ia escondido. Ele usava cabelo *black power.* O Candeia sempre cantava "Sou mais samba" pra gente. Mas ele dava maior atenção à gen-

te porque acreditava que nós que escutávamos soul éramos os sambistas do futuro. Nesta música, num verso dele, ele falava isto, a questão do orgulho negro. Ele referendava isto. Nossos ídolos na época, no atletismo, eram o John Carlos, Lee Edward, o pessoal dos Panteras Negras. A gente era molequinho, ele falava dos negros americanos mas com esta perspectiva política. O Candeia era um cara que, ao mesmo tempo que fazia uma crítica, ele dava atenção à gente. Hoje, o mesmo cara que escuta funk é o cara que sai na bateria da Mangueira. A diferença é que a difusão do bom samba está mais difícil.

A música negra norte-americana abocanhava uma fatia preponderante do mercado fonográfico e atingia outros meios: cinema, rádio e televisão. Instaurava-se uma espécie de oligopólio midiático que desembocaria na plena massificação da cultura pop dos anos 1970. O soul parelhava com o rock como os segmentos de maiores índices de vendagem do mercado fonográfico mundial. A música negra vivia o seu apogeu.

BRAZILIAN SOUL MUSIC

"Naqueles meados de 1970, a Zona Norte era o melhor dos mundos para quem gostava de soul." É dessa forma que o jornalista Silvio Essinger define muito bem a época do Movimento Black Rio em *Batidão: uma história do funk*.

Com a profusão de DJs, a explosão dos bailes e a crescente massa *black*, o Rio de Janeiro tinha se tornado o nicho de mercado ideal para a difusão dos discos do soul internacional. Esse gênero musical vivia seus tempos de glória no *hit parade*.

O Brasil, além de tudo, era reconhecido como o maior mercado fonográfico em vendas do mundo, depois dos EUA. Sendo que tamanho trânsito mercadológico se deu graças ao empenho de todos os DJs pioneiros, aos seus programas de rádio e, mais ainda, a um elemento primordial: à convergência e reciprocidade que se percebiam presentes entre a música negra norte-americana e a brasileira.

Essa interação se dava em duas vias naquele contexto. Assim como a música americana intervinha na nossa, a musicalidade brasileira permeava as sonoridades norte-americanas. Mais do que em outros momentos, como foi a experiência da bossa-nova – que influenciou e foi influenciada pelo jazz (assim como reverberou nos quatro cantos do mundo) –, a música negra estadunidense encontrava enorme consonância nos trabalhos e novos arranjos de músicos brasileiros durante a década de 1970.

Um exemplo nítido desse intercâmbio são trabalhos como o da banda Earth, Wind and Fire, que em 1977 lançou o grande sucesso "Brazilian Rhyme – interlude II". A versão da música do guitarrista mineiro Toninho Horta (que havia ficado em evidência nos Estados Unidos, quando gravou, ao lado dos músicos Wayne Shorter e Herbie Hancock, LP de Milton Nascimento de 1976) é uma flagrante fusão da música brasileira com a música *black* estadunidense. A EWF ainda gravaria a música "Ponta de areia" de Milton. Depois disso, uma outra parceria ficaria estabelecida entre a banda e o músico Gilberto Gil, que tomara a música "Brazilian Rhymes" como inspiração para o sucesso "Palco", do disco *Realce* (Gil, 1979 – Warner). Em 15 de fevereiro de 2008, Maurice White, o porta-voz da EWF, em visita ao Brasil, declarava em reportagem para o informativo *Zero Hora*:

> "Nós somos definitivamente influenciados pela música brasileira. Gostamos desse som há muito, muito tempo. E essa paixão se reflete na maneira como tocamos. O ritmo foi o que nos seduziu mais, aquele feeling do samba", elogiou White, que continua escutando música brasileira: "No meu carro, em casa... É o tipo de música com a qual se tem que manter contato."

Para o músico e atual líder da banda Black Rio, William Magalhães, "existe uma grande afinidade natural e matemática entre os estilos do funk e do samba, que pode ser explicada em função da divisão de compassos. Enquanto a unidade de compasso do funk é tocada em 4/4, a do samba é em 2/2, o que cria um encaixe perfeito na fusão desses ritmos",[51] explica o mestre.

Talvez esse tenha sido um dos motivos pelo qual o soul encontrou perenidade no subúrbio carioca. Gerson

---

[51] Depoimento em entrevista aos autores do livro.

King Combo também defende que, "quem samba bem, dança bem o soul e o funk. No Brasil, a gente dança o funk do nosso jeito. E faz o funk do nosso jeito. Por isso que os gringos ficam embasbacados",[52] se orgulha Gerson.

Na mesma linha de raciocínio, a música brasileira sempre flertou com o ritmo *black,* mesmo antes, durante e depois do Movimento Black Rio. Mas a relação entre os bailes e a música brasileira influenciada pelo *black* se deu numa linha paralela. Ou seja, da mesma maneira que certos artistas serviram como modelos do jeito de ser *black*, tais como os precursores Tim Maia, Toni Tornado, Cassiano etc., o Movimento Black Rio manteve os *grooves* do soul em alta no mercado fonográfico e da radiodifusão, o que influenciou não apenas novos artistas, como os já consagrados.

Quando a Soul Grand Prix lançou sua primeira coletânea, em 1976, pela Top Tape, com produção do DJ Ademir Lemos, o disco logo entrou em 10º lugar nas paradas de sucesso. O índice do mercado fonográfico na época era o Nelson Oliveira Pesquisas de Mercado (NOPEM), que foi criado em 1965 com o objetivo de atender exclusivamente à indústria fonográfica brasileira. O NOPEM registrou, naquele ano, que a coletânea de estreia da Soul Grand Prix se manteve na 10ª posição durante alguns meses, sempre à frente de campeões de venda, como, por exemplo, o LP do cantor Roberto Carlos (que se manteve em 29º lugar nesse período).

O lançamento da coletânea da SGP aconteceu naquela ocasião em que a equipe superlotou o clube Guadalupe Country, com quase 15 mil pessoas. Alcançar sucesso de vendas era fácil, já que o público estava garantido. O êxito comercial foi tão grande que no mesmo ano a equipe lançou o seu segundo disco de montagem (como eram classificadas as coletâneas das equipes).

---

[52] Depoimento em entrevista aos autores do livro.

O segundo disco saiu pela Warner/WEA, uma gravadora mais robusta. À frente da empresa estava André Midani, o empresário da indústria fonográfica mais influente naquele momento. Midani foi um agente importante no surgimento da bossa-nova e lançou boa parte dos grandes nomes da MPB quando dirigiu a Philips.

Dom Filó, na época, sugeriu à cúpula da gravadora (André Midani e o produtor Mazola) que montassem uma banda brasileira para incluir a gravação nas faixas da segunda coletânea da SGP. Seria uma investida a título de experiência. A Hot Stuff Band foi montada tendo como base a banda Azymuth (baixo: Alex Malheiros; teclado: Kiko Continentino; batera: Ivan Conti "Mamão"), mais Márcio Montarroyos, José Carlos Barroso, Barrosinho, nos trompetes e Oberdan Magalhães, sax – esses dois últimos seriam os homens de frente da formação da banda Black Rio. A música gravada era "Ju Ju man", um *standard* do grupo estrangeiro Passaport. O LP também foi recorde de vendagem e dessa vez ganhou um Disco de Ouro, prêmio da música brasileira. A fórmula estava pronta para dar início a um projeto musical que tivesse a cara do Movimento Black Rio.

Oberdan conheceu o trio Azymuth no dia a dia profissional dos estúdios de gravação dos principais selos brasileiros. O baterista Ivan Conti "Mamão" lembra-se da primeira *jam session* com o saxofonista:

> Foi amor à primeira vista. Oberdan tinha a mesma filosofia musical que a nossa: a busca por uma música instrumental brasileira com os ritmos mais *groovados* do soul. Me recordo de Oberdan desde a época em que morava na Tijuca, na rua Itacuruçá. Formávamos uma turma que frequentava o Bar Divino (reduto dos jovens que iriam formar a Jovem Guarda, Erasmo, Roberto, entre outros). Eu era mais próximo de Tim Maia. Nos primórdios da Jovem Guarda,

nós curtíamos os sons com uma pegada mais negra de artistas como Ray Charles e The Platters, da gravadora Motown. Numa ocasião, fomos ouvir um dos primeiros discos do ídolo Stevie Wonder na minha casa, que tinha acabado de ganhar do meu pai.[53]

O grupo Azymuth, umas das principais referências instrumentais do samba-funk brasileiro, teve a sua origem na banda Youngsters, que tocava em orquestras da TV Tupi, como no programa musical *Fahrenheit 2000,* apresentado pela atriz Norma Bengell e com direção musical do maestro Cipó – outro pioneiro na fusão dos arranjos de gafieira com a música negra norte-americana.

O Azymuth se formou a partir do ingresso do tecladista José Roberto Bertrami, constituindo o trio. Os músicos Alex Malheiros, Mamão e Bertrami tocavam na orquestra do Canecão e foram convidados pelo músico Marcos Valle para gravar o seu disco *Previsão do tempo* (1973 – Odeon). Nessa época, Marcos Valle já carregava a mão num teclado jazzístico e misturava a música brasileira com estilos americanos do soul e do funk em composições com um *groove*[54] da pesada. A sonoridade desse disco, com arranjos de Waltel Branco (outro bamba de orquestrações nas bases do samba-funk*)*, iria agradar ao diretor Roberto Farias, que estava rodando o documentário *O fabuloso Fittipaldi*. Farias, então, convocou o time para compor a trilha sonora do filme. Como uma das faixas dessa trilha (1973 – Philips) levava o título "Azymuth", o nome foi incorporado pelo trio, que partiu para uma sequência de discos instrumentais de grande excelência.

---

[53] Depoimento em entrevista aos autores do livro.

[54] *Groove* é uma palavra em inglês que significa sulco ou ranhura. É bastante usada no universo da música, indicando quando os sons encaixam ou combinam de forma satisfatória. No caso específico da bateria, o *groove* é descrito como um padrão rítmico do funk.

Depois do lançamento do segundo disco da Soul Grand Prix, o trio "Azymuth", Oberdan e Barrosinho ainda se apresentariam nos bailes como a banda Hot Stuff Band. "Fizemos uma sequência de shows e o público achava que nós éramos uma banda gringa", lembra o baterista Mamão, que chegou a tocar com Gerson King Combo e Carlos Dafé em apresentações para os *blacks* do Movimento e nos embalos das equipes.

GROOVE NAS TELAS

Durante a década de 1970, a televisão brasileira assumiu um papel definitivo como instrumento de unificação nacional: pôde-se observar que a hegemonia cultural assumida pela conjuntura do regime militar se valia desse veículo para levar determinada visão de país unificado aos mais longínquos lares do território brasileiro. Portanto, não muito diferente do que vemos hoje em dia, o que era transmitido pela telinha, e também pelo cinema, representava a tendência predominante do mercado e da produção cultural em termos gerais. Como principal propagador dessa cultura de massa temos a televisão como grande vetor para entendermos as direções que a indústria fonográfica da época apontava.

Naquele momento, percebemos como a música brasileira formava laços mais aproximados com uma cultura tida como globalizada, além de manifestar a busca por uma experimentação e inovação de estilos. A música *black*, portanto, aparece como elemento dominante na tentativa de aproximar a música brasileira da modernidade proposta pelos veículos de comunicação, no decorrer daquela década.

No ano de 1970, por exemplo, a novela *Assim na terra como no céu*, da Rede Globo, apresentava uma trilha sonora baseada numa música brasileira bem diferente. Com direção de Roberto Menescal e Nelson Motta, arranjos elaboradíssimos dos maestros Waltel Branco, José Carlos Pacheco (Pachequinho), do músico Antônio Adolfo, além de efeitos de sintetizadores do tecladista José Roberto Bertrami, o repertório da telenovela apresentava temas musicais com produções modernas e originais. Para a abertura, a instrumental "Mon Ami", um funk brazuca de Bertrami (que posteriormente fundaria o trio Azymuth), transmitia o clima nervoso dos filmes de suspense. O arranjo partia de uma *intro* à la *blaxploitation* ou no estilo dos temas de seriados dos anos 1960 como *Missão impossível*, com bongôs e uma linha de baixo acentuada no *groove* do soul. Waltel coordenava a criação musical da trilha incidental à frente da orquestra CBD (Companhia Brasileira de Discos) da Philips, que constituiria a Free Sound Orchestra e depois ainda iria conceituar a Orquestra e Coro Som Livre da emissora de televisão. A orquestra também executava uma versão abrasileirada de "Popcorn with a feeling" do *big boss* do soul, James Brown, na faixa "Tema da zorra". Como se não bastasse, a faixa título da telenovela era interpretada pelo cantor estreante, detentor de um potente vozeirão *black*, ninguém menos que Tim Maia, o *soulman* brasileiro que teria maior visibilidade no universo da música. Ficava mais do que claro que os ritmos do soul encontravam grande penetração no cenário nacional.

No mesmo ano, Waltel repetia a fórmula ao misturar o soul à música brasileira em arranjos para a trilha da novela *Irmãos Coragem.* No tema "Diana", reúne elementos inusitados: uma viola caipira criando a deixa para a sequência orquestrada nos ritmos de um soul/jazz bem dançantes e em linhas nervosas de metais. Na mesma trilha, Tim Maia transformava a música "Padre Cícero" de seu disco de estreia também de 1970, para o tema "João Coragem". Waltel tinha colaborado como arranjador no primeiro disco de Tim e aproveitava a parceria para incluir a música no repertório da novela.

Esses arranjos criaram tanto impacto no universo musical brasileiro, que Waltel foi convidado a lançar um disco autoral com as bases incidentais das suas três primeiras experiências nas trilhas das novelas *Passo dos ventos*, *Assim na terra como no céu* e *Irmãos Coragem*. O LP, que saiu pelo selo Fermata, trazia entre orquestrações o tema de abertura de *Irmãos Coragem*, executado pelo maestro Riz Ortolani – um arranjo épico no gênero das trilhas de Ennio Morricone para filmes de Sergio Leone.

A partir daí, Waltel iria produzir e arranjar vários artistas da MPB, além de lançar projetos paralelos. O legendário disco *Meu balanço*, gravado em Londres, em 1975, estabelece os princípios do funk brasileiro que Waltel estava concebendo desde o começo dos anos 1970.

> Estávamos gravando o disco de Roberto Carlos com orquestra em Londres, e, como a gravação foi feita em poucos dias, o produtor me perguntou se eu topava gravar um disco só meu, com composições de minha autoria, afinal tinha sobrado tempo à beça de gravação. Daí comecei a escrever os arranjos lá na hora, com influência da música cubana e do soul americano, que na época curtia muito. O som de grupos como a banda Mandrill teria sido a referência direta da estética desse disco. Eu já fazia esse tipo de funk, com a latinidade cubana. Considero na verdade toda essa mistura um funk que pra mim é brasileiro, né?

Waltel confidenciou para Ed Motta em entrevista no curta-metragem *Descobrindo Waltel* (2005), de Alessandro Gamo. No mesmo documentário, Waltel revela que lançou vários discos com diversos pseudônimos: Magalhães Pato, Bianco, W. Blanc, William Hammer. A ideia da criação das identidades secretas de Waltel surgiu do diretor musical João Araujo, na época à frente da gravadora Philips. O plano era aproveitar a enorme capacidade de produção de Waltel para lançar e produzir discos como se fossem de artistas estrangeiros e que teriam maior visibilidade no mercado. Nessa fase, Waltel lançou discos também como Airto Fogo, com arranjos explosivos de funk, o primeiro compacto com as faixas "Jingle bird" e "Black soul", em 1974, que entrou na trilha da novela *Cuca legal* (1975), e outro LP em 1976, com o personagem fictício na capa.

O antenado Waltel seguia uma longa jornada de composições para cinema e televisão no país, na maioria das vezes com inspiração no *tight* da cozinha (baixo, bateria e percussão) de arranjos no gênero soul/funk e concepções musicais elaborados a partir do jazz de trilheiros famosos como Henry Mancini, chegando a gravar um disco inteiro com o repertório do maestro em 1966, o LP *Mancini Também é Samba*. Neste disco, o arranjador adapta temas como "A Pantera cor-de-rosa" e "Peter Gunn" para sotaques da música brasileira. O mais inusitado de toda essa proximidade com o maestro americano foi que Waltel chegou a trabalhar na orquestra de Henry Mancini, no início de sua carreira, e teria sido o responsável pelo arranjo da música de abertura do filme *A pantera cor-de-rosa,* de 1963, com o ator Peter Sellers no papel principal. Depois o tema ficaria imortalizado como uma das trilhas mais famosas do cinema e da série de desenhos animados com a simpática personagem da Pantera.

Maestro e arranjador, o paranaense Waltel morou em Cuba aos 20 anos de idade e tocou nas orquestras de Mongo Santamaria e Perez Prado. De volta para o Brasil, teve papel venal no surgimento da bossa nova compondo arranjos para o disco *Chega de saudade*, de João Gilberto. Aos 23, partiu para a cidade de Illinois, Estados Unidos, para ter aulas com o violonista Sal Salvador, integrante da banda de Ray Charles, com quem formou um grupo de jazz. Também integrou o trio de Chico Hamilton e partiu para Nova Iorque para estudar técnicas de orquestração para trilhas de cinema. Nessa época se casou com Leda Saint-Clair, irmã da cantora Peggy Lee, a enigmática intérprete do hit "Fever" e casada, na época, com o maestro

131

Quincy Jones, o papa nas orquestrações de jazz e soul da indústria do disco. Quincy acabara de gravar o disco *Big band bossa nova*, com as alucinantes faixas "Soul bossa nova" e "Boogie stop shuffle" (1962), mais um flagrante do namoro entre a música brasileira e a norte-americana. Nesse mesmo ano, Waltel conheceu Mancini, que havia montado (com o trilheiro argentino Lalo Schifrin, compositor do tema "Missão impossível" e pianista da big band de Quincy Jones) uma agência de orquestradores para suprir a enorme demanda para trilhas sonoras. Para completar o time, Mancini contratou Waltel, que mergulhou no universo da música incidental hollywoodiana.

Em 1963, de volta ao Brasil, foi convidado pelo jornalista Roberto Marinho para fazer a crítica musical do jornal *O Globo*. Quando a rede de televisão foi constituída, Marinho convocou Waltel para compor a seleção de maestros com nomes da magnitude de Radamés Gnatalli, Cesar Guerra Peixe, maestro Cipó, Lyrio Panicali, Gustavo de Carvalho, Lindolfo Gomes Gaya, Chiquinho de Moraes, Claudio Santoro, José Briamonte, Paulo Machado, Raimundo Bittencourt e Guio de Moraes, entre grandes nomes das orquestrações da era do rádio e arranjadores de televisão.

Como responsável pelos programas musicais, regências e arranjos da emissora ao lado do produtor Nelson Motta e na reunião dos principais maestros-arranjadores, Waltel imprimiu uma sonoridade moderna às trilhas de televisão e cinema brasileiras. Da mesma forma, Erlon Chaves arranjava sonoridades que traziam a atmosfera do jazz latino e nuances da música negra universal para filmes como *Procura-se uma virgem* (1971), com a sua Orquestra St. Moritz apresentando as instrumentais "O anjo e o diabo", "Grilo" e "Vamos nós", além das versões para o tema principal. Ou, ainda, na execução da trilha da pornochanchada *Tem folga na direção* (1976), que Erlon dividiu com o compositor Beto Strada. O maestro lançou várias coletâneas com a sua Banda Veneno no decorrer dos anos 1970. Na maioria dos discos da série da Banda, o trio Azymuth formava a base da orquestra (baixo, bateria e teclado), desde os tempos cabulosos do Festival Internacional da Canção, quando não apenas Erlon foi perseguido, mas todos os integrantes da Banda Veneno sofreram a vigilância dos órgãos de repressão. Após a polêmica criada com o episódio que Erlon, no palco, dançou e beijou lascivamente dançarinas na apresentação da música "Eu também quero mocotó", sob a vaia do público que lotava o Maracanãzinho, o maestro seria definitivamente preso e convidado a se retirar do país.

Nessa ocasião, Gerson King Combo se lembra de uma circunstância um pouco embaraçosa pela qual teria passado ao visitar o amigo Ivan Conti Mamão, baterista do Azymuth. Gerson havia convidado o cantor para gravar uma música na casa onde Mamão se instalara, às escondidas, para se esgueirar da polícia especial do regime militar. Como a residência não tinha campainha, Gerson chamou pelo nome de Mamão repetidas vezes no portão da casa. Rapidamente uma mulher apareceu na janela com ar de desespero fazendo gestos para que Gerson parasse de gritar pelo baterista. Quando o cantor se deu conta de que policiais próximos dali estavam de olho na situação, fingiu-se de vendedor de frutas para disfarçar: "Abri a bolsa que carregava comigo e gritei para a dona da casa: Pois então, tem mamão, tem banana, tem pera, tem maçã e uva. Tá tudo bem baratinho; a senhora não vai querer?" conta Gerson divertidamente.[55]

Em 1971, a trilha sonora de Isaac Hayes para o filme *Shaft* atingiu a primeira posição na parada da Billboard 200 e ficou durante 60 semanas mantendo-se à frente de outras produções. A trilha conquistou dois Grammy Awards de melhor arranjo instrumental e melhor engenharia de som e ainda seria premiada com um Oscar de melhor canção original. Hayes se tornou o primeiro afro-americano a receber o maior prêmio da indústria cinematográfica hollywoodiana, um Oscar numa categoria que não fosse atuação.

---

[55] Depoimento em entrevista aos autores do livro.

No mesmo ano de 1971, a novela brasileira *Bandeira 2* reunia na sua trilha sonora a faixa "Tema de Tucão", personagem de um bicheiro interpretado pelo ator Paulo Gracindo. O "Tema de Tucão" era uma versão calcada identicamente na música de abertura do filme *Shaft*, executada pela Orquestra Som Livre.

As novelas brasileiras, com os fundamentos da música *black* implementados por Waltel Branco, iriam estabelecer o tom da série das trilhas incidentais que seriam criadas durante a década de 1970, em diversas produções como: *Véu de noiva* (1969), com versão instrumental da música "Irene", de Caetano Veloso, na levada suingada de Wilson das Neves e a abertura psicodélica com o grupo Youngsters (a origem do trio Azymuth); *Pigmalião 70* (1970), incluindo o "Tema de Kiko", um funkão instrumental com os Youngsters e arranjos de Erlon Chaves, Antônio Adolfo e José Briamonte; *Próxima atração* (1970), com a música "Ciça Cecília", de Erasmo Carlos, com vocais do grupo Diagonais do *soulman* Cassiano e arranjos de Chiquinho de Moraes, Rogério Duprat, Arthur Verocai, Roberto Menescal, Paulo Machado; *O cafona* (1971), com as linhas vocais percussivas de Marcos Valle para o tema título, e "Bia Bia Beatriz", de Ivan Lins, e "Luz, câmera, ação" interpretado pelo cantor Betinho, faixas com tonalidades do funk; *O homem que deve morrer* (1972), com tema central e épico de Nonato Buzar; *Primeiro amor* (1972), com composições de Antônio Carlos e Jocafi, e as músicas "Hey Shazam" e "Poder crer", nas versões de Osmar Milito e Quarteto Forma, além da faixa título com vozes rasgadas à la Mr. Dynamite (James Brown) e a interpretação para música "Saque Saque" ambas com arranjos na base da música *black*; *Selva de pedra* (1973), com músicas de Marcos Valle e Paulo Sérgio Valle; *Cavalo de aço* (1973), com arranjos de Waltel para o Coral Som Livre na abertura da novela. O tema central trazia a veemente composição de Guto Graça Mello (outro elo importante na modernização dos arranjos das trilhas brasileiras). A toada "Pé na estrada" e a música "Marcas" com o Quarteto Uai, também estavam aproximadas das estruturas da moderna música negra. *Anjo mau* (1976), com a faixa "O trem" construída em arranjos vocais do Coral Som Livre e a parte instrumental marcada no *groove*.

Guto Graça Mello lembra que as primeiras trilhas da emissora foram feitas pela Philips, com os diretores André Midani e João Araújo, que propuseram músicas incidentais originais para a dramaturgia da Globo. Guto ingressou na emissora convidado pelo diretor geral Walter Clarke, que teria gostado da trilha que Guto havia composto para o filme *Missão*: *Matar* (1972), do diretor André Pieralisi. Depois disso, Nelson Motta, que já cuidava da produção musical das novelas, convidou Guto para a composição da novela *Cavalo de aço*. Mesmo a trilha não tendo sido muito bem aceita, Guto se notabilizou com a composição do tema de abertura do inovador programa *Fantástico*, em 1973. "Na época, o modelo que seguíamos eram essencialmente baseado na música negra norte-americana, de grande arranjadores, como Quincy Jones, Barry White e Isaac Hayes, pois era a música que entendíamos ser a ideal para compor trilhas. Me lembro muito bem da primeira entrada ao vivo do programa *Fantástico*. Além da música de abertura, Guto fez a sonoplastia com discos variados que colheu na discoteca da Rede Globo. Reuniu, na sua maioria, discos de soul em uma caixa, e no desepero da exibição "ao vivo" ia pescando LPs à revelia para cobrir as partes que deveriam ser musicadas. "Lembro que a cada entrada de música pegávamos o primeiro disco que estava à mão e dizíamos 'Deus é sonoplasta'. A música escolhida se casava perfeitamente com a entrada de imagens, todas na base dos discos de soul e sem nenhum estudo antecipado do roteiro", conta Guto, que recorda da trilha incidental ter sido destaque na crítica jornalística, que teceu elogios indicando a modernidade e o dinamismo da música do programa. Depois disso, Guto assumiu a direção musical da Som Livre, o braço musical da emissora.

BIG BOSS NOS GUETOS, NAS DANÇAS E TRILHAS SONORAS

Mr. Dynamite também ensaiava o seu ingresso no mercado das trilhas incidentais com o filme *Black Caesar* (1973), lançado no Brasil como *O Chefão de Nova Iorque,* mas não teria atingido tanto êxito da crítica, como acontecia com Isaac Hayes e Curtis Mayfield, que também conquistava o mercado com as músicas do filme *Superfly*, um dos principais longas da era *blaxploitation*.

No auge da febre do cinema *black* americano, James Brown era o artista de soul mais assediado pela indústria do cinema para compor trilhas para filmes *blaxploitation*. Mesmo não dando muita bola para o filão do mercado hollywoodiano, o *Godfather do Soul* ou *Big Boss* (como ficaria conhecido),

além de *Black Caesar*, também foi convidado para musicar o filme *Slaughter's Big Rip-off* (Slaugther joga sujo). No mesmo ano, as negociações para a gravação do filme *Hell Up in Harlem*, outra trilha que seria composta por Brown, seria interrompidas (e finalizadas por Freedie Perren e Edwin Starr), fazendo o *soulman* lançar o material reaproveitado para o seu novo álbum *Payback* (1973). No filme *Black Caesar*, Big Boss imortalizou as faixas "Down and out in the New York City", "Make it good to yourself", além do blues "Mama's dead". Com arranjos do parceiro Fred Wesley, ainda compôs as instrumentais "Chase", com tour de force de metais, e ainda tocou órgão e piano elétrico em "Blind man can see it", "Sportin' life" e "Dirty Harry", esmerilhando nos teclados. A trilha ainda traz o hit "Mama Feelgood", com a interpretação de Lynn Collins, uma das principais vocalistas de Mr. Dynamite, que se tornaria grande sucesso nos bailes do Movimento Black Rio.

Conta-se que, quando o diretor Larry Coryell e os produtores de *Black Caesar* pediram que James Brown participasse de uma exibição para a análise das cenas em que deveria encaixar a música incidental, o *Big Boss* teria descartado a tarefa prontamente. Ele havia se adiantado e entregue em mãos à equipe do filme o trabalho pronto e gravado em fitas de rolo. Aquela seria a trilha que deveria ser encaixada no filme, e ponto final. Palavra de *godfather* não volta atrás.

Depois que o filme foi lançado mundialmente, o trabalho de James Brown ganharia uma ressonância ainda maior nos lugares mais diversos do planeta: Índia, Laos, Bogotá e em instâncias mais improváveis. No mundo todo, as minorias e populações desprovidas se identificavam com cenas de vingança protagonizadas por personagens excluídos ou à margem da sociedade. O sucesso da música "The world is a ghetto", da banda War, refletia essa filosofia, e o grito contido de comunidades humildes e periféricas que não podiam se fazer ouvir encontrava um desabafo nas músicas e trilhas de Brown.

O biógrafo de Mr. Dynamite, R. J. Smith, no livro *James Brown, sua vida, sua música*, traça muito bem o estardalhaço que as mensagens incutidas nas músicas e na postura de James Brown provocariam no mundo:

> Bob Marley chamou o reggae de "a música do gueto". Em Kingston, Jamaica, o jovem cantor pediu ajuda ao produtor de discos Lee "Scratch" Perry para que este o fizesse soar de modo parecido com Brown, e numa antiga canção de Marley e Wailers, "Black Progress", podemos ouvi-lo gritar. "I'm black and I'm proud." (...)

Onde quer que o povo e as tradições africanas tivessem deitado suas raízes, era lá que Brown tinha mais importância. Assim, não surpreende que seu impacto no continente africano tenha sido substancial.(...) Algumas indicações: nos bares de música em Addis Abeda, Alemayehu Eshete disputava com Tlahoun Gèssèssè o título de "James Brown da Etiópia." No Benin, a grande *jam band* Orchestra Poly-Rythmo tinha fortes influências dos bateristas de Brown. "Ele teve maior influência na nossa música do que Fela", disse o cantor Vincent Ahehehinnou [mesmo o próprio ídolo Fela Kuti tendo sido influenciado diretamente por Mr. Dynamite]. Naqueles anos, não havia banda no Benin que não tivesse alguma coisa no repertório influenciada por James Brown.

Por todo o continente africano, rock and roll e soul estavam ligados a movimentos de independência, num clamor geracional por novas possibilidades. Quando líderes estudantis ouviram "Say it Loud", Brown tornou-se o foco de toda essa esperança. Na Tanzânia, "Sex Machine" era escrito em paredes de escolas, motocicletas e gargantilhas, disse a escritora May Joseph. Em Bamako, Máli, jovens que gostavam de estar na moda copiaram o estilo e as roupas que ele ostentava nas capas dos seus discos.

R. J. Smith ainda observa as influências de Brown no Brasil, valendo-se de certa liberdade poética em sua crônica biográfica:

Nos redutos da classe operária de São Paulo e do Rio, brasileiros negros reuniam-se no início da década de 1970 para dançar ao som da música de Brown e outros astros do soul. O Brasil era uma nação de várias vozes que oficialmente silenciava o orgulho racial a fim de obter a coesão de uma unidade nacional complexa, mas o Movimento Black Soul estimulou uma fome de identidade entre os pobres. Em bairros de periferia, os devotos do soul construíram casas com dormitórios pequenos e uma sala ampla, de modo a ter espaço para ensaiar à vontade os passos de James Brown. Na Bahia, um novo termo passou a circular para categorizar a juventude da classe operária que estava se expressando por meio do soul: *brau*, derivado de Brown. Segundo um escritor, *brau* significava *moderno, sensual e negro*.

Além da Globo, outras emissoras, como a extinta Tupi, também absorviam a influência do soul. Roberto Menescal, produtor musical da Philips, lembra que era comum a criação improvisada de grupos e bandas para preencher os temas sugeridos pelo enredo das novelas e destaca trilhas como da novela *Tempo de viver* (1972), a formação de grupos como Umas e Outras e Eklipse Soul, criados especificamente para cobrir as lacunas da trilha. Eklipse Soul interpretava o funk pesado e psicodélico "Psicose" para seguir a linha *black* que se erguia fortemente entre um público jovem consumidor desse tipo de música.

O pesquisador musical e guitarrista Marcelo de Sá destaca também que nessas trilhas alguns grupos coringas eram formados para cobrir estilos do funk/soul ainda incipientes no mercado nacional, com o objetivo de compor certas trilhas que necessitavam de arranjos mais modernos para a época, grupos como o Quarteto Uai e Os Bichos, por exemplo, que gravavam em selos obscuros como Joda e Soma.

Coreografias para musicais e programas humorísticos e de auditório também eram embaladas pelos ritmos da música negra norte-americana, principalmente sob a influência do grupo Dzi Croquettes, fundado pelo bailarino no-va-iorquino Lenny Dale, que aportou no Brasil ainda em tempos de bossa nova e fez várias apresentações no Beco das Garrafas. Esses shows de Lenny Dale chegaram a virar LPs ao vivo, com a mistura da música brasileira e o jazz dance de trilhas da Broadway. Segundo Bayard Tonelli, um dos integrantes remanescentes do Dzi Croquettes (que reunia dança e teatro de revista com uma trupe de baila-rinos-dubladores e fantasiados de mulher), recorda-se que o repertório dos espetáculos do grupo era muito baseado em música *black* internacional, numa tríade específica de Marvin Gaye/Stevie Wonder/James Brown. Lenny também seguia a linha coreográfica do dançarino nova-iorquino Jo Jo Smith, que desenvolvia técnicas de performances e co-reografias originais ao misturar o soul a golpes de lutas orientais – que seriam utilizados por b-boys, breaks street dancers e freestylers oriundos da cultura do hip-hop.

> Vários dançarinos do grupo ou que trabalharam com Lenny se tornaram coreógrafos de televi-são, como, por exemplo, Juan Carlos Berardi, em musicais da Rede Globo, como *Satiricom*, *Faça amor não faça guerra* (com trilhas de Guio de Morais e Waltel Branco) e *Fantástico*. As-sim também como as irmãs Montez, que co-reografaram números para a TV Tupi, como o programa *Silvio Santos Diferente*, onde abriam quadros musicais com temas de James Brown, como a música "There it is", sucesso na época.

O Dzi Croquettes com suas performances inovadoras em cima da música negra americana criou um séquito de fãs e seguidores, entre Rio (no Teatro da Praia, em Copaca-bana) e São Paulo (no Teatro Bexiga), que acompanhavam o grupo copiando suas indumentárias, sua forma de ser e de se portar, e que chegaram a se tornar uma manifesta-ção de *tribo* urbana. Desse núcleo surgiram outros projetos musicais influenciados pela trupe, como o grupo vocal As Frenéticas, produzido por Nelson Motta. O Dzi Croquettes também esteve sob a inspeção dos serviços secretos da ditadura e sofreu perseguições a ponto de ter que sair do país. O grupo fez sucesso no Olympia em Paris e teve Liza Minelli e Josephine Baker como madrinhas de carreira no exterior.

TIM MAIA – ASTRO-REI

Para o baterista Ivan Conti Mamão, Tim Maia definitivamente era a peça fundamental do estilo que ficaria conhecido como samba-soul. Ele afirma:

> Quando faço um retrospecto, percebo claramente que ele carregava essa energia dentro de si. Ele era a síntese dessa potência, a musicalidade da negritude personificada. Desde quando nos conhecemos, ainda na adolescência, Tim era um seguidor do rock n'roll, mas preferia os artistas que se aproximavam dos vocais do *blues* e *espirituals*, como por exemplo: Little Richard, The Platters, Chuck Berry, Sam Cooke, Ray Charles, Stevie Wonder, Four Tops, Marveletes e os sons da Motown.

O *rhythm'n'blues*, o canto negro e a ancestralidade afrodescendente já eram dele. Com essa intensidade expressava o seu talento musical.

Mamão, que participou do primeiro disco do cantor (1970 – Polydor), acrescenta ainda mais enfaticamente:

> Ele foi realmente um divisor de águas. Mesmo que antes da sua carreira solo tenham existido artistas que misturaram ritmos brasileiros com a música negra americana, foi com o Tim Maia que essa concepção amadureceu e tomou forma, uma frequência que só ele intuía tão profundamente.

É claro que estavam nesse mesmo contexto e no mesmo estúdio parceiros como o mestre Cassiano (vocais e arranjos) e músicos como Hyldon (guitarra e baixo), Paulinho Guitarra, Zeca Trombone e Camarão – irmão de Cassiano e que canta a segunda parte da música "Coroné Antônio Bento" (inspirado no comediante Coronel Ludugero). Ou seja, a turma reunida que entendia daquele traçado.[56]

Com seu primeiro disco, no ano de 1970, Tim emplacaria de cara alguns sucessos como: "Azul da cor do mar", "Primavera", "Jurema" e "Eu amo você", com o parceiro Cassiano. No mesmo ano, iria despontar na televisão brasileira com interpretações em trilhas de novelas da Rede Globo, com as músicas "Assim na terra como no céu", e a sua versão da música "Padre Cícero", como tema de *Irmãos Coragem*, como vimos anteriormente.

Genival Cassiano, o maior ícone do soul brasileiro ao lado de Tim, já havia ingressado no mercado fonográfico com o seu grupo Os Diagonais, em 1969. O trio vocal misturava tonalidades do soul à música brasileira. Em 1971, o grupo lançaria um clássico do soul brasileiro sem a presença de Cassiano. O cantor e compositor partia para sua carreira solo e, dentro em breve, iria lançar os seus próprios trabalhos. Considerado um gênio em arranjos que reúnem soul e MPB, Genival Cassiano criaria uma legião de fãs. Seus admiradores, como o músico Ed Motta, rogam pelo seu retorno ao cenário musical. Cassiano lançou o seu primeiro disco *Imagem e som*, em 1971, pela RCA. O segundo, *Apresentamos nosso Cassiano*, em 1973 (Odeon), com Robson Jorge no contrabaixo e Don Charles nos teclados e arranjos. Em 1976, lança *Cu Ban Soul – 18 kilates,* com os sucessos "A lua e eu" e "Coleção". Na contracapa, o release revela: Neste LP, Cassiano procura criar um tipo de

---

[56] Depoimento em entrevista aos autores do livro.

143

ritmo, denominado "cuban soul", baseado na universalidade da música e sua mistura com as raízes brasileiras. Depois disso, em 1991, Cassiano lançaria o seu último trabalho *Cedo ou tarde*, com produção de Liber Gadelha e Guto Graça Mello, pela Sony Music. O disco traz participações de Ed Motta, Claudio Zoli, Djavan, Luiz Melodia, Sandra de Sá, Marisa Monte e Karla Sabah.

Os parceiros Diagonais, Max, Amaro e Camarão (irmão de Cassiano) ainda se aventurariam em outro projeto, o grupo vocal Achados e Perdidos, com LP lançado em 1974, com uma proposta aproximada do visual *glitter* do brit-pop da época, com roupas extravagantes, hippies-futuristas e cabelos *black power.*

Antes disso, Tim Maia tinha tido dificuldades até conseguir gravar o seu primeiro compacto, depois da deportação dos Estados Unidos para o Brasil. Dizem que chegou a gravar um disco de acetato de celulose com o grupo The Ideals, um quinteto vocal formado por amigos, quando morou em Tarrytown, no estado de Nova Iorque. Ficou conhecido na cidadezinha como "Jimmy, the brazilian". Quem descobriu esse elo perdido foi o jornalista americano Allen Thayer, para a revista *Wax Poetics* (abr./mai. 2006), que aborda a história do Movimento Black Rio.

Segundo a reportagem, o disco estaria com a ex-namorada do parceiro nova-iorquino Roger Bruno, que na época compôs a música "New love" com Tim Maia para o disco demo. O acetato ainda não foi encontrado, mas Tim regravou a música no seu LP de 1973, pelo selo Polydor. Na faixa, está creditada a coautoria do parceiro.

De volta ao Brasil, Tim partiu para São Paulo, assim que pôde, quando descobriu que seus amigos do Bar Divino, na Tijuca, estavam fazendo sucesso com a Jovem Guarda. Quem deu a dica foi Almir Ricardi – o primeiro a gravar uma música de Tim no Brasil, a faixa "O durão" (1966 – Som Maior/Fermata), e também Almir Duarte, por intermédio do tremendão Erasmo Carlos. Anos mais tarde, em 1983, Almir Ricardi iria gravar o hit "Festa funk", de sua autoria.

Roberto, Erasmo e Jorge Ben estavam morando na cidade paulista por conta dos programas de televisão e dos estúdios que ficavam por lá. Tim foi pedir uma força aos parceiros. Erasmo chegou a gravar, no seu disco solo, a composição "Não quero nem saber" (1968 – RGE), uma balada à la Motown. Finalmente, Tim conseguiu deixar uma fita demo com Nice, esposa de Roberto Carlos na época. A fita foi encaminhada pelo casal para a CBS e Tim gravou o seu primeiro compacto com as faixas "Sentimentos" e "Meu país" (1968). "Meu país" talvez seja o primeiro samba-soul do cantor registrado em disco, regravado em 1971 (Polydor).

Em 1969, Tim Maia fez uma participação nos *backing vocals* da música "Juliana", no disco *Antônio Adolfo & a Brazuca* (Odeon), e Roberto Carlos gravava a sua música "Não vou ficar" no décimo disco solo do "rei" (CBS). Nesse mesmo ano, é convidado por outro astro da Jovem Guarda, o cantor Eduardo Araújo (que tinha um programa semanal dedicado ao iê-iê-iê na TV Excelsior), a produzir um disco baseado no soul de James Brown, Wilson Pickett, Smokey Robinson e Ray Charles, o gênero que Tim dominava mais do que ninguém. Neste LP, *A onda é boogaloo,* Eduardo Araújo grava pela primeira vez a composição "Você", que não teria agradado muito a Tim, mas o disco é considerado o primeiro trabalho integralmente soul da indústria fonográfica brasileira. Em 1971, ainda gravou outra composição de Tim em compacto, "Salve Nossa Senhora". Essa música ainda iria inspirar a banda Brazilian Boys, liderada por Guilherme Arantes, na faixa "Nossa Senhora do Tim", do LP *Hey Girl,* de 1973.

A partir daí, em 1970 Tim Maia gravaria com Elis Regina a faixa "These are the songs" e o seu primeiro LP, dando início a uma carreira de sucesso. Seus discos escreveriam a história do samba-soul até o ano de 1998, quando sentiu um mal-estar no palco, vindo a falecer em seguida.

BANDA BLACK RIO, A GAFIEIRA UNIVERSAL

Era o ano de 1977, a equipe Soul Grand Prix lançava mais uma coletânea pela Warner/WEA e mais uma na sequência, *Shaft de Ouro* – com Dom Filó posando na capa, e "os sucessos que marcaram a *Noite do Shaft,* e a evolução do fenômeno Black Rio" (nos dizeres assinados por Dom Filó na contracapa do LP). A linha de coletâneas tinha vingado e daria abertura para que outras equipes lançassem discos de montagem no mercado.

A bem-sucedida experiência da Hot Stuff Band, ideia concebida pelo produtor Dom Filó de criar uma banda para gravar faixas exclusivas para coletâneas de equipes, viria a ser o nascedouro de uma torrente de novos artistas que teriam li-gação direta com o universo do Movimento Black Rio.

Alcione Pinto Magalhães, irmão de Oberdan Magalhães, era divulgador da Warner e amigo de Dom Filó. Como divulgador, lançava os discos de soul – na época, o pico do mercado em vendas. Os bailes do Movimento Black Rio: o *target* ideal para a música *black*. Convocado por Midani, Alcione ficou com a missão de convidar o irmão para montar uma banda especial. Midani admirava muito o trabalho de Oberdan, e o objetivo era encontrar os melhores músicos para composição instrumental do tema de abertura da novela *Locomotivas*, da Rede Globo, uma encomenda do diretor musical da emissora, Mariozinho Rocha. A novela estrearia em um mês.

Recorreram a Dom Filó, que já tinha desenvolvido a Hot Stuff Band, e saíram à caça dos músicos mais preparados. Segundo Alcione:

> Oberdan já estava maquinando uma concepção musical há tempos e surgiu a oportunidade ideal para botá-la em prática. Exímio instrumentista, Oberdan era um músico de estúdio muito considerado. Tocava com os principais artistas, compunha o *casting* das principais gravadoras e fazia arranjos para trilhas em emissoras de televisão. Além disso, Oberdan buscava aquela concepção de uma música instrumental brasileira sofisticada que fosse baseada na nossa tradição suburbana e na força das escolas de samba (afinal, somos sobrinhos de Silas de Oliveira, compositor do emblemático samba-enredo "Aquarela brasileira", de 1964).[57]

Oberdan buscava também a fusão de uma música negra universal e participava de bandas que desenvolviam arranjos comprometidos com os estilos do jazz e do soul em discos como Raulzinho e Impacto 8 – *Hot Internacional* (1968 – selo Equipe), do trombonista Raul de Souza; da banda Cry Babies (1969 – selo CID); Dom Salvador e Abolição – *Som, sangue e raça* (1971 – CBS), Osmar Milito – *...e deixa o relógio andar* (1971 – Som Livre), com versões samba-soul para *standards* como "Cantaloupe Island", de Herbie Hancock, e "Mercy, Mercy, Mercy", de Josef Zawinul. Além de acompanhar as gravações de artistas do calibre de Tim Maia, Gilberto Gil e Caetano Veloso, que chegou a gravar o disco *Bicho Baile Show* com a Banda Black Rio, ao vivo, no Teatro Carlos Gomes (1978).

---

[57] Depoimento em entrevista aos autores do livro.

Era uma época em que o Rio de Janeiro poderia realmente ser considerado a capital cultural da música brasileira. Casas noturnas de programação musical ao vivo se proliferavam e surgia um campo muito fértil para músicos instrumentistas de grande qualidade. Esse fluxo de profissionais se distribuía entre estúdios e casas de grandes espetáculos, como o Canecão, Roda Viva, além de clubes de jazz, principalmente nos bairros de Ipanema e Copacabana. Uma seara profícua de novos músicos trocavam experiências e confabulavam formações de novos conjuntos e projetos musicais em casas como a Bierklaus, no Lido; Pujol, dos produtores Miéle e Bôscoli; Preto 22, do apresentador Flávio Cavalcante; e a Black Horse, do empresário Hubert de Castejá, que logo se tornaria Special Bar, na Praça General Osório, em Ipanema.

Um estúdio exclusivo estava sendo preparado pela WEA para que o time de músicos pudesse ocupar o tempo que fosse necessário durante o desenvolvimento do projeto para a concepção da música de abertura da novela *Locomotivas*. Os três parceiros, Oberdan, Dom Filó e Alcione, saíram em busca dos músicos ideais para o projeto. Sondaram o grupo Senzala, uma banda que tocava na boate Special Bar, da Praça General Osório. Luiz Carlos Batera, Barrosinho, Jamil Joanes no baixo e o guitarrista Cláudio Stevenson. Nos vocais, Carlos Dafé, que posteriormente seria outro grande ícone da MPBlack. Com a base da banda formada, juntaram-se Cristóvão Bastos, nos teclados, e Lúcio Silva, no trombone.

O músico Altay Veloso, que também participou de umas das formações da Banda Black Rio, destaca outra raiz do grupo: a Banda do Bando, que contava com Serginho Trombone, Paulo Russo, Barrosinho e Oberdan Magalhães. Altay lembra que quando foi assistir a estreia dessa banda terminou por ser chamado para participar do grupo, substituindo o guitarrista Arthur Verocai. Altay relata que era uma oportunidade maravilhosa viver naqueles tempos de tanta ebulição musical com grandes instrumentistas que se revelavam. "Lembro-me que na Banda do Bando toquei com alguns dos meus ídolos da música brasileira. Mesmo a banda não tendo durado muito tempo, foi uma das primeiras experiências naquela fusão de sonoridades desenvolvida por novos instrumentistas empenhados numa linha de som jazzística e negra", recorda-se Altay.

O baixista Jamil Joanes, em entrevista para este livro, lembra que a alquimia entre aqueles músicos saiu com uma naturalidade sem precedentes:

> Foi realmente um momento único aquela reunião de instrumentistas que buscavam um tipo de concepção musical com muita afinidade entre si. Tudo convergia para uma levação de som, uma *jam session*, em que a curtição partia de uma base sonora de improvisos jazzísticos, porém suingados, no balanço do samba e nas bases do soul de bandas que ouvíamos na época (Average White Band; Blood, Sweet and Tears; JBs; entre outras); e mesmo que espontaneamente, os arranjos pintavam de uma forma muito elaborada naquela brincadeira. A linha de som com os metais de Oberdan, Barrosinho e Lúcio, na frente dos arranjos, os teclados de Cristóvão e a nossa base invocada com o grande Luiz Carlos Batera e a pontuação rítmica da guitarra de Claudinho Stevenson (que, mesmo branco, se considerava um negão) nos dava a real sensação de que estávamos no caminho certo e criando um *lance* absolutamente diferente.

Jamil descreve aquela experiência como um "momento mágico" e sintetiza em palavras emocionadas a gênese de uma música brasileira até hoje considerada um divisor de águas:

> Mesmo tendo as nossas formações no samba, nas bandas de baile e no batuque das escolas, éramos todos estudados nos modelos mais sofisticados do principais músicos de jazz, John Coltrane, Miles Davis, Herbie Hancock e Freddie Hubbard, por exemplo. A ideia da mistura dos sons de gafieira e da onda dos músicos do subúrbio era o tesouro que existia em cada um de nós. Me lembro da felicidade que surgia a cada linha rítmica descoberta, a cada convenção desenvolvida, em cada estrutura musical que nascia naquele estúdio. Estávamos realmente muito empolgados com o som que havíamos criado, comprovação que víamos no brilho de nossos olhares e na gratificação que sentíamos com toda aquela inspiração. Tínhamos total consciência de que estávamos elaborando, algo diferente e de ponta.

Depois de 20 dias ininterruptos de ensaios e experimentações, a música de abertura da novela tinha sido concebida, o imortal tema "Maria Fumaça" – definitivamente um marco da música instrumental brasileira. "Maria Fumaça" teria sido a pedra fundamental de um registro de som que alcançaria as paradas de sucesso rapidamente e influenciaria músicos do mundo inteiro. O diretor André Midani estava absolutamente encantado com tudo aquilo. Antes de surgir a ideia de se montar uma banda que contemplasse a era do Movimento Black Rio, ele próprio tinha acabado de ter a sua primeira experiência em um baile *black,* em Olaria:

> Só se ouvia, ao longe, uma pulsação sonora, que indicava que algo estava acontecendo por ali. Desci do carro e, à medida que me aproxima-

va da entrada do estádio, a pulsação se tornava mais forte. Na entrada, uns guarda-costas estavam me esperando. A primeira porta se abriu, e não era mais uma pulsação – o que eu ouvi foi uma gigantesca explosão rítmica, cheia de suingue. A iluminação, depois de eu ter andado no breu quase assustador da praça fora do clube, me cegou por uns instantes... Fui conduzido até um "espaço VIP", meio tonto com o volume da música e meio cego com a violência das luzes, e me deparei com aproximadamente dez mil moças e rapazes – todos negros, todos lindos –, vestidos de uma maneira extravagante, imitando a "moda *black*" dos negros americanos, numa sinfonia de cores e de cabelos *black power*, todos dançando e suando aproximadamente até o sol raiar... O espetáculo me deixou espantado e maravilhado. Passei uma noite em estado de graça e, ao mesmo tempo, mais uma vez, perplexo ao constatar que a gente vivia em diversos "Brasis", que não se conheciam e se ignoravam. [58]

O próximo passo seria gravar um álbum completo com aqueles músicos fabulosos. A originalidade dos arranjos, com forte pressão dos metais e piano Fender Rhodes na máxima potência; a cozinha rítmica e suingada da herança das gafieiras; a percussão marcada das escolas de samba, com surdo, tamborim e cuíca; o baixo costurando o *groove* – elementos que faziam a Banda Black Rio soar como uma verdadeira usina sonora.

Era a tradição musical suburbana se fundindo perfeitamente com o jazz e o soul norte-americanos, uma concepção musical que o saxofonista Oberdan Magalhães e aqueles músicos traziam marcada em suas almas. Alcione conta que acompanhou a formação musical do irmão

---

[58] MIDANI, André. *Música, ídolos e poder do vinil ao download*, p. 180.

e pôde ver de perto sua obstinação para constituir aquele conceito sonoro:

Toda aquela vivência da nossa infância e adolescência em Madureira, nas quadras de ensaios de bateria, Império Serrano, Portela, Mangueira; no samba de raiz e no jongo do Morro da Serrinha, eram influências diretas de Oberdan que as transpunha para as pautas e em suas composições como um visionário detentor de um novo estilo de som. Me lembro bem dele escrevendo partituras nesses ambientes, no meio das batucadas, no Cajueiro, na Congonha, na Vila Queiroz, no bairro de Vaz Lobo, buscando realmente uma síntese para essa fusão nascida no coração da musicalidade suburbana. E ainda éramos frequentadores assíduos dos bailes do Movimento Black Rio, das equipes Hollywood Discotheque, Jet Black, Cash Box, Uma Mente Numa Boa. Eu mesmo cheguei a atuar como produtor de bailes junto à equipe Soul Grand Prix. Recordo-me claramente de Oberdan falando sobre a concepção de um tipo de som originalmente brasileiro que alcançasse aquela rapaziada que frequentava os bailes e o quanto isso seria fundamental para aquela geração *black*. Por isso que há esse reconhecimento tão intenso e de forte conotação com a atmosfera do subúrbio carioca daquela época, explicitado nas estruturas dos arranjos da Banda Black Rio. Esse elemento é reconhecido por músicos instrumentais como uma sonoridade de autenticidade única. O resultado foi uma música sofisticadíssima e, ao mesmo tempo, dançante e palatável, capaz de agradar pessoas no mundo todo, até os dias de hoje.

Além de sua formação universitária como químico industrial, Oberdan era multi-instrumentista; e além de tocar sax tenor, tocava clarinete, sax alto, flauta em dó, flauta em baixo e piano – tudo isso muito bem –, e ainda era tido como um grande arranjador no meio musical, com a pegada mais *black*. Chegou a ingressar na Orquestra Sinfônica Brasileira ao lado do maestro Paulo Moura, seu grande amigo e incentivador.

Essa sonoridade tão original criada pela Banda Black Rio se tornou uma referência internacional e, segundo o líder da formação atual, o tecladista William Magalhães (filho de Oberdan Magalhães), é influência básica de músicos de todas as partes. Ele retomou o projeto em 2001, com o álbum *Movimento*, herdeiro direto do talento de Oberdan e quem mantém acesa a chama *blackriana* (como define William).

> Quando excursionava com Gilberto Gil, ainda nos anos 1980, pela Europa, eu mesmo me surpreendia sobre o quanto as pessoas conheciam a Banda Black Rio, fundada pelo meu pai Oberdan, Barrosinho, Cláudio Stevenson, Cristóvão Bastos, Jamil Joanes, Luiz Carlos Batera, Lúcio Silva, Paulinho Black, Robertinho Silva, Rubão Sabino, Carlos Darcy, Jorjão Barreto, Altay Veloso, Valdecir Nei, Abóbora, Arthur Maia e tantos músicos fantásticos que passaram pela banda em todas as suas formações. A Banda Black Rio é citada constantemente como uma das principais influências do estilo Acid Jazz, que tomou corpo durante os anos 1990.

Antes disso, o projeto inicial da Banda Black Rio tinha se dissipado por um longo período – com a morte de Oberdan Magalhães, em 1984, num acidente de carro ocorrido na Lagoa Rodrigo de Freitas, na nefasta Curva do Calombo, meses após uma apresentação antológica da banda no

Morro da Catacumba, a poucos metros do local do desastre. "A tragédia teria acontecido depois de um ensaio em que Oberdan, integrante da banda de Gilberto Gil, teria sentido um mal presságio ao emitir uma nota agudíssima em seu sax tenor", conta Alcione.

Nessa época, a banda já tinha um reconhecimento no cenário do jazz mundial. Em 1980, a Black Rio havia participado do festival internacional Monterrey Jazz, com uma edição especial no Rio de Janeiro, onde a banda tinha sido a atração de abertura do evento, que teve as suas apresentações no Maracanãzinho. A Banda já era referência para músicos do calibre de Randy Brecker, George Duke, Chick Corea, Herbie Hancock, entre outros grandes do jazz que já teriam tido conhecimento do projeto na edição do Montreux Festival de 1978, uma edição especial em homenagem ao Brasil, com parte da programação ocorrida no Palácio de Convenções do Anhembi, em São Paulo, entre os dias 11 e 17 de setembro daquele mesmo ano. Na cidade de Montreux, Gilberto Gil teria feito uma apresentação histórica no festival registrada em LP ao vivo. As sonoridades brasileiras estavam intrinsecamente ligadas ao fluxo da música universal e interagiam numa circulação mundial a partir daquela década. Uma outra apresentação, registrada no LP *Atlantic Family Live at Montreux*, de 1977, com a banda Average White Band como a base de uma orquestra que contava com o flautista Herbie Mann, o vocalista Ben E. King, Michael Brecker, Don Ellis e um timaço de estrelas do jazz, dedicava o Lado A inteiro do disco duplo para uma versão de 16m32s da música de Ary Barroso, "Na Baixa do Sapateiro", no arranjo original de Oberdan Magalhães. Também em 1980, Eumir Deodato, já consagrado como arranjador de bandas da magnitude de Kool and Gang e Earth, Wind & Fire, lançava o disco *Night Cruiser*, com a versão para "Mister Funky Samba", de Jamil Joanes, que se tornaria tão clássica quanto a música "Maria Fumaça". Essa versão ficaria registrada com o nome de "Uncle Funk", e seria citada em entrevista pelos músicos do Kool and Gang, quando a banda se apresentou em São Paulo, em 2009, indicando a Banda Black Rio como uma referência apresentada ao grupo pelo produtor Eumir Deodato, ainda nos anos 1980. Na ocasião, a banda fez questão de conhecer William Magalhães e a atual Banda Black Rio, em um encontro promovido pela TV Cultura, em São Paulo. Outro exemplo do intercâmbio Black Rio e o soul/jazz norte-americano pode ser evidenciado no disco *Brazilian Love Affair,* projeto do tecladista George Duke, que, após a sua apresentação em São Paulo, teria vindo ao Brasil no empenho de montar uma banda com Jamil Joanes, no baixo; Robertinho Silva, na bateria; as vocalistas Flora Purim, Simone e Lúcia Turnbull; Airto Moreira e Chico Batera, nas percussões e com músicas de Milton Nascimento e Toninho Horta.

No quesito intercambial não podemos esquecer da enorme influência do gênio de João Donato no diálogo entre a música brasileira e o funk/jazz internacional. João, além de inúmeras participações como tecladista e produtor de assinatura incomparável, registrou o suingue de seus pianos elétricos e sintetizadores em discos como o do cantor Emílio Santiago, de 1978, no seu clássico tema "Bananeira", ou em "A rã", outra parceria com Gilberto Gil, na interpretação de Gal Costa, em LP de 1974. Porém o mais enigmático e legendário disco de Donato teria sido a gravação em estúdios ingleses do seu LP *A bad Donato*, de 1970, uma explosão sonora com arranjos arrasadores do funk brazuca concebidos pelo músico.

A tecladista e *soul sister* brasileira Tânia Maria também tem grande destaque nesse cenário internacional, sendo considerada uma estrela do jazz brasileiro. Seu disco de 1975, *Via Brasil,* com um arranjos alucinantes para músicas de Jorge Ben Jor, é um marco para a crítica especializada internacional.

155

O tecladista Jorjão Barreto, que também integrou a Black Rio, lembra que depois do segundo LP de carreira, *Gafieira Universal*, a ideia da universalidade musical da banda Black Rio começou a se tornar realidade. Jorjão lembra:

> Ficávamos impressionados com a repercussão da Black Rio pelo mundo. Na época, recebíamos a visita de músicos como o baterista Steve Ferrone, da Average White Band, que era grande amigo de Claudinho Stevenson, e veio diversas vezes de viagem ao Rio para se encontrar e tocar com a gente. Chegamos a acompanhar estrelas do soul da época em turnê pelo Brasil, como Jimmy Bo Horne e a ilustre cantora Cheryl Lynn, que foi musa inspiradora da música "Miss Cheryl", que compus para o terceiro disco da Banda Black Rio, *Saci Pererê* (1980).

Jorjão Barreto diz que o projeto da banda naquele momento poderia ter alçado voos ainda mais altos, e em escala internacional, se não tivesse sofrido certos boicotes de selos como a RCA, que lançou os discos *Gafieira Universal* e *Saci Pererê*.

> Quando soubemos que alguns convites internacionais para gravações e participações de festivais em outros países não foram levados adiante e não teriam nem chegado ao nosso conhecimento, me bateu como aquela sensação de um banho de água fria, foi quando comecei a desistir do projeto.

Da mesma forma, Alcione percebe que o mercado sofria um patrulhamento silencioso de pressões vindas de órgãos de repressão do regime militar.

> Na WEA, além das perseguições sofridas pelo diretor André Midani, começou a circular a no-

tícia de que o alto-comando da Warner Universal Corporation teria sido taxativo para que se freassem as produções ligadas à Banda Black Rio, porque estavam associando o nome da banda à postura radical assumida por grupos ligados ao movimento *black power* americano, e continuar insistindo em produções do gênero teria uma conotação preconceituosa. A Banda Black Rio era considerada uma representante brasileira dessa frente radical por esse grupo, principalmente por tocar em São Paulo, em bailes superlotados, como o Chic Show e, no Rio, em eventos de grande porte, como o Noites Cariocas, no Morro da Urca, em praticamente todos os finais de semana durante o ano de 1979, e reunindo um grande número de fãs. Uma paranoia sem sentido, ou seja, um verdadeiro absurdo que nos deixou estupefatos.

Mesmo com o primeiro disco, *Maria Fumaça*, sendo baseado em um repertório formado em cima de clássicos do cancioneiro popular, como "Na Baixa do Sapateiro", de Ary Barroso, "Baião" de Luiz Gonzaga, "Casa Forte", de Edu Lobo, e o chorinho "Urubu malandro", de João de Barro, além de um repertório composto em estruturas arrojadas da música instrumental, de músicos que vinham de uma linhagem que já misturava a música brasileira com o jazz e funk norte-americanos, os shows da banda, nos bailes do subúrbio carioca, por mais que tenham causado certo estranhamento inicial, foram ganhando adesão da massa *black* aos poucos. Muito em função do sucesso garantido pela abertura da novela de grande audiência, o público que acompanhava as equipes de soul absorveu a proposta da banda paulatinamente, haja vista a quantidade de apresentações em eventos do gênero que se seguiram nos anos posteriores entre Rio, São Paulo e outras capitais. A banda também adaptou os LPs seguintes e flexibilizou o repertório – tido como demasiadamente sofisticado (como apontam vários autores e matérias da época, que insistiam que o público dos bailes não acompanharia a proposta da banda) – ao incluir músicas cantadas entre as faixas dos discos subsequentes, *Gafieira Universal* (1978) e *Saci Pererê* (1980).

Em reportagem cedida a Ana Maria Bahiana, em 10 de março de 1978, para *O Globo*, Oberdan confidenciava a busca da banda por uma musicalidade mais acessível:

> Aí entra a WEA através de seu diretor artístico, Mazola. E a WEA pede a Oberdan um som funk brasileiro, para dançar, de boa qualidade mas comercialmente viável. Oberdan não hesita: reúne seus antigos companheiros de batalha e começa o longo e acidentado parto da Banda Black Rio, feito de propostas e contrapropostas, ensaios, fitas de demonstração, discussões: "(...) Então o que eu vi com essa jogada da WEA foi uma abertura, uma possibilidade de fazer, enfim, um trabalho instrumental e isso chegar às pessoas. Vi que era uma oportunidade que a gente não podia desprezar, tinha que pegar. E é bom pra gente que é músico começar a fazer discos para vender, coisas comerciais mas boas, ceder um pouco nessa mania que a gente tem de só sair improvisando, só sair fazendo *free* [no caso, Oberdan se refere ao *free jazz*, música de improviso jazzístico], que é muito bonito e tal, mas que ninguém mais aguenta ouvir, não vende, compreende? E música instrumental também tem que vender. Discoteca eu não vou fazer, mas posso fazer um bom som brasileiro dançante, com muito suingue, de boa qualidade."

A matéria de Ana Maria Bahiana mostrava a intenção de Oberdan e da banda em se apresentar pelo subúrbio e alcançar o público jovem *black* dos bailes. Oberdan se referia à banda e à intenção daqueles músicos de falar para aquela moçada:

> Aqui é todo mundo do subúrbio, só o Claudinho é que é Zona Sul, mas é músico feito a gente. Todo mundo aqui cresceu ouvindo samba e tal, eu mesmo sou sobrinho do Silas de Oliveira, afilhado do Mano Décio da Viola, sempre frequentei o Império. Mas todo mundo, como eu, ouviu jazz e soul na juventude, e gostou. Gostou porque tem a ver, é uma coisa genética, até tem aquele ritmo, aquela coisa tribal, é como o Delegado falou, você põe um disco de soul e dá para dançar samba. [Oberdan se referia ao legendário passista e mestre-sala da Mangueira, Hélio Laurindo da Silva, o Delegado, falecido em 2013.]

No final das contas, a música sintetizada pela Banda Black Rio foi o ponto que mais aproximou as vias paralelas que sempre existiram entre o universo dos bailes do Movimento Black Rio e uma música brasileira que buscava experimentações com a música negra universal. Uma mistura que se constituía em trabalhos de vários artistas, desde a década de 1960.

Nas palavras do poeta e compositor Júlio Barroso, fundador da banda Gang 90, o conceito Gafieira Universal da Banda Black Rio era descrito por ele na contracapa do LP de 1978:

> A Banda Black Rio é a fusão do espírito funk suado do subúrbio carioca com a eletricidade dos corpos bronzeados da Zona Sul maravilha. Gafieira Universal revivendo a dança da tradição da cultura negra. Explosão de signos. Rio 40 graus. A negada eletrônica da senzala invade dolente a casa grande. Segue o fluxo eterno da civilização dos tambores.

Novos artistas no berço dos bailes

Na edição de 2 de janeiro de 1977, Nelson Motta, em sua coluna semanal para *O Globo*, farejava uma nova expressão latente na música brasileira, bem como uma forte tendência de novos padrões de comportamento. Com seu olhar arguto, localizava na opinião do proeminente empresário da indústria do disco, André Midani (não menos visionário que o jornalista), os caminhos mais evidentes para as novas diretrizes do mercado da música brasileira. Era nos acontecimentos associados ao que ficou definido pela imprensa como Black Rio que Nelson via uma possibilidade eminente de um novo movimento musical factível, que poderia ser comparado até à bossa nova e ao tropicalismo:

Embora já viesse acontecendo há algum tempo, somente este ano a imprensa começou a dar atenção ao que vinha acontecendo todos os fins de semana, em dezenas de clubes da periferia carioca: gigantescos bailes populares, onde, ao som do soul, cada vez maiores massas de jovens e negras dançavam exibindo suas roupas coloridas, seus sapatões e suas cabeleiras, criando coreografias próprias e possibilitando a existência de um número bastante significativo de equipes de produção, com sofisticados equipamentos de som e luz capazes de transformar o ginásio de um clube de subúrbio numa feérica e explosiva discoteca gigante.

Só agora o Black Rio começa a merecer maiores atenções e análises mais profundas de suas origens, motivações e dimensões, mas já não resta a menor dúvida de que se trata de um verdadeiro fenômeno de comportamento, inédito no Brasil e sobre o qual ainda são imprecisas as avaliações de força, vitalidade e autenticidade.

Muitos preferem – superficialmente – ver no Black Rio apenas uma tosca e pobre imitação do comportamento externo das ricas, exuberantes e poderosas massas negras americanas. Outros – de forma igualmente superficial – veem no fenômeno uma demonstração de orgulho da raça e da consciência dos valores da negritude.

Por enquanto, são poucas e imprecisas as informações; só se sabe que há um número já espantoso de jovens negros, de todas as classes sociais e profissionais, dando dimensão crescente ao Black Rio e transformando simples bailes de subúrbio num dos mais surpreendentes e interessantes acontecimentos do ano e merecedor de profundas e precisas investigações sobre os seus verdadeiros significados.

O atento e experiente André Midani localiza no Black Rio um verdadeiro fenômeno social, com indicações muito claras sobre toda uma nova maneira de expressão dos negros das novas gerações – com nítidas e fortes influências externas, pelo menos em seus primeiros momentos. Talvez como a bossa nova foi criada por uma geração da classe média de Copacabana formada sob a influência do jazz americano, talvez como o tropicalismo e a geração pós-bossa nova foram gerados por artistas que uniam a formação universitária a fortíssimas correntes de pensamento que formaram as gerações do rock na América e na Inglaterra.

Dessa forma, Nelson Motta ponderava sobre uma nova via de fertilidade musical brasileira, advinda de um outro núcleo, diferente do samba como uma maioria purista insistia em associar à cultura negra genuinamente brasileira. O texto de Nelson, naquele começo de 1977, apontava justamente para uma emergente e fascinante possibilidade que se percebia nas sugestões de André Midani. Nelson dava continuidade a sua explanação:

> (...) Por outro lado, entre os negros existe até agora somente o primeiro item da equação – o samba. Não estará nessa espécie de soul (ou funky) brasileiro a segunda incógnita?
>
> Sem afirmar nada, apenas guiado por sua intuição e experiência, André acredita que possa surgir no Black Rio o primeiro movimento musical inteiramente negro a produzir um tipo de música que não seja samba. Talvez como a Bossa Nova tenha nascido em Copacabana, o Tropicalismo nas universidades e o samba no morro. É possível que uma nova forma musical brasileira seja negra e nascida nos subúrbios dos grandes centros urbanos. Talvez um movimento capaz de criar uma linguagem própria somando características nacionais ao ponto de partida externo. Talvez uma forma de música capaz de expressar a maneira de viver e pensar de numerosas comunidades que possuem muitas outras características sociais comuns, além da cor de pele. Talvez não dê em nada e tudo se resuma e se consuma em superficiais e passageiras imitações de James Brown, Al Green e Stevie Wonder.

André Midani já percebia que nesse caldeirão negro brasileiro, somado à natureza antropofágica da nossa cultura, poderia realmente surgir a nova ponta do mercado, os novos valores e talentos brasileiros nos meados dos anos 1970. Essa célula revolucionária, Midani já percebia no gênio criativo de Jorge Ben (que depois se tornaria Jorge Ben Jor), e que transitara, a partir dos anos 1960, de forma tão própria e singular entre as esferas da bossa nova, tropicalismo, Jovem Guarda e os ritmos negros latinos e internacionais, sem parâmetros passíveis de comparação. Para Midani, Jorge criou a verdadeira música *black* brasileira ao se pronunciar numa sonoridade negra, original, única e universal:

> Eu acho que o movimento *black* brasileiro começou com Jorge Ben Jor. Quando a música "Chove chuva" surgiu foi uma linguagem absolutamente revolucionária para aquela época. Eu me lembro das pessoas, naquele momento, impactadas sem saber como classificar que estilo de som era o que aquele novo artista fazia. Ainda não se reconhecia nessa nova canção de Ben Jor, "Chove chuva", a força e a originalidade da poesia que podemos chamar de black brasileiro. Era um momento no qual, praticamente, em paralelo com isso, havia a força revolucionária de João Gilberto, com poesias extremamente sofisticadas, extremamente complexas, difícil de lançar dentro do mercado popular; e aí, por fora, aparece esse camarada que ninguém havia ouvido falar até aquele presente momento, que era o Jorge Ben. Ele trouxe um conceito de música absolutamente nova, audaz, revolucionária e talentosa.

Midani estima sobre a força e a importância do músico nos novos rumos da música brasileira. E prossegue:

> Então, quando me perguntam como era o panorama daquela época (nos anos 1960), eu vejo que, particularmente no Brasil, existiam essas

> duas entidades: uma era a classe média branca universitária, e a outra, não se sabia. Digo: em termos de mercado fonográfico, não se sabia, pra quê, pra quem, como e o que fazer com essa outra fatia de público. A única coisa que se pôde perceber foi que a música de Jorge Ben estourou no mercado de uma maneira avassaladora para essa outra parcela da sociedade, uma música negra brasileira contemporânea, com a qual esse público realmente se identificava. [59]

Jorge Ben Jor, nas suas diversas fases, contou com várias formações, como a Banda do Zé Pretinho e a Admiral Jorge V, cada qual com suas camadas de fusões com a música *black* universal. Mas talvez a sua fase mais próxima dos conceitos do *black power* e com as pegadas mais firmes do soul tenha sido o momento em que foi acompanhado pelo Trio Mocotó, com João Parahyba, na sua mistura de timba e bateria, Fritz, na cuíca e vocais, e Nereu, no pandeiro e vocais. Juntos, lançaram os discos *Jorge Ben* (1969), *Força Bruta* (1970) e *Negro é Lindo* (1971), tendo ainda lançado ao vivo *On Stage with Jorge Ben – Live in Japan (1971)*. O Trio Mocotó também apresenta forte conexão com o soul nos seus discos de carreira: *Muita Zorra! Ou são coisas que glorificam a sensibilidade atual* (1971); *Trio Mocotó* (1973) – com o funk-samba pesado "Swinga Sambaby"; e *Trio Mocotó* (1975). Em 2001, a banda voltou ao cenário com o disco *Samba Rock*, reassumindo a coroa do estilo que se consolidou em São Paulo. Em 2004, lançou o mais recente disco, com a participação de Skowa, que nos anos 1980 também foi um expoente na música *black* brasileira com a banda Skowa e a Máfia.

O cantor Bebeto, considerado o "rei do samba-rock", também teve forte influência de Ben Jor, e criou uma batida de violão e guitarra, ainda dentro desse segmento,

---

[59] Depoimento em entrevista aos autores.

mas muito peculiar. Uma levada desenvolvida pelo músico como sua marca pessoal, percebido por ouvidos apurados de entendedores do estilo. Em músicas como "Preto Velho", um batuque de candomblé *black* e soul, "Agua Marina", "A beleza é você, menina", "Menina Carolina" e "Segura a nega", por exemplo, percebe-se fundamentos do estilo samba-soul que o músico ajudou a escrever.

Outro nome importantíssimo nessa intersecção da MPBlack é o grande suingueiro Markus Ribas. O músico mineiro, falecido em 2013, também desenvolveu uma sonoridade muito própria numa alquimia sonora pela reunião da música brasileira com ritmos latinos, música africana, indígena brasileira, sertaneja e nuances do soul. Seus discos influenciaram toda uma novíssima geração de bandas e músicos brasileiros como Marco Matoli e seu Clube do Balanço, Funk Como Le Gusta, Bid, Tonho Crocco, João Sabia, Curumin, entre tantos que muito injustamente podemos esquecer de citar nesta obra, em um momento presente que a música brasileira tem se reencontrado com o samba-soul.

Nessa gênese da música moderna brasileira e nos indicativos que o Movimento Black Rio demonstrava, da mesma maneira colocada por Nelson Motta, Midani antevia a nova onda na musicalidade negra brasileira na década de 1970 e avalia:

> O ambiente musical no exterior era tão privilegiado quanto no Brasil daquele contexto. Um sem número de novos talentos propagavam um forte movimento de música negra, como James Brown, Isaac Hayes, Bootsy Collins e vários outros, produzindo trabalhos cada vez mais ricos e extravagantes. Eu já tinha a certeza que esses personagens teriam uma influência direta no que estava por vir no cenário da música negra brasileira, durante os anos 1970 – da

mesma maneira que em eventos como a Tropicália, tivemos uma inspiração muito grande de fora para dentro. Não me impressionou nem um pouco que fosse haver o levante de uma crítica contrária a essa manifestação aqui no Brasil. Mas a influência natural estava por vir como sempre houve, se não na poesia, mas na maneira de se vestir, de se portar, e por isso não menos original do que se viu em outros movimentos musicais brasileiros.[60]

Os sinais que tal modernidade musical estava realmente por vir pautavam os principais cronistas de música na imprensa brasileira. Nelson Motta pressentia que do subúrbio da cidade iria emergir a moderna música negra carioca, mesmo a contragosto da opinião dos que viam no Movimento Black Rio apenas um espelho de uma manifestação importada.

Pelo menos por enquanto, poucos se atreveram a localizar nos milhares que formam o Black Rio indícios de uma consciência coletiva ou de um posicionamento que se relacione com a discussão dos graves problemas que afligem as comunidades negras dos centros urbanos brasileiros ou uma busca (mesmo que em longos e exteriores caminhos) de uma afirmação da cultura negra em seus aspectos mais profundos.

Por enquanto, o Black Rio apenas dança com alegria e desenvoltura os ritmos criados pelo *black people* de Chicago ou da Filadélfia, adaptando ao *beat* americano os passos e evoluções que nasceram nas escolas de samba. Apenas ouve e sente o corpo irresistivelmente levado pelos ritmos fortes e melodias simples, sem qualquer ligação com sonhos, queixas, medos,

---

[60] Depoimento em entrevista aos autores.

alegrias, e violências gritados pelos *soul bro-thers*... em inglês. Mas já existe um considerá-vel número de músicos, compositores, letristas e cantores criando em português e temperando com ritmos brasileiros o som que o Black Rio vai dançar nos próximos tempos.

Como serão as músicas? Não há dúvidas que, pelo menos teoricamente, a soma dos ritmos afro-brasileiros ao soul possa resultar em algu-ma coisa extremamente forte e enérgica ou, no mínimo, irresistivelmente dançante.

E as letras, que estão sendo feitas pelos mes-mos que vivem a vida dos que formam o Black Rio? Em que linguagem se expressarão os que estão trabalhando, sabendo que há milhares e milhares de pessoas como eles, prontos para ouvir no que eles disseram o que muitos gosta-riam de dizer?

Se existe uma área da música brasileira onde são permitidas todas as expectativas para este ano, ela é o subúrbio do Rio, de onde pode bro-tar uma expressão musical capaz de, no mí-nimo, provocar muita discussão e colocar em debate um dos componentes mais ricos e in-tensos da raça brasileira, por um lado e de ma-neira como até agora não se fez.

Outra matéria que ficaria famosa e que apostava na nova tendência teria sido o artigo "Enlatando Black Rio", da jornalista Ana Maria Bahiana, para o *Jornal de Música* de fevereiro de 1977. Ana Maria partia da matéria de Lena Frias, na sua introdução, e expressava o receio que o publi-citário José Jorge Costa (negro) demonstrava na polêmica reportagem do *Jornal do Brasil* sobre uma "tentativa de radicalização racial no Brasil. Acho que isso é uma jogada perigosa de grupos que estão estimulando o racismo como forma de planejamento de marketing para o lançamento de linhas de produtos especificamente negros (...) não sei quem está por trás disso. Mas uma coisa te afirmo: são brancos", dizia o publicitário.

Mas Ana Maria mostrava praticamente o contrário, que o mercado se preparava para um momento profícuo que estava por vir. A manchete abria em letras garrafais: "Já começou a luta pela conquista de um tentador mercado musical." A jornalista anunciava que depois de bem-sucedidas investidas no lançamento de coletâneas de soul de equipes como a Soul Grand Prix e Dynamic Soul, era a vez de novos artistas da MPBlack se lançarem no mercado.

Marinaldo Guimarães, empresário do cantor e compositor Luiz Melodia, foi quem deu o toque para a jornalista:

> Você está sabendo da última? Olha, tem um movimento incrível por aí, pelas gravadoras. É. A Warner tá animadíssima, tem toda uma transação em cima de música negra, sabe. Eles estão formando uma banda, o Oberdan e esse pessoal, eles tão recebendo um fixo pra ensaiar todo dia e criar um som *black* brasileiro. É esse pessoal que tá tocando com o Melodia, justo. Tem um lance assim *black*, parece que vai entrar o Melodia também, o que é muito justo, tem tudo a ver.

Luiz Carlos dos Santos, nascido no Morro do Estácio, adotou o nome artístico do pai, o sambista Oswaldo Melodia, e, como Luiz Melodia, já em 1972, ficou conhecido como compositor e expoente de uma nova geração, com a gravação de sua música "Pérola negra", interpretada pela cantora Gal Costa no disco *Gal a Todo Vapor*. Logo em seguida, por intermédio do poeta Wally Salomão, teria outra composição sua gravada por Maria Bethania, "Estácio, Holly Estácio". Em 1973, Melodia lançava o seu primeiro LP *Pérola negra*, e em 1975 ganhava grande evidência no

Festival Abertura, da Rede Globo, com o sucesso "Ébano", mesmo não tendo ficado entre os três primeiros finalistas. Nascia ali a gênese da Banda Black Rio, com os músicos Oberdan, Luiz Carlos Batera, Perinho Santana, Jamil Joanes, Valtencir, Márcio Montarroyos e músicos que participariam da jornada da banda entre o final da década de 1970 e início dos 1980. Os arranjos de base e metais dos primeiros, LPs de Melodia, *Maravilhas contemporâneas* (1976), *Mico de circo* (1978) e *Nós* (1980), iriam ser definitivos como balão de ensaio para a concepção da linha sonora que iria balizar o disco *Maria Fumaça*, disco de estreia da Black Rio, assim como os seus trabalhos posteriores.

Em 1977, no mesmo ano do lançamento do LP *Maria Fumaça*, o cantor Carlos Dafé também lançava o seu primeiro disco de carreira, *Pra que vou recordar.* A Black Rio seria a sua banda de base no LP lançado pela mesma Warner/WEA. Dafé era mais um artista que estava no fluxo do Movimento Black Rio e mais uma aposta da gravadora, que investia pesado na sua nova linha de artistas do novo som negro brasileiro. O cantor foi um dos poucos músicos a se apresentarem em bailes do Movimento Black Rio, com grande circulação de shows. Sua indumentária era criada pela amiga Zezé Motta, que compunha modelitos principescos para o multi-instrumentista.

Apelidado pelo jornalista e produtor Nelson Motta de "príncipe do soul", foi um dos grandes nomes que marcaram a primeira safra de nomes associados ao movimento. Motta conta que "certa vez, chegou a eleger Tim Maia e Dafé, respectivamente, Rei e Príncipe do Soul do Brasil. Ele era magrinho, bonitinho e marrento, as mulheres adoravam. Num certo sentido, Tim era James Brown, e Dafé, Marvin Gaye." [61]

José Carlos de Souza, Carlos Dafé, multi-instrumentista, começou sua carreira profissional com a banda Fuzi 9

---

[61] *O Globo*, 22/10/2012.

(1970 – Todamérica), banda dos fuzileiros navais, quando ainda era militar. Foi ali que conheceu o baterista Luiz Carlos Batera, que se tornaria um dos integrantes da formação original da Banda Black Rio. A banda se apresentava em bailes da Marinha e chegou a fazer uma tour internacional, pelo Caribe, Curaçau e Porto Rico. Sempre perseguiu o soul e a música latina cubana e da América do Sul em geral. Depois passou pela banda Abolição e tocou com Tim Maia durante muito tempo. Dafé participou inclusive do disco *Tim Maia Racional* (fase em que Tim se envolveu com a seita Universo em Desencanto).

Dafé cantava na Banda Senzala, em boates de música ao vivo em Ipanema e Copacabana, como o Special Bar, Preto 22 e Sambatuque. A banda Senzala também contava com integrantes que fariam parte da formação original da Banda Black Rio, como o guitarrista Claudio Stevenson e o baixista Jamil Joanes – como colocamos anteriormente. Quando a proposta para a formação da Banda Black Rio surgiu, Carlos Dafé também foi convocado para gravar o seu primeiro disco solo, adotando definitivamente o seu nome de guerra, que teria sido sugerido por João Araújo, fundador da Som Livre.

No mesmo ano de 1977, Gerson Cortes lançava o disco mais significativo de sua carreira, *Gerson King Combo* (Polydor/Phonogram). Com voz de trovão, Gerson foi coroado pela mídia como o James Brown brasileiro. Na contracapa do disco, um telegrama do próprio *Godfather do Soul* diretamente de Nova Iorque: "Nossos cumprimentos ao excelente trabalho musical de soul e black music no Brasil. *Regards*, J. Brown."

Nesta época, Gerson tinha sido sondado para ser vocalista da Banda Black Rio. Mas o amigo Paulão Black Power, da equipe Black Power, havia lhe dito que a gravadora Polydor também estava querendo atingir o mercado *black* com artistas brasileiros. Era realmente uma tendência que a indústria buscava atingir. Primeiramente, Gerson ajudou a montar a banda União Black, que foi o primeiro lançamento da gravadora nessa linha.

O processo de formação do repertório partiu de bases apresentadas pelo DJ Paulão Black Power e segundo Gerson, a principal referência para as composições foi a banda Matata e os JBs de James Brown:

> Era um grupo que tocava samba na Pavuna. Com o Paulão Black Power, levamos o conjunto para o estúdio para ensaiar com o Pedrinho da Luz, integrante da banda Fevers e produtor fonográfico. Montamos o repertório e o figurino. A foto da capa foi tirada nas ruínas do clube Astória. Eu tinha levado os meninos para fazer a foto no clube onde Mister Funky Santos começou a fazer os primeiros bailes. Quando chegamos lá, vimos que o clube estava sendo demolido para abertura do Sambódromo. Mas, foi o cenário ideal. Estava querendo fazer exatamente aquele estilo, meio Kool and Gang, meio Funkadelic, bem no clima dos guetos *black*. Depois disso, lancei o meu disco com a União Black como minha banda de base. A produção foi do mestre Pedrinho da Luz.[62]

A União Black era composta por Ivan Tiririca (Baterista), Lula Barreto, Claudio Café (guitarras), Dom Luiz (voz), Bira (sax e flauta), mas teve uma formação instável e os seus principais integrantes, Ivan e Lula, optaram por rescindir contrato com a gravadora antes mesmo de seu primeiro disco sair. Os dois músicos já tinham um projeto de banda o África Hot Band, mas por insistência do marketing da PolyGram mudaram para União Black, com o intuito de se valer do movimento que estava em evidência. Ivan chegou a tocar com Tim Maia, Paulo Diniz, Os Diagonais, Cassiano,

---

[62] Depoimento em entrevista aos autores.

Tony Tornado e com o sambista Agepê. Em 2004, a União Black se reagrupou para a participação do projeto *Black Music Brasil*, um disco com gravações de diversos artistas da época do Movimento Black Rio, como Carlos Dafé, Dom Mita, Luís Vagner, Lúcio Sherman, Mariano Brown, Valmir Mello, Don Richard e Paulinho de Souza. No CD, lançado pelo selo SomSicam, a União Black gravou três faixas: "Zorra total" (Cláudio Café, Ivan Tiririca e Lula C. Barreto), "Eu pensei" (Bira e Mariano Brown) e "Cris vacilou" (Ivan Tiririca, Lula C. Barreto e Cláudio Café). Em 2006, a banda gravou o seu último disco com a produção conjunta dos selos nova-iorquinos Commonfolk Records/Embassy Sound Productions, produzido Daniel Collás e Sean Marquand. A dupla de músicos produtores, vieram no rastro da banda até São Paulo e gravaram o grupo com o equipamento de um estúdio móvel.

Com o primeiro disco solo lançado em 1969, assinando *Gerson Combo e a Turma do soul – Brazilian Soul* (Polydor), gravou também alguns compactos (um de 1973, pelo selo Tapecar, como *Gerson Combo*, ainda sem o "King"). Também fazia participações em bandas de gravadoras, como a Orquestra Som Bateau e a Magnetic Sound, sem o nome creditado na capa. A estratégia desses projetos era gravar *covers* em discos secundários e vendidos a preços populares, muitas vezes sem o nome dos músicos participantes. Como Gerson era reconhecido por seu vozeirão, era sempre convidado para botar a voz em algumas faixas, quando a pegada era mais puxada para o soul de James Brown. Chegou a gravar com a Banda Fórmula 7, projeto do trompetista Márcio Montarroyos (1968/69/70), Som Três (1969) e com a orquestra do trombonista Ed Maciel (Vol. 8, 1971 – Londres).

Sem dúvida, Gerson foi o artista que mais fez apresentações nos bailes do subúrbio. Chegava sempre com um carrão Galaxy, com mulatas *black power* o acompanhando e vestido a caráter, com chapéu, terno lilás e a sua famosa capa.

Gerson segue fazendo apresentações com a sua Banda Supergroove e com o DJ Ronaldo Groove, um *pocket-show*. É reverenciado pelo movimento Hip Hop Rio e tem diversas de suas músicas citadas ou sampleadas por rappers, como é o caso da faixa "Qual é?", de Marcelo D2, onde reproduz os versos dos mandamentos *blacks*: "Amar como ama um *black*/ Falar como fala um *black*/ Andar como anda um *black*/ Usar sempre o cumprimento *black*."

O cantor Hyldon começou a sua carreira como guitar-rista e baixista dos Diagonais. O grupo vocal excursionava pelo interior de Minas e Bahia. Também se apresentava com Toni Tornado, depois que o cantor alcançou a fama com a música "BR3". Também, como guitarrista, acompa-nhou outros músicos do universo *black*, como Luiz Melodia.

Hyldon acompanhou a gravação de Tim Maia e Elis Regina para a música "These are the songs", foi quando conheceu o cantor, que já tinha gravado em compacto a faixa "Primavera (vai chuva)", composição de Cassiano. Em 1970, como músico de estúdio, acompanhava estre-las como Wilson Simonal. Nesse mesmo ano, é contratado pela PolyGram e produz discos de sucesso de artistas do calibre de Erasmo Carlos e Wanderléa, produtos que alcan-çaram grandes índices de vendagem.

Finalmente, em 1974, consegue gravar o seu primeiro compacto com a música "Na rua, na chuva, na fazenda (Casinha de sapê)", e "Meu patuá", no lado B. "Na rua, na chuva, na fazenda" estourou na programação do radialista Big Boy para a Rádio Mundial. E Hyldon conta:

> Devo muito a esse cara, depois disso a música ficaria imortalizada. Big Boy, numa época an-terior à prática do jabá, sentiu o potencial da composição. Eu mesmo me surpreendi com o

alcance imediato que a música teve, esgotando a tiragem de disco e tocando em todas as rádios.[63]

Foi um início de carreira alvissareiro. No ano seguinte, lança outro compacto com as músicas "Sábado e domingo" e "As dores do mundo", que se torna mais um sucesso imediato, música considerada uma das mais tocadas pelas rádios durante a década de 1970. Com o êxito radiofônico, lança o seu primeiro álbum *Na rua, na Chuva, na Fazenda,* tido como um marco do soul brasileiro, colocando Hyldon no panteão da música negra brasileira ao lado de Tim Maia e Cassiano.

Em 1976, lança o seu segundo disco, *Deus, a natureza e a música*, com o trio Azymuth como a sua banda de base, além dos músicos Cristóvão Bastos e Oberdan Magalhães, que fariam a formação da Banda Black Rio, no disco de estreia.

Seus sucessos foram regravados por inúmeros grupos e artistas, como Marisa Monte, Kid Abelha e Jota Quest, de uma outra geração.

Outro grande representante que brilhou na onda *black* de 1977, e que também se lançaria em carreira solo nesse ano, foi Tony Bizarro. Seu disco talvez seja o mais fiel daquele momento, em termos de timbres aproximados do soul, muito bem executados e com acento forte no funk, que combinavam perfeitamente com o porte de sua performance vocal. Luiz Antônio Bizarro, branco, mas com suingue totalmente *black* de um verdadeiro *soulman* brasileiro, ainda detinha um ponto a favor: sua experiência como técnico de estúdio. Em 1971, já havia se lançado no mercado com o parceiro Frankye Arduini, com um repertório com intenções de trazer a negritude norte-americana para a música brasileira.

---

[63] Depoimento em entrevista aos autores.

Mas foi no seu disco solo, que chegou no ponto que queria. Além da produção de Lincoln Olivetti e arranjos de Waltel Branco, ainda conta com o auxílio luxuoso da banda Azymuth e Robson Jorge no clavinet, órgãos e guitarra. Essa turma era a papa-fina das linhas mais radicais do soul brazucão de qualidade superior; músicos e produtores de primeira ordem.

Tony trabalhava com Lincoln Olivetti e Robson Jorge, dois ícones da praia *black* brasileira. Tony lembra que a gravação do seu disco foi suada, em função do esmero que tiveram pra alcançar o resultado que queriam. Missão cumprida, era hora de comemorar. O disco tinha ficado um brinco e eles preparavam uma festa de arromba para marcar o êxito das gravações. Bizarro conta com graça:

> Lincoln tinha ficado tão feliz que resolveu fazer uma comemoração daquelas e, na loucura dos anos 1970, do desbunde total, fez uma encomenda de grande remessa de substâncias recreativas. Quando vi aquilo, me espantei. Escondi o material ilícito dentro do teclado Fender Rhodes, que, para quem não conhece, parece uma estrutura blindada. [64] A minha intuição valeu a pena. Quando saímos do estúdio fomos parados na primeira blitz policial. Todos cabeludos, levamos um pente fino daqueles dos milícos. E o Fender Rhodes jogado de um lado para o outro. Depois de quase termos uma síncope de desespero, no carro, seguimos a caminho da festa, e compomos uma nova música: *Estou livre*, que lancei posteriormente em compacto e que virou um grande sucesso em São Paulo.

---

[64] O Fender Rhodes foi um dos primeiros pianos elétricos, criado nos anos 1940 para ser transportado para as bases militares, como alento para soldados que estavam nas trincheiras. A resistência do piano elétrico, "feito pra guerra" literalmente, tinha a propriedade de ser afinado com mais facilidade e com uma resistência maior para ser transportado em terrenos acidentados. Um verdadeiro "tanque musical" de combate, inquebrável.

Principalmente entre detentos que cumpriam pena em presídios como o Carandiru. [65]

Robson e Jorge, em 1982, também lançariam um disco como dupla. Esse LP, que trazia a faixa "Alegria", sucesso das pistas de dança, marcaria uma revolução nas produções musicais brasileiras. Robson e Lincoln produziriam a nata da MPB durante os anos 1980, de Rita Lee a Tim Maia e Jorge Ben Jor. Lincoln, falecido em 2015, foi um arranjador de grande excelência e inovador em linhas de metais e cordas com sonoridades calcadas no pop *black* internacional e dançante.

O talentosíssimo guitarrista e tecladista Robson Jorge, em 1977, era mais um expoente *black* brasileiro que lançava LP solo. Robson se iniciou no universo musical tocando em bandas de bailes do subúrbio carioca. Participou como baixista da banda de base de Cassiano no disco de 1973 do cantor. Seu trabalhou influenciou todo uma nova geração de músicos da MPBlack, sendo Claudio Zoli talvez o seu maior herdeiro.

O cantor Miguel de Deus, também lançava disco solo, em 1977, pelo selo *Underground*, na série Black & Soul Music, organizada pela gravadora para produções de coletâneas seguindo a bem sucedida tendência que se criou no mercado fonográfico brasileiro. Miguel, guitarrista e cantor, começou sua carreira como integrante do grupo os Brazões, que surgiu no auge da Tropicália e chegou a acompanhar Gal Costa e Tom Zé, em shows na boate Sucata, na Lagoa, e no Teatro de Bolso, hoje Teatro Cabaré Leblon, situado na Av. Ataulfo de Paiva. Os Brazões também acompanharam a polêmica música "Gotham City", de Jards Macalé e Capinam, no IV Festival Internacional da Canção, em 1969. No disco de estreia da banda, de 1969, ainda gravaram o tema *Momento b/8*, do grupo Brazilian

---

[65] Depoimento em entrevista aos autores.

Octopus, do jovem fenômeno multi-instrumentista Herme-to Pascoal, que estreava na época e também apresentava arranjos que sinalizavam para a fusão da moderna música brasileira com o jazz e o funk estadunidense.

Em 1974, ingressava no grupo Assim Assado (com Amaro e Camarão do grupo Os Diagonais). A proposta des-se projeto era criar uma estética aproximada com o Glitter Rock londrino da época, assim como fazia o Grupo Secos & Molhados, do cantor Ney Matogrosso.

No disco, *Black Soul Brothers*, um dos mais cultuados desse período, Miguel de Deus radicaliza nas correntes do funk mais moderno e atual daqueles tempos. Sempre dedi-cado a postura visual e estética de seus projetos musicais, Miguel de Deus se apresentava com a companhia de dança Soul Machine e Black Soul, de São Paulo, coordenado pelo dançarino Nelson Triunfo, o Homem-árvore (apelido que re-cebeu pelo seu imenso cabelo *black* e sua estatura esguia de quase dois metros). Nelson é outro ícone desse período e faz participações vocais no disco *Black Soul Brothers*, nome que adotou para a sua companhia de *street dance*, que hoje permanece como a instituição paulista Funk & Cia.

Ainda em 1977, a banda Som Nosso de Cada Dia mu-dava o estilo do rock progressivo de seu disco de estreia, *Snegs*, de 1974, para se adaptar à nova aposta do mercado do *black* e soul. Seguindo os caminhos de bandas de hard rock como Deep Purple e Grand Funk Railroad, que também trilhavam as levadas do funk, o agora grupo Som Nosso (nome reduzido da banda) lançava seu mais novo trabalho com a música "Pra swingar", um petardo disco-funk groo-vadissimo. Nessa faixa, o vocalista Pedrão aterrorizava nas gargalhadas e vocais *blacks*: "Dentro dessa situação eu só posso convidar você pra suingar comigo/ Eu quero você se remexer (...) Vem comigo, cocota, há há há!"

Outra banda que explorou o tema *black* versus cocota, foi a banda Painel de Controle. Numa edição de 1978 do

Fantástico, a apresentadora anunciava o clipe de um lançamento da música "black coco": "Black Rio, Black São Paulo, agora aparece uma novidade em matéria de ritmo black. É o *black coco*, uma mistura do *black* americano com o coco nordestino". A apelação explicita da indústria fonográfica sugeria uma união entre os cocotas e os *blacks*. A letra da canção da banda Painel de Controle (uma versão de Lincoln Olivetti para a música "Rock You baby", do grupo KC and Sunshine Band) dizia: "*Black* coco *Black* cocota/ já que o mundo se incumbe de afastar e dividir, de tudo que existir de bom na vida..."

MPBLACK

Com a difusão maciça do soul nos principais veículos de comunicação, artistas consagrados da MPB também iriam manifestar reflexos da onda *black* e contribuiriam para a força do segmento.

Em 1971, Roberto Carlos gravava mais um MPB-soul, a música "Todos devem estar surdos", com Dom Salvador nos teclados. A influência do "rei" Roberto sobre um sem número de cantores que perseguiram o seu estilo e tidos posteriormente como *bregas,* também arriscaram arranjos *funkeados* para algumas das suas composições, como, por exemplo: Fernando Mendes (*Não vou mudar* - 1973 e *Você morreu pra mim* – 1975*)*; Bartô Galeno na música "Cidreira Viva" (1977); Paulo Sérgio – "Você não presta"; Odair José – "Nunca mais"; e Elino Julião – "Baile dos enxeridos".

O consagrado grupo vocal MPB 4, que ganhou destaque ao lado do cantor Chico Buarque (na interpretação da música *Roda viva,* no II Festival da Música Popular Brasileira), gravava no disco *Cicatrizes*, de 1973, o *batuque-soul Aborê*, da dupla Tom e Dito. Como Antônio Carlos e Jocafi (*Kabaluerê* – 1972, *Simbareré* – 1972, *Xamego de Iná* – 1973), Tom e Dito, experimentaram a fusão de atabaques de candomblé, ritmos nordestinos e sambas com o suingue rítmico do funk e do soul (*Vinte meninas* – 1976, *Obrigado Corcovado* - 1971).

Jair Rodrigues, em 1974, um dos principais representantes da MPB, figura carimbada nos festivais da Record e parceiro de Elis Regina nos discos *O fino da Bossa I e II*, regravava um de seus maiores sucessos, "Deixa isso pra lá", do LP *10 anos depois*. Nesse disco, Jair assume o estilo James Brown de cantar num arranjo encapetado de metais e bases conduzidos por Erlon Chaves e José Roberto Bertrame, do Azimuth. "Deixa isso pra lá", com a sua levada de repente é considerado o primeiro rap brasileiro.

O mestre da bateria, Wilson das Neves, advindo do universo das escolas de samba, já buscava o balanço *black* para sonoridades brasileiras desde 1968, no seu disco de estreia, *Juventude 2000* (Parlaphone). Em 1969, lançava o volume I do álbum *o Som quente é o das Neves*, com a gravação da faixa "Sarro", de Erlon Chaves, para trilha sonora do filme *Roberto Carlos e o diamante cor de rosa*, do diretor Roberto Farias. Em 1970, incluía a mesma faixa no disco de carreira *Samba-tropi – Até ai morreu Neves*. Em 1976, saía o volume II do *Som quente é o das Neves*, com uma versão *sambeada* para "Pick up the pieces", da "Average White Band" – banda escocesa formada por músicos brancos, indispensável em, todos os bailes do Movimento Black Rio.

Nesse cenário, as bandas que faziam bailes de suingue, ainda no começo dos anos 1960, como Copa 7, Devaneios e Brasil Show, laçaram discos nos fim dos anos 1970 com fortes acentos na música *black*. Era a comprovação da tradição do subúrbio carioca como grande influência na modernização da música brasileira. Também é o caso do conjunto Meireles e sua orquestra, que em 1974, lançou o LP *Brasilian Explosion*, com a inusitada versão de "Assim Falou Zarathustra", um samba-soul futurista. No mesmo contexto da tradição suburbana, vemos a presença de músicos com Serginho Meriti e Dom Mita.

Da mesma forma, grupos vocais como Trio Ternura (depois Quinteto Ternura), Trio Esperança, Abaeté, Tincoãs e os Golden Boys também enveredavam por esse caminho.

Na década de 1970, cantoras que, no fim dos anos 1960, se aproximavam mais do samba, samba-canção e das baladas românticas como Elza Soares, Eliana Pittman, Evinha, Claudette Soares e Cláudia, assumiam produções mais arrojadas em seus trabalhos. Nessa esteira de transformação, intérpretes como Márcia Maria e Sônia Santos – anteriormente com um repertório voltado exclusivamente para o samba, ou inseridas em um gênero que iria ficar conhecido como samba-rock (época em quando Sonia era crooner de orquestras com Zito Righi e sua Banda) – abraçariam o estilo samba-soul, no ano de 1978. Sônia promovia o seu novo videoclipe "Speed", música de Jorge Ben Jor, com a base no funk pesado que se ouvia nos bailes e cenário de pistas de dança. Márcia Maria gravava a música "Amigo branco", que aborda questões como preconceito e diferenças raciais: "Meu amigo branco/ Muito mais que branco/ Meu recado vou lhe dar/ Não existe nada neste mundo, meu amigo/ Que nos possa separar/ Preconceito existe, eu não sei."

Em tempos de *Dancing Days*, surgia Lady Zu, uma das cantores mais afinadas com a nova onda que começaria a transformar os bailes do Movimento Black Rio. Zuleide Santos da Silva almejava a carreira de cantora e corria as gravadoras munida de uma fita demo, com sucessos de Aretha Franklin e Tina Turner. A oportunidade apareceu quando conheceu o produtor Marcus Maynard, na época em que a gravadora Phonogram se empenhava em trazer a febre internacional das *discothèques* para o Brasil. Desse encontro, surgiu uma empatia imediata. Produtor e cantora iniciaram as gravações do primeiro disco, *A noite vai chegar*. Com o impulso da indústria, o LP foi sucesso instantâneo. Lady Zu teve o lançamento, na mídia, através do programa *Carlos Imperial* que, nesse momento, apresentava artistas dos embalos de sábado brasileiros. Assim o apresentador abria os seus programas: "Atenção ao pessoal de casa, tirem os móveis da sala, façam da casa de vocês uma pista de dança, chamem também a empregada para dançar.", Imperial adaptava o jargão que sempre utilizou desde os tempos de rádio quando lançava talentos do "iê-iê-iê".

O grande sucesso de Lady Zu lhe valeu o título de "A Donna Summer brasileira", dado pelo apresentador de televisão Chacrinha, em referência à cantora norte-americana que, na época, ficou conhecida como a Rainha das Discotecas.

O próximo passo foi mais midiático ainda. O segundo disco foi lançado, em 1979, e imediatamente a música "Hora da união (samba soul)" ficou em primeiro lugar nas paradas de sucesso, depois que foi incluída na trilha sonora da novela da Rede Globo *Dancin' Days*. A música do compositor Totó Mugabe passava o clima dos bailes e a letra discorria sobre a música brasileira misturada a arranjos *funkeados*.

O compositor Totó Mugabe ainda lançava, em 1979, compacto com a música "Samba de vanguarda" e sintetizava a discussão que cercava o Movimento Black Rio e o universo do samba:

> "Tão contente eu fico quando saio pra curtir um
> samba (ié-ié-ié)/ Enquanto um diz que vai, na
> Mangueira ou na Vai Vai, o importante é curtir um
> samba-soul (...) Grande crítico, polêmico e in-
> transigente, diga o que você quiser/ Esse samba
> é de vanguarda e vem na roda quem quiser."[66]

---

[66] Extraído do compacto *Samba de vanguarda/Não deixa a vida passar*, de Totó Mugabe 1979 – Philips.

TAKE IT TO THE BRIDGE

O multi-instrumentista Nasca (ou Otto Nascarella), fundador da banda inglesa Saravah Soul e profundo conhecedor da cultura negra no mundo, nos explica essa convenção musical:

James Brown sempre conduziu sua banda no grito: *Take it to the bridge!* O termo *bridge* (ponte) significa a passagem para outra parte da música ou para outro andamento da composição, outro compasso. Ou, ainda, a deixa para um segundo verso ou refrão. Esse termo é muito utilizado por músicos no funk, no soul e também repetido no hip-hop. É uma convenção musical. Brown, o Mr. Dynamite, usava a frase *Take it to the bridge* como um comando. Um chamado para que a banda o seguisse para outro momento da música. Ele regia os seus músicos com o corpo. No *brigde* era quando Mr. Dynamite investia maior intensidade na sua dança, naquela sua performance incomparável: caía até o chão em *spacatto* (abertura de pernas no balé), voltava à posição de pé como se içado por uma corda e dava uma pirueta, uma reviravolta, um berro.

Nasca percebe no soul/funk primordialmente uma busca pelas raízes africanas:

O soul com sua carga cultural traz um comprometimento quase ritualístico, que veio dos es-
pirituals, dos gospels (cânticos religiosos) e foi
transferido pelo blues até chegar ao funk, seu
formato mais moderno e urbano. Mas a filosofia
sempre foi a mesma, transcender para uma ancestralidade trazida pelo canto da alma negra,
pelo espírito da mãe África.

Nos ritmos do funk e do soul, o Movimento Black Rio
cruzava a ponte e fazia a sua passagem para os anos 1980.
O cenário das discotecas teria sido o primeiro momento de
transformação dos bailes *black*. A indústria fonográfica im-
punha uma reviravolta no mercado da música negra norte-
-americana. Os embalos de sábado à noite dominavam os
anseios da garotada. John Travolta alcançava o estrelato
em Hollywood como Tony Manero, o personagem central
de *Os embalos de sábado à noite*. Uma das maiores bilhete-
rias de todos os tempos, o filme levaria mais de 6 milhões
de brasileiros aos cinemas depois de sua estreia no país, no
dia 3 de julho de 1978. A trilha sonora conquistou quinze
discos de platina, só nos EUA. Permaneceu nas paradas
de sucesso da revista *Billboard* até o fim do ano de 1980
e imortalizou hits como "Stayin' Alive", interpretado pelo
grupo vocal Bee Gees. Ainda trazia os sucessos: "Disco in-
ferno", com The Trammps, "Boogie Shoes", de KC and the
Sunshine Band, e "Open Sesame", com a metaleira invo-
cada da banda Kool & The Gang. Ficou consagrada como
a trilha sonora mais vendida em todos os tempos, por mais
de quinze anos. Era a febre da *discothèque*.

No Brasil, a novela *Dancin' Days*, de Gilberto Braga,
ditava a moda das pistas de dança, inspirada na boate de
Nelson Motta. A Frenetic Dancing Days Discotheque foi
instalada em 1976 no prédio que abrigaria o Shopping da
Gávea, ainda em obras. Convidado pelo empreendedor do
projeto para testar o local para shows, Nelson Motta apro-

veitou a oportunidade para trazer uma nova tendência das casas noturnas do underground nova-iorquino. Foi sucesso imediato antes mesmo do boom da era *disco*, que viria com a fama da boate nova-iorquina Studio 54; o novo estilo iria se espalhar pelos quatro cantos do mundo. Mesmo a Frenetic Dancing Days Discotheque tendo existido por apenas três meses, deixou marcas definitivas na noite do Rio. Com muito jogo de luzes estroboscópicas, pistas com chão luminoso, globos de espelho, além de um público jovem que estava louco para se libertar do moralismo da ditadura. A partir de 1976, o regime militar começava a ficar mais brando. "Como vivíamos uma época de forte repressão política, uma das saídas para não sufocar era escancarar no existencial, no comportamento", explica Nelson Motta em depoimento para o livro *Rio, cultura da noite*.[67] Naquele mesmo ano, casas que seguiam o conceito *disco* abriam na Zona Sul. A Papagaio Disco Club, na Lagoa, do empresário Ricardo Amaral, e a New York City Discotheque, em Ipanema. O DJ Ricardo Lamounier, residente da NYC Discotheque, lançou a primeira coletânea mixada com as principais faixas de sua discotecagem. Chegou a conquistar um disco de ouro. "Ganhou fama e tocou no Brasil inteiro, chegando a inaugurar a boate Le 78, em Paris. Além das coletâneas mixadas, Ricardo também inovou nas performances que fazia dançando na cabine de som com seus macacões de lamê cintilantes", recorda-se o músico Carlos Lamounier, primo do DJ. Ricardo veio a falecer em 1987.

Com a onda da discoteca e a evolução do show business, a massificação do mercado fonográfico ganhava uma dimensão ainda maior, aliada à indústria do entretenimento. Os lançamentos das grandes gravadoras abarcavam não apenas outros meios (imprensa, rádio, televisão e cinema), como também atingiam os setores da moda e da estética, em bloco. Com isso, os bailes e o mundo da música *black*

---

[67] Rio de Janeiro: Casa da Palavra, 2014.

teriam sua atenção desviada e seriam bastante influenciados por uma cultura de massa poderosa e homogênea.

Filó, que já não encontrava mais identificação com a postura simplista e mercadológica que, aos poucos, iria transformar o universo das equipes, conta:

> Quando a história começou a virar para *discothèque*, eu percebi que não era mais a minha. Neste momento eu iniciei um processo de desligamento da equipe Soul Grand Prix, que entrou na década de 1980 ainda absorvendo as novas tendências impostas pelo mercado.

Com a era *disco*, os arranjos da música *black* ganharam outro andamento. O puro funk ficaria mais comercial e, para muitos, sofreria uma pasteurização de timbres e sonoridades. Nos idos anos 1970, os bailes *black* começavam a viver um processo de transição.

Dom Filó se absteve de participar desse momento transitório. Para ele, essa passagem para a *disco music* e, posteriormente, para novos estilos, como o disco-funk, não estava de acordo com sua filosofia nem tampouco com sua linha estética. Afinal, os bailes começaram a convergir para um tipo de produção cultural que visava apenas a questão mercadológica, sem o comprometimento que Filó vinha construindo dentro da comunidade *black*.

Antes dessa virada, Filó tinha criado com os seus parceiros da Soul Grand Prix um projeto paralelo que viria a influenciar uma nova corrente. "Existia um material de soul mais suave e que nós não tocávamos, porque a SGP seguia as bases do soul mais vigoroso, o funk cru. Mas era um tipo de som que eu adorava e achava maravilhoso: *o som da Philadelphia*", revela ele. O *Philly sound*, *sweet Philly* ou *Philadelphia soul*, ao qual se refere, foi um segmento da música negra estadunidense que se originou na cidade da

Filadélfia (obviamente) com a fundação da gravadora Philadelphia International Records. Alguns de seus precursores, como Isaac Hayes e Barry White, criariam um tipo de soul sinfônico e mavioso, que iria influenciar o surgimento da *disco music*.

Filó lembra a reação do movimento:

> Daí criamos uma nova equipe, a Black Philadelphia, que tocava sons como Harold Melvin & The Blue Notes, O' Jays, Billy Paul, MF SB, Soul Survivors, Lou Rawls etc. Foi uma questão de mercado e de autopreservação. Como estávamos vendo que a batalha na imprensa estava se acirrando, para nos assegurarmos, resolvemos ganhar um outro segmento, sem deixar a SGP de lado.

Além do controle ostensivo dos órgãos de repressão do governo e da ameaça sofrida pelo diretor da Warner à época, André Midani (pressionado para conter os lançamentos do soul no país), a indústria apontava para a *disco* como a alternativa para esse nicho de mercado. "A Warner praticamente nos impôs que deveríamos entrar no segmento da *disco music*, foi quando optei pela rescisão do contrato", revela Filó. Nessa etapa, a Soul Grand Prix lançava a última coletânea da sua fase *black* e soul. Ele considera:

> Na minha opinião, esse foi o melhor de todos os discos da SGP. Fechamos o LP com fonogramas mais underground, da gravadora K-Tel. Aquela seleção só tinha preciosidades: "Mr Big Stuff" – Jean Knight; "Super People" – The Notations; "Hook and Sling" – Eddie Bo; "Gimme Some" – General Crook; "So Much Trouble In My Mind" – Joe Quarterman & Free Soul; "I need help" – Bobby Byrd; "Party Crazy" – Mebeus.

A capa do disco, com o desenho de um *black* se olhando no espelho num recinto todo destruído, simbolizava o sentimento da equipe Soul Grand Prix naquele momento de embate. Além de tudo, a SGP mudava o seu quadro de DJs com a saída de Luizinho Disc Jockey Soul, que iria fundar a sua própria equipe. Quem passou a ficar à frente da discotecagem foi o DJ Nennén, cujo irmão, Corello, seria o elemento-chave para a primeira mutação do Movimento Black Rio.

Com a saída de Luizinho Disk Jockey Soul, Marco Aurélio Ferreira, o DJ Corello, pensou que seria convidado a ocupar o posto na equipe de som. Na época, o futuro criador de um dos ritmos mais originais do Rio de Janeiro, o charme, admitia que tocava soul porque todo mundo tocava. Mas Corello queria mostrar nas pistas o som de que realmente gostava. Achava que tocar soul tinha se tornado discotecagem de lugar comum. "Minha cabeça já não estava mais ali, tinha necessidade de me diferenciar, de criar uma inovação", diz o DJ se referindo ao funk cru que era executado por todas as equipes do Black Rio até então.

Por influência familiar – através de seus pais, que eram profissionais de rádio –, Corello já estava acostumado a procurar e curtir sons diferentes, tanto da música internacional quanto da MPB. Com o soul foi assim também. "Eu já tocava um outro tipo de soul, o *Philly sound*. Eram músicas de artistas negros norte-americanos contemporâneos de outras vertentes do soul e que não eram considerados pelos DJs da maioria dos bailes da Zona Norte", lembra Corello.

Quando o Luizinho foi formar sua própria equipe, levou seus discos. Então João Marcos, o DJ Nenném, foi convidado para fazer parte da Black Philadelphia, a extensão da equipe Soul Grand Prix. João Marcos na SGP tocava o soul dos discos do irmão. Corello quis ousar e começou a discotecar suas preferências musicais, na recém-inaugurada Black Philadelphia. A iniciativa deu certo, com o aval da SGP. Um som mais pra trás, de baladas mais lentas, românticas e de ritmo cadenciado.

Nascido e criado no morro da Coroa, no Catumbi, em cima do túnel Santa Bárbara, bem próximo de Santa Teresa, Corello lembra ter tido uma infância musical muito rica dentro de casa. Sua mãe, por exemplo, ouvia *Metais em brasa*, série de discos da orquestra de Henry Jerome. Ele já expressava uma fixação pelos LPs quando ficava ao lado da vitrola ouvindo os "bolachões", vendo a movimentação dos discos, o que lhe proporcionou contato com artistas diversos, como Rita Pavone, The Platters e Nat King Cole.

Recorda-se do dia em que teve contato com o *soul*, quando um amigo lhe mostrou o clássico "What's Going On", do *soulman* Marvin Gaye. Foi o primeiro disco que ouviu repetidas vezes, "até furar". Ao descobrir os artistas da Motown e sua importância para a formação do inconsciente coletivo do negro norte-americano daquela época, se aprofundou no assunto e mergulhou nas origens da música negra naquele país. Ao adquirir essa cultura, Corello se tornou um DJ com conhecimento de causa, o que fez toda a diferença.

Ele afirma também que foi um dos primeiros DJs a seguir rumo contrário ao esquema adotado pela maioria das equipes.

> Nos primórdios das equipes, quem mandava era o dono do equipamento. O DJ tinha que tocar exatamente aquilo que o chefe queria. Por isso as equipes tocavam as mesmas músicas. Eu fui um dos primeiros DJs a tocar um som diferente do soul, pois eu queria ter autonomia da minha própria linha musical. Não concordava que o dono da equipe administrasse toda a grana, para nos repassar uma miséria.

Com o projeto Black Philadelphia, a história começou a mudar, mesmo porque a Soul Grand Prix sempre privilegiou seus DJs, e Corello ganhou autonomia para tocar o que quisesse. O DJ iniciava uma carreira que iria ganhar destaque. Além do *Philly sound*, também se aprofundou nos lançamentos da gravadora Stax Record, "o soul de Memphis". Introduzia nos bailes artistas como Otis Redding, Carla Thomas, Booker T & MG's, Solomon Burke, Rufus Thomas, Eddie Floyd; o grupo vocal First Choice, da Philly Groove Records; Barbara Acklin, com a clássica "Am I The Same Girl"; e a trilha sonora do filme *Car Wash* (composta e produzida pelo gênio Norman Whitfield).

Antes de discotecário, Corello integrou o grupo de dançarinos organizado por Ademir Lemos, em 1973, que rodou o país com os melhores coreógrafos de soul de vários estados. Como costumava dizer, "todo bom DJ já foi um bom dançarino". Esse princípio o teria levado a pensar a dança e as coreografias de salão mais elaboradas como fontes de inspiração e marca de sua discotecagem.

Na Zona Norte, foi pioneiro na sincronia do beat entre duas músicas, marca de suas mixagens. Essa técnica lhe conferiu o apelido de "mago das pick-ups" e o título de melhor DJ entre 1978 e 1981, em campeonato promovido pela equipe Sons e Efeitos. Ingressou na equipe Pop Rio Discotheque, que se apresentava no Sport Club Mackenzie (Méier), e começou a buscar alternativas para a mesmice que imperava na *disco music*. Segundo Corello, o estilo que seguiu ficaria conhecido como *boogie*, disco-funk ou *funky--disco* – termo adotado por Cidinho Cambalhota para definir o subgênero surgido na era da *discothèque*. Além de disc--jockey e dançarino, Sidney Tristão Ludovice foi figura importante para a transição dos bailes de soul no fim dos anos 1970, tendo lançado diversas coletâneas pela PolyGram.

Foi no baile do Mackenzie que Corello, ao microfone, imortalizou o bordão: "Chegou a hora do charminho, transe o seu corpo bem devagarinho." Na metade da noite para a frente, o DJ convocava o público a conhecer um tipo de música de BPM (batidas por segundo) diferente e mais lento, que pedia a integração de novos movimentos do corpo para acompanhar aquele ritmo. Era o momento em que a galera dançava o passinho sincronizado, no estilo de eventos que ficariam reconhecidos como bailes charme. Surgia um público que se assumia como charmeiro, com uma identidade muito própria: a elegância de vestimentas impecáveis, composto por dançarinos de coreografias elaboradas. Até então, Corello já tinha passado pelas equipes Tropa Bagunça, Vips, Luizinho DJ Soul e Bruno Nunes. Também chegou a tocar com Paulão Black Power, um dos primeiros DJs a dedicar *sets* à música lenta e que teria lhe passado o bastão para a linha evolutiva dos bailes *black*. O charme é considerado por entendedores do assunto o estilo que mais se aproxima do *soul power* da época do Movimento Black Rio. Entre todas as derivações que se seguiram, os bailes charme carregariam a influência direta dos bailes *black*, na sua ambiência e na reunião de um público composto, na sua maioria, por negros e mestiços – mas que se espraiaria por diversos pontos da cidade durante os anos 1980 e 1990.

Outro templo do charme foi o Disco Voador, em Marechal Hermes, com a parceria do produtor Zezinho Andrade. Depois de formar a equipe Casino Disco Clube em 1983, no Cassino Bangu, Corello levou o projeto para o espaço de Marechal Hermes, onde se manteve até 1999. Ainda nessa época, criou a Só Mix Disco Club, com Fernandinho DJ (outro baluarte do charme carioca), quando o estilo se disseminou por vários pontos do estado, com apresentações de artistas internacionais do Modern R&B ou Urban R&B, como Corello define a designação estadunidense para o estilo que aqui é considerado charme. Fernandinho DJ ainda teve o primeiro programa de charme na Rádio Mundial AM. No Disco Voador, o charme viveu seus tempos áureos na domingueira mais famosa da cidade e chegou a virar um programa da Rádio Imprensa, com Dom Filó e Zezinho Andrade no comando. Corello ainda iria perpetuar o charme em bailes que entrariam para a história de clubes e quadras, como GRES. Vera Cruz (Abolição), CESP da Rodoviária, Cine Show Madureira e Portelão. Continua como disc-jockey da estação de Rádio Transamérica FM Rio, tendo tido programas na RPC e no Sistema Globo por mais de quinze anos, e segue fazendo bailes.

Em 1990, o charme ganharia um novo endereço, embaixo do Viaduto Negrão de Lima, em Madureira, que entraria para a história da cidade. O projeto Viaduto de Madureira teve início com a iniciativa dos produtores Leno (Evandro), Pedro, Edinho e Xandoca (Paulo Cesar), quando ocuparam o espaço para fundar o bloco carnavalesco Pagodão de Madureira. No mesmo ano, nascia o baile que hoje é identificado como a sede do charme carioca.

Reconhecido pelo governo do Estado como centro de concentração popular, responsável pela difusão da cultura negra no Rio de Janeiro, criou-se no Viaduto de Madureira, em 1995, o Projeto Charme na Rua, rebatizado de Projeto Rio Charme, tendo suas dependências reformadas e o espaço oficialmente reconhecido como sede. Com quinze anos de existência, o projeto criou o Prêmio Halley (inspirado no frequentador Sr. Halley, o mais antigo) em 2005, no Circo Voador, na Lapa, com o intuito de homenagear os principais personagens que fizeram do espaço uma tradição (DJ Corello, Fernandinho DJ, DJ TR, Grupo de dança DR Intro, a atriz Jéssica Sodré, entre outros).

Fora os eventos semanais e as premiações, o espaço já recebeu diversas atrações internacionais e nacionais de peso, como: Chingy, Montell Jordan, Darrius, Rah Digga, Negra Li, Quelynah, Nina Black, Sampa Crew, Dughettu, Sandra de Sá, Racionais MCs, Rappin Hood, Keith Sweat, Banda Black Rio e muitos outros. Oferece também oportu-

ENLATANDO BLACK RIO

Ana Maria Bahiana

> O Movimento Black Rio atinge os principais jornais, revistas e imprensa alternativa.

JÁ COMEÇOU LUTA PELA CONQUISTA D UM TENTADO MERCADO MUSICAL

"Uma cidade de cultura própria desenvolve-se dentro do Rio. Uma cidade que cresce e assume características muito específicas. E que o Rio, de um modo geral, desconhece ou ignora. Ou porque o Rio só sabe reconhecer os uniformes e clichês, as glórias e vismos da Zona Sul; ou porque prefere ignorar ou minimizar essa cidade absolutamente singular e destacada, classificando-a arquivo descompromissado do modismo; ou porque considera mais prudente ignorar sua inquietante realidade." (Lena Frias, caderno B do Jornal do Brasil de 17/7/76)

"Sinto que há uma tentativa de radicalização racial no Brasil. Acho que isso é uma onda perigosa de grupos que estão estimulando o racismo como forma de planejamento e marketing para lançamento de linhas de produtos especificamente negros. (...) Não sei quem é que está por trás disso. Mas uma coisa te afirmo: são brancos." (José ... da Costa, publicitário, negro, a Lena ..., caderno B do Jornal do Brasil de ... /76)

"Você tá sabendo da última? Olha, tem um movimento incrível por aí, pelas gravadoras. A Warner tá animadíssima, tem toda a transação em cima de música negra, ..., eles estão formando uma banda, o ... e esse pessoal, eles tão recebendo ... pra ensaiar todo dia e criar um som ... brasileiro. E esse pessoal que tá tocando agora com o Melodia, justo. Tem um ... assim black, parece que vai entrar o ... também o que é muito justo, tem ... ver."

... noite quente e pegajosa de janeiro, ... do de uma entrevista com Luis Melo ... que acabou não havendo, o empresário ... batalhador Marinaldo Guimarães me ... o toque. Sim, eu já estava sabendo. ..., assim, por alto. Como era mesmo? ... sabia os detalhes. Suspirou apenas ... se tivesse mais saúde, ia ser jornalista, ... tinha um grande amor pela música e ... bom faro para notícias. E tinha mesmo. ... meses antes, numa manhã muito en... da de sábado, o carioca que ia curtir ... praiazinha de inverno descobriu que ... a um fenômeno estranho em andamento ... sua cidade. A repórter Lena Frias, após ... de entrevistas, pesquisas e atribula... , trazia à luz e dava um nome ao fato ... Rio. Em quatro alentadas páginas do ... al do Brasil, o quadro sumário era traçado: multidões jovens e negras dos subúrbios ... estavam lotando bailes em clubes, ... es e quadras de escolas de samba para ... ar ao som de soul music irradiada pela ... elhagem potente das "equipes", (ver ... páginas 4 e 5). Tinham uma lingua... própria, vestuário exclusivo, imensa ale... e habilidade na dança e um amor extre... pelos modelos americanos de afir... exaltação da negritude. Seu ídolo má... era James Brown. Acreditavam que o ... tinha capitulado aos brancos e era ... de turista. E que o rock era coisa de ... branco, cocota. Usavem cabeleiras ... calças de boca fina e sapatos — pisan... de muitos andares e cores. Podiam ser ... 10 ou 10 mil por noite dependendo da ... pagavam entre Cr$ 5,00 e Cr$ 8,00 por ... da em um baile animado por uma ou ... s equipes. Um fim de semana rendia, ... média, Cr$ 200 mil para essas equipes ... quais, via de regra, os discotecários ...

Lemos exagera nos números mas acerta na mira: consumo. Com o escoar das semanas e meses e o continuar — ainda não interrompido — dos debates sobre a validade ou não — musical, histórica, política, sociológica — do fenômeno Black Rio, uma coisa, pelo menos, foi-se tornando clara: que ele envolvia, antes de mais nada, um problema de consumo: E, em primeiro lugar, de consumo de música. Um mercado interessantíssimo estava sendo formado — natural ou artificialmente? Um mercado de bom tamanho — de 10 a 20 mil consumidores certos — com índice ótimo de homogeneidade e resposta a estímulos. Um mercado que podia, bem manipulado, ser o estopim de outro muito maior. Black São Paulo, Black Salvador,

Acervo Biblioteca Naci

Rio de Janeiro, segunda-feira, 12 de setembro de 1977

Ultima Hora / Revista

O MOVIMENTO BLACK-RIO CRESCE A CADA DIA, NÃO SÓ NO SETOR MUSICAL, AMEAÇANDO O SAMBA, COMO NA FORMAÇÃO DE UMA ATITUDE DIFERENTE DO NEGRO BRASILEIRO QUE ASSUME AS TRADIÇÕES AFRICANAS, PREFERE O SOUL, CANTA E DANÇA SUA LIBERAÇÃO DOS PADRÕES DA CULTURA BRANCA

A alma negra do som balança no subúrbio

Acervo Biblioteca Nacional

O ANO de 72 funciona como um marco decisivo no surgimento do que se entendeu por bem chamar de **Black-Rio**. Embora desde 65, em função dos bailes promovidos pelo discotecário Big-Boy, já começava a tomar contorno a idéia de um movimento musical, conhecido hoje como o soul music nacional. Até chegar ao estágio atual, no entanto, apareceram vários grupos, organizaram-se inúmeras reuniões e pesquisou-se ao máximo a história "opressiva e discriminatória" a que sempre esteve submetido esse grupo étnico.

É dessa época, portanto, que começam a surgir as organizações eminentemente culturais, como fazem questão de frisar alguns de seus líderes, e que receberam os nomes de IPCN (Instituto de Pesquisa das Culturas Negras), SINBA (Sociedade de Intercâmbio Brasil-África), CEBA (Centro de Estudos Brasil-África) e, um pouco mais tarde, Projeto Brafro. No geral, todos buscavam ao mesmo objetivo: salientar e valorizar tudo aquilo que o negro trouxe para a sociedade brasileira, desde as manifestações artísticas e religiosas até a sua decisiva contribuição como força de trabalho.

Aliás, em todos os prospectos destas organizações fica evidenciado esse tipo de preocupação que, com o intuito de gradativamente conscientizar o negro de sua importância na sociedade, vem promovendo os mais diferentes tipos de atividades. Assim, foram criados o Teatro Experimental do Negro, o Orfeu Negro no Renascença Clube, o Grêmio Recreativo de Arte Negra e Escola de Samba Quilombo, o grupo Olorum-Baba-Min, o Senzala

ao negro, já os tinha reunido no Centro de Estudos Afro-Asiáticos, esse sim oriundo de 72. Na época, porém, apesar das reuniões, não havia planos de trabalhos traçados, sendo que a realização de seminários, conferências, estudos, projeções audiovisuais e até mesmo na programação de filmes tem, no máximo, 2

A ALTERNATIVA SOUL

Já para os representantes do Projeto Brafro, a própria criação da Escola de Samba Quilombo, no ano de 75, veio também como uma alternativa para todos aqueles que viam as suas escolas transformarem-se em grandes empresas, eliminando a presença de seus

próximo do som que os nossos antepassados faziam. E, também, porque está perto do tipo de música que o jovem de hoje curte. O fundamental, porém, é que o soul veio permitir que a juventude de baixo poder aquisitivo tivesse uma forma de diversão. E este, inclusive, é um problema que eu sinto na

no Rio, sendo que algumas são dirigidas por ex-discotecários de boates da Zona Sul, como é o caso da "Luizinho Disc Jockey Soul", que leva o nome de seu comandante — um jovem louro de 23 anos, que se serve da sua participação no movimento para afirmar: "se fosse um movimento racial, você

Grand Prix", que, além de fazer os lançamentos, agencia a vinda de grupos estrangeiros, como aconteceu no ano passado com as apresentações do conjunto negro "Archie Bell & The Drells", ligado a "The Sound of Philadelphia". Cada equipe, principalmente as mais conceituadas Black Power, Furacão

---

O que é Black Rio, segundo Ademir

lo começou com uma minha. Eu fiquei ado pelo funky e revulgá-lo. Mas a coisa u pra valer mesmo o soul começou a ser Kool and the Gang, Brown, Wilson Picket não parti para o Baile no Canecão. Era e agrupava gente a sul e norte, não haminação entre black co, era um negócio siam lá para dançar, a divertir mesmo. O trabalhava a semana não tinha um local transar ...

papo legal. Tudo isso acontecia lá. Eram umas cinco mil pessoas que frequentavam o Baile da Pesada e esse pessoal começou a ficar fiel ao soul, portanto, procurava divulgá-lo o máximo possível.

Bem, para o baile não ficar monótono eu resolvi convidar um cara esperto e de conversa fácil. O Big Boy tinha essas qualidades, pelo seu jeito rápido de falar já era uma atração. Ele deu uma movimentação na coisa toda, foi muito legal o Big Boy pintar.

As coisas estavam indo muito bem por lá. Os resultados financeiros estavam correspondendo à expectativa.

ta de liberdade do pessoal que frequentava. Os diretores começaram a pichar tudo, a pôr restrição em tudo. Mas nós íamos levando, até que pintou a idéia da direção do Canecão em fazer um show com o Roberto Carlos. Era a oportunidade deles pra intelectualizar a casa, e eles não iam perdê-la, por isso fomos convidados pela direção a acabar com o baile.

Foi dessa maneira que nós fomos pra o subúrbio. Na zona sul não havia um local que comportasse cinco mil jovens dançando, portanto, a zona norte era a solução. Começamos bem e abrimos um novo mercado de tra-

balho. Todo mundo começou a imitar o nosso esquema. Agora antes de falar sobre isso eu vou dizer o porquê do meu interesse pelo baile com fita: não existiam grupos de baile que segurassem as barras do baile, além

Agora o novo mercado pintou, logo algumas pessoas começaram a montar equipes, ou seja, compravam algumas caixas de som, montavam algumas fitas e estavam dando baile por aí. Isto vocês podem comprovar com o

dia existem mais de três mil equipes, só no Estado do Rio. Algumas conseguiram determinar um estilo, se preocuparam em criar alguma coisa, porque só tocar música para o pessoal dançar não era uma boa.

Por exemplo a Soul Grand Prix iniciou a música com um som exclusivo, e foi aí que o sucesso das equipes atingiram o seu apogeu, porque o público fiel ao soul se preocupava em descobrir o melhor repertório. E foi aí que algumas equipes se consagraram, como é o caso da Black Power, Sorac, Love Som e outras.

Eu acho que paraferenália dos Blacks é um direito deles. Eles começaram com a moda dos sapatos com vários andares, calça boca funil e tudo mais. Eles procuraram se destacar, mas isso não os tornou diferentes, eles são muito legais de se transar" *(Depoimento a Paulo Ma-*

...rnavalesca, está sendo impulsiona-
... pelas instituições oficiais e é di-
...lgado pela indústria cultural. O
...mba passou a ser tutelado por um
...tema cujo controle escapa com-
...etamente às mãos da classe onde
... originou. Virou forma de arte
...sumida pela classe média ligada à
...rguesia. E dele o povão é excluído

Desapropriada de sua linguagem musical, a juventude negra e pobre resiste dançando (e já compondo) soul

O que é Black Rio, segundo Dom Filó

..., o negócio começou
...73, lá no Clube Re-
..., onde eu e o grupo
... — a direção cultural
...scença — estávamos
... um trabalho de cul-
...ra os jovens, mesmo.
...era o *Orfeu Negro* de
..., então a gente mon-
...rfeu, aí tudo bem, um
...ulo maravilhoso, um
..., mas jovem negro
... Ninguém tava liga-
...e troço de cultura. Eu
...uilo compreendi e en-
...na de fazer som. Com
... pessoal se dividiu e
...eçamos a fazer um
...nos domingos às 8 e

...m sucesso. Escolhi o
...fiz assim uma progra-

Leo Oswald

BLACK RIO
(Ou por que pichar o que não se conhece)

O Black Rio existe. Saiu
da baixa dos spotlights nem
sempre benignos da TV e
imprensa e se concentra onde
nasceu: nos subúrbios, nos bailes,
no dia-a-dia. E não só no Rio: São
Paulo, Belo Horizonte, Salvador,
Recife, Porto Alegre... As
questões que ele levanta são
graves e profundas. Envolvem
décadas, séculos de formação de
uma nacionalidade. Que ainda
não acabou. Este é um debate que
nos interessa, e do qual
abordamos, já, o aspecto
industrial, comercial (JM 30).
Aqui, dois autores discutem as
implicações culturais (algumas
delas). Carlos Alberto Medeiros
observa o fato de dentro: aos 30
anos, redator, editor,
ex-publicitário, é membro da
diretoria do IPNC (Instituto de
Pesquisa das Culturas Negras) e
autor de um audiovisual popular
nos subúrbios — *Passado Africano*.
Ítalo Morioni Jr., análise de fora,
com simpatia (sentir junto), 28
anos, jornalista da Tribuna da
Imprensa e de bit E, poeta,
aproxima-se do Black Rio pelo
seu lado de matéria de imprensa.
Mas tudo isso é apenas o começo
de um debate.

O estado-maior do Soul Grand Prix: Nirto, Dafé

continuação da página 154

os "cortes" de uma música para ... são realizados com a perícia dos ... hábeis discotecários. O repertório ... ?rido pela revista *Billboard* e pro- ... do por conhecidos discjóqueis ca- ..., como Big Boy, Ademir e Mon- ... Limá. Mas toda a experiência des- ... ofissionais vem sendo rapidamente ... lada por discotecários, técnicos de ... organizadores negros. Pois, segun- ... tes, "o Black Rio deve ficar sob ... os aspectos controlado por nós".

usicalmente, o *brazilian soul* ape- nas começa a se estruturar (veja quadro). E seu principal labora- se chama WEA Discos Ltda. er, Elektra, Atlantic). Nos estúdios vadora, Marco Aurélio, mais co- o como Mazola, explica por que erosa WEA, recém-instalada no confia nas possibilidades de um ento musical brasileiro calcado na usic. Em sua opinião, os grandes os negros responsáveis há dez anos úsica popular brasileira da melhor ade — gente como Gilberto Nascimento, Jorge Ben — q azem samba. Cantores como ues repetem surrados sambões. não existem no momento m musicais tais como a Bossa Jovem Guarda, a Tropicália, ra Mazola, esse vazio, além entar uma preocupação fundam te cultural, fere também as rketing que regem a indústria Rezam estas que as grandes v pendem menos dos valores ind do que das correntes e movim usicais. Por isso mesmo, Maz

Revista Veja 24/11/1976

ocura-se o ul-samba disco e show

primeira vista, a proposta mus da com o Black Rio é extre e ambiciosa. Os resultados ex orém, têm sido modestos. É a de Tárik de Souza, de VEJA, ê nada de novo no LP "Soul Gr , lançado pela WEA. Ele a s gravadoras parecem ter des uma escondida propriedade ca: ela faz dançar. Embora o ac osa ser atribuído à perseveral telares discjóqueis e discotecá Big Boy e Ademir, em suas ações por bailes de subúrbio,

não pode deixar de sonhar com hipó- teses estimulantes como, por exemplo, uma eventual adesão de um músico co- mo Luís Melodia a esse Black Rio tão carente de valores musicais.

André Midani, diretor da WEA, re- força essas esperanças com a teoria de que "os entreciclos musicais sempre pre-

"Quando o pob a infelicidade fazer outra co para-se com u o acusa de esta e lhe diz que fazendo samba, vale a dizer: fi

O REI COMBO ATACA DE NOVO!

Revista Geração POP / Editora Abril

Movimentação no meio *black* brasileiro. Foi lançado mais um LP de Gerson King Combo que, assim como James Brown nos EUA, é o líder absoluto da *soul-music* brasileira. E neste disco acontece algo importante: Combo deixa de copiar seu colega americano para definir um estilo próprio. Os arranjos são do grupo carioca Super Bacana, de Ronaldo Correa, dire- tor de produção, e Pedrinho da Luz, di- retor artístico, do *Gerson King Combo - Volume II*. Está aí um bom lançamento, e o som deste LP não fica devendo nada às bandas maravilhosas

Atletas adotam o penteado *black* nos anos 1970. Paulo Cézar Caju volta do exterior com um estilo *black panther*, pentes para o cabelo afro e discos de bandas de soul como Bras Construction.

Última Hora / Revista

Rio de Janeiro, terça-feira, 13 de setembro de 1977

Toneladas de som no duelo das equipes

BLACK RIO

Santos

Luizinho

Gravatinha

Beth

FOTOS DE JORGE MARINHO

O VOLANTE distribuído em toda a cidade, o que garantiu, aliás, uma boa promoção nas rádios, anunciava o lançamento do LP "Luizinho Disc Jockey Soul", no Grêmio de Rocha Miranda. E dizia também que, neste "2.º Encontro de Black Rio" se apresentaria ao vivo, pela primeira vez, a "Banda Soul Power" e mais o cantor Tony Tornado – convidado especial da noite.

Muito antes das 16 horas, porém, o movimento de kombis e caminhões, carregando equipamentos, tomava por completo a Avenida dos Italianos, onde está o clube. Eram as aparelhagens das 10 equipes convidadas a participar da festa – "Soul Grand Prix", "Tropa Bagunça", "Black Flower", "Solid State", "Black Night", "Boot Power", "Furacão 2.000", "A Cova", "Santos Brazilian Soul" e, naturalmente, a dona da festa, "Luizinho Disc Jockey Soul". Cada uma, é claro, trazendo seus componentes, a maioria técnicos de som de primeira qualidade.

O público, mesmo, só teve acesso ao grande salão do Grêmio de Rocha Miranda após 20 horas, pois a organização de um baile não é assim tão fácil. Além do complicado trabalho de montagem, que implica, muitas vezes, numa disputa entre as equipes pelo melhor ponto em volta do salão, há ainda um especial cuidado quanto à decoração do ambiente: faixas com os nomes das equipes, cartazes com frases de James Brown, muitos balões coloridos pendurados no teto e, todos os dispositivos para a utilização dos recursos de som e jogos de luz.

Nesse dia, no entanto, como tratava-se do lançamento de um disco, toda a responsabilidade coube à equipe de Luizinho que, além de alugar o clube (é bem verdade que com o auxílio da gravadora RCA), contratou as demais equipes para participarem de sua festa. Mas esta, na realidade, só começou às 22 horas. Ou melhor, às 22:15 horas quando rompeu o som da equipe "Vip's – a primeira a se apresentar – o que provocou de imediato uma certa movimentação no público presente, até então aproximadamente 1.000 pessoas. O "ouriço", na verdade, aconteceria umas duas horas mais tarde, com o salão já inteiramente lotado e quando só restava uma alternativa: dançar ou mover-se num ritmo muito especial, capaz de causar inveja em muito black americano.

Dois detalhes saltam aos olhos de qualquer observador de um destes bailes soul: não há nenhuma confusão, pois as pessoas chegam no máximo em grupos de 3 a 4, e embora sejam todos jovens, predominam os representantes do sexo masculino. A festa em si, ou melhor, o baile, que se estendeu até às 4 horas da manhã, tem na verdade um colorido especial. E isso se deve...

O "Duelo do Balanço", ou seja a disputa entre as 3 melhores equipes presentes, com o intuito de "ouriçar" muito a rapaziada só aconteceu bem mais tarde, já no início da madrugada. Mas mesmo nestes momentos de maior entusiasmo, os blacks jamais abandonam a postura de dançarinos típicos: ou seja, mesmo voltado para a sua garota, um adepto verdadeiro do soul music nunca se aproximará do seu par. Até porque é na movimentação do corpo e na cadência dos gestos, absolutamente livres e descontraídos, que se avalia a integração ao movimento.

A "Luizinho Disc Jockey Soul", como era esperado, foi o grande sucesso da noite. Além da importância de seu repertório, considerado pelos blacks um dos mais atualizados, apresentou várias atrações extras como a exibição do dançarino n.º 1 "Dom Sapo" e a projeção em seu circuito (interno) de TV de cenas de filmes de Ruff Thomas, Stevie Wonder, entre outros ídolos do soul.

O restante da festa ficou a cargo da "Furacão 2.000" que, com 42 gigantescas caixas, uma não menos potente aparelhagem de televisão e muitos truques de luz, provocou nova vibração no público, a essa altura mais de 5.000 pessoas. Essa reação coletiva não foi suficiente, no entanto, para satisfazer os componentes da equipe, que, minutos depois, surpreendia o público com um jato de fumaça rosada, seguido de fogos de artifícios. O que só veio, naturalmente, incrementar ainda mais a apresentação.

Apesar das aclamações e também dos aplausos – estes sempre bem mais moderados – é difícil se ouvir comentários ou troca de palavras entre os blacks. Enquanto dançam, nos pequenos espaços ainda restantes, sua única preocupação é com o som. Absortos pela dança e pela necessidade de aprimorar o estilo, eles transformam em um verdadeiro ritual o que seria, em princípio, apenas uma forma de diversão.

Mas o impressionante, sem dúvida, é a capacidade de resistência destes "bailarinos", que só interrompem seus passos quando ocorrem as mudanças de equipe. O que não quer dizer, em nada, pausa ou descanso, pois nos bailes soul só há mesas para os convidados especiais. A explicação para o fenômeno talvez esteja mesmo na faixa de idade dos participantes, que oscila entre os 14 e 20 anos. Ou então, no que já se transformou em uma espécie de bandeira dos líderes do movimento: "a massa black não precisa de fumo, tóxico ou bebida para se divertir". O que é confirmado pelos donos dos bares dos clubes onde, invariavelmente, 80% do consumo é de refrigerantes.

Em Rocha Miranda...

A coluna do personagem fictício J. Black com as dicas para o circuito dos bailes.

TODOS LIGADOS NO...

...quanto finalizavam os preparativos da festa, terminavam de ajeitar suas ...ria do Grêmio de Rocha Miranda, blacks deram rápidas entrevistas. ...elas, destacamos a de Nirto de ...Grand Prix", compositor e empresário... da "Boot Power" e maquinista de Daniel... Charles, estudante que mora no ...também estudante, mas

Sueli – Eu me visto do jeito que eu gosto.
Gravatinha – Eu visto o que eu gosto. Minha moda é um pouquinho de cada coisa, pois ninguém se veste sem copiar os outros.
Beth – Minhas roupas são inventadas por mim.
Leila – Eu sou autêntica; uso o que quero.
UH – Qual a diferença entre o samba, o soul e o rock?

Acervo Biblioteca Nacional

JORNAL DO BRASIL

Rio de Janeiro □ Sábado, 17 de julho de 1976

O ORGULHO
(IMPORTADO)
DE SER NEGRO
NO BRASIL

CADERNO **B**

BLACK RIO

Lena Frias □ Fotos de Almir Vei

Um ar de Harlem nos muros de Brás de Pina (Zona Norte do Rio), cobertos de *slogans* (em inglês) e de avisos das alegres equipes do *soul pow*

Uma cidade de cultura própria desenvolve-se dentro do Rio. Uma cidade que cresce e assume características muito específicas. Cidade que o Rio, de modo geral, desconhece ou ignora. Ou porque o Rio só sabe reconhecer os uniformes e os clichês, as gírias e os modismos da Zona Sul; ou porque prefere ignorar ou minimizar essa cidade absolutamente singular e destacada, classificando-a no arquivo descomprometido do modismo; ou porque considera mais prudente ignorá-la na sua inquietante realidade.

A essa população que não tem samba e feijoada entre as suas manifestações cotidianas e folclóricas. Embora possa, até gostar de samba e de feijoada como qualquer estrangeiro gosta. Uma população cujos ídolos e cujos interesses voltam-se para modelos nada brasileiros. População que forma uma cidade móvel, cujo centro se desloca permanentemente — ora está em Colégio, onde fica o clube Colegínho, considerado um dos primeiros templos do soul, ora em Irajá, ora em Marechal Hermes ou em Rocha Miranda, ora em Nilópolis ou na Pavuna. Uns pontos de encontro e de decisão são as calçadas do Grande Rio, em Madureira ou no Calçadão, em Caxias; em Vilar dos Teles ou na Rua Sete de Setembro, no Centro do Rio. Uma cidade cujos habitantes se intitulam a si mesmos de blacks ou de browns; cujo hino é uma música de James Brown ou uma música dos Blackbyrds; cuja bíblia é *Wattstax*, a contrapartida negra de Woodstock; cuja linguagem incorporou palavras como brother e white; cuja bandeira traz estampada a figura de James Brown ou de Ruff Thomas, de Marva Whitney ou Lin Collins; cujo lema é *I am somebody*; cujo modelo é o negro americano, cujos gestos copiam, embora sobre a cópia já se criem originalidades. Uma população que não bebe nem usa drogas, que evita cuidadosamente conflitos e que se reúne nos finais de semana em bailes por todo o Grande Rio.

E o soul power, fenômeno sociológico dos mais instigantes já registrados no país. Um fenômeno que ninguém, até agora, sabe explicar exatamente como começou. Sabe-se apenas que reúne muitos pretos e raros brancos (estes, se frequentam habitualmente os bailes, são sempre pessoas de classe social modesta). "A gente bota uns óculos escuros, um chapelão, um paletó diferente, laceado atrás, um terno branco e uma gravatinha borboleta, um casacão até o pé. Fica chamando atenção. E como a gente gosta. Calça tem que ser de boca estreita, na cintura, nada de calcinha de cocota. Domingo, o ônibus que eu pego na Presidente Vargas pra ir ao baile no Grajaú só tem black. A gente já se conhece". Hélio de Oliveira, de 22 anos, é continuo e mora em Jacarepaguá. "Da pessoal lá de casa gosta do samba, mas eu, sinceramente, não me amarro não." Ele é uma figura típica do soul, como também o é José Alberto Carneiro, de 19 anos, mecânico, morador em Coelho da Rocha e frequentador do *soul music* do clube

ou de catalisador do fenômeno. Soul hoje, no Grande Rio, é um sinônimo de negro, como rock é sinônimo de branco. Por que você dança soul? "Eu não sei explicar. É meu. É black. Vem do sangue e do coração" — essa a resposta mais comum recolhida entre os dançarinos, em sua maciça maioria, jovens entre 14 e 20 e poucos anos. Não estou vendo brancos por aqui, qual é a razão disso? "Não sei, você vai a baile de roqueiro e não vê preto".

"O soul black está um movimento fantástico, entusiasma-se o discotecário Ademir Lemos, branco, produtor do primeiro elepê da Equipe Soul Grand Prix (que entra com o nome e ganha um cruzeiro com elepê editado. As faixas são selecionadas de elepê americanos). "Um movimento fantástico, a ponto de reunir 10, 15 mil pessoas num baile, como eu estou cansado de ver. Um

ritmicamente pelo público de ginásios lotados num sussurro, num murmúrio, num ruído surdo e homogêneo. Isso apesar de James Brown estar um pouco desgastado pela repetição excessiva de suas canções nas festas, ao longo de três anos (desde 1973)."

Os bailes já alcançaram as quadras das escolas de sambas. Na Portela realizou-se um encontro de blacks, ano passado. No Império Serrano os bailes já estão praticamente incorporados ao calendário. Começam também a abrir-se caminhos para o show business. Monsieur Limá, discotecário e empresário de bailes tem um programa de televisão que, a cada sábado, puxa mais para o soul, inclusive apresentando grupos de dançarinos. E Nirto já pensa no assunto em termos de espetáculo: "Nós temos idéia de construir uma casa noturna de espetáculo de soul. Tem concertos de rock por ai, tem o

paulista Four Seasons. A finalidade da Four Seasons é empresariar a vinda ao Brasil de artistas negros norte-americanos ligados a The Sound of Philadelphia. Archie Bell ganhará 10 mil dólares, livres de despesas, por apresentação, segundo informações da CBS, sua gravadora. Vão fazer 17 apresentações, junto com a Soul Grand Prix. Que, com a vinda de Archie Bell inaugura uma nova forma de apresentação: será usado um disco, alternando com apresentações ao vivo. Proximamente, a Soul Grand Prix pretende lançar soul com artistas brasileiros, dentro desse mesmo esquema. Mas a festa de particular importância para o soul pewer é a do dia 31 de julho, no Mouriseo, em Botafogo, quando pela primeira vez até sua ainda curta história, os blacks vão à Zona Sul. "Não temeemos fracasso, porque, onde vamos, a massa Black vai conosco", afirma Sérgio

para a primeira apresentação de Archie Bell & the Drells, que ainda não se sabe exatamente onde se dar mas que deve ser no Mourisco. Em quase todas as festas soul há sorteios, prêmios: sapatões, camiseta boinas, pequenas quantias em dinheiro entre os melhores dançarin. Desta vez, a premiação será inusitad o black mais parecido com Isaac Hayes, um dos papas atuais do soul ganhará de presente uma caderneta de poupança. Ainda para aquecer, o 2° Grand Rio, hoje, no Olaria Atléti Clube, onde estará reunida a gang d soul, segundo os diversos elepês soul distribuídos em bailes: Dynamic, Bl Boy, Book Power, Toni Tornado, Monsieur Limá, Soul Grand Prix e Ademir Disco Show. É o lançamento de mais um elepê: desta vez é a Equipe Dynamic Soul que entra no mercado.

A matéria de Lena Frias, que batizou o Movimento Black Rio.

Ficha 006/CISÀ

CONFIDENCIAL

VAZ, 82.64 P.1/8

MINISTÉRIO DA AERONÁUTICA

Em **2 0 SET. 1977**

1 — ASSUNTO	MOVIMENTO NACIONAL DOS BLACK'S — BLACK RIO E BLACK SÃO PAULO.
2 — ORIGEM	A2/III COMAR.
3 — DIFUSÃO	CISA/BR — SNI/ARJ — 1º EX — 1º DN — DPF/RJ. / COMAR II.
4 — DIFUSÃO ANTERIOR	+ + + + + + + +
5 — REFERÊNCIA	+ + + + + + + +
6 — ANEXO	Xerox do folheto do 1º Encontro Nacional dos BLACK'S.

NUMERAÇÃO		
M Aer	P N I	

INFORMAÇÃO Nº 058/A-2/III. COMAR

1 - Realizou-se no dia 16 JUL 77, no GINÁSIO do Clube Corintians Paulista, em São Paulo/Capital, o 1º Festival de Música Black de São Paulo, com propaganda nas rádios Paulistas e com a presença de TONI TORNADO, GERSON KING COMBO, e aproximadamente 10.000 jovens. Quando iniciou suas apresentações, GERSON KING COMBO, que se auto-intitula "REI DOS BLACK'S"/ disse que "os brancos estavam querendo boicotar sua apresentação naquele SHOW e que os "brother's" tomassem cuidado com eles referindo-se à dificuldade de sua banda "black" conseguir emprestada a aparelhagem de som pertencente a CBS — COLUMBIA BROADCASTING SYSTEM -, que se encontrava no local, no lançamento do cantor TONY BIZARRO.

2 - Entre os jovens negros, a fala do GERSON serviu para acirrar os ânimos, o que gerou um princípio de tumulto e brigas, mas que devido à saída do local, dos brancos, foi/ o incidente ultrapassado. Em São Paulo, destaca-se como um dos/ líderes do Movimento Black, um jovem negro conhecido por TADEU, proprietário de uma equipe de som "SOUL", e que fez as apresentações no aludido festival.

3 - No dia 03 SET 77, no GINÁSIO DO MADUREIRA E. C., realizou-se o 1º ENCONTRO NACIONAL DOS BLACK'S (vide/ anexo), nesta cidade do Rio de Janeiro. Tal Encontro, foi empre

Jornal do Brasil

MARIA FUMAÇA

A Banda Black Rio ganha as páginas dos jornais após o lançamento do disco *Maria Fumaça*.

Foto Sebastião Barbosa

Banda Black Rio

Lado 1
1. Maria Fumaça 2'22
   (Oberdan/Luiz Carlos)
2. Na Baixa do Sapateiro 3'02
   (Ary Barroso)
3. Mr. Funky Samba 3'36
   (Jamil Joanes)
4. Caminho da Roça 2'57
   (Oberdan/Barroso)
5. Metalúrgica 2'30
   (Claudio Stevenson/Cristovão Bastos)

Lado 2
1. Baião 3'26
   (Luiz Gonzaga/Humberto Teixeira)
2. Casa Forte 2'22
   (Edú Lôbo)
3. Leblon Via Vaz Lôbo 3'01
   (Oberdan)
4. Urubu Malandro 2'28
   (Laura/João de Barro)
5. Junia 3'39
   (Jamil Joanes)

Produzido por Mazola

Direção de Estúdio: A. Lima F.º (Liminha) • Estúdio de Gravação: Level e Hawai • Técnico de Gravação: Andy P. Mills, Don Lewis • Auxiliares de Estúdio: Brás, Edú Gardinho

Em 1978, Luiz Melodia lança o LP *Mico de Circo* (à direita) com a Banda Black Rio como base.
Na foto (acima), Luiz Melodia e Oberdan Magalhães no Festival Abertura com a música "Ébano".

A Banda Black Rio se apresenta no programa de Carlos Imperial.

Antonio Nery/ Agência O Globo

nidades para novos talentos musicais voltados para a *black music* e o hip-hop, além de promover uma grande festa anual do Dia da Consciência Negra.

Corello ainda destaca mais um personagem, nesse período de consolidação do charme, que teria sido outro dos precursores do estilo e que teria mudado os rumos dos bailes originais do Movimento Black Rio de novo, sendo o principal responsável pela transição para o funk carioca da atualidade: o notório DJ Marlboro.

Fernando Luís Mattos da Matta, seu nome real, começou a frequentar os bailes em 1977. Na febre da *discothèque*, se identificava mais com as pegadas do soul de bandas como Kool & The Gang, Earth, Wind & Fire e Isley Brothers e com o segmento do disco-funk, que iria dominar os bailes naquele fim da década de 1970. Marlboro considera:

> Eu ia muito no baile do Mackenzie quando moleque escondido dos meus pais, e ficava curtindo as mixagens embaixo de uma escada que tinha no salão. Muito rapidamente descobri que curtia mais as mixagens dos DJs do que as próprias músicas. Quando me tornei DJ, as pessoas me identificavam por tocar mais de 100 músicas em meia hora, nos programas de rádio que participava. Por isso, os produtores da rádio resolveram criar um quadro especial comigo que se chamava *Mais de 100*, daí comecei a ficar conhecido com as minhas mixes. A arte da mixagem pra mim é um momento mágico e me tocou de tal maneira que me fez persistir a me tornar o que sou. [68]

Como vivia a com avó, no bairro de Venda das Pedras, em Itaboraí – município próximo de Niterói e muito longe do

---

[68] Mais informações em < http://viadutodemadureira.com.br/2016/o-espaco/ >.

Rio de Janeiro – seus amigos encarnavam na pele de Fernando: diziam que naquela localidade ele não morava, mas se escondia. Para os *brothers*, o bairro de Venda da Pedras era a *Terra de Marlboro*, ou seja, lugar ermo e distante de tudo. Em 1980, o hip-hop, uma nova manifestação cultural nova-iorquina, revolucionaria a música negra norte-americana e teria repercussões no cenário musical brasileiro. O *entertainer* Miéle, em parceria com o humorista e compositor pernambucano Arnaud Rodrigues, faria a hilária versão da música "Rapper's Delight", do grupo de Nova Iorque Sugarhill Gang. Um dos primeiros registros do estilo hip-hop – com MCs e rappers declamando rimas verborrágicas em cima de bases pré-gravadas (no caso, a matriz foi "chupada" do hit "Good times", da banda Chic) – serviria de modelo para a faixa "Melô do tagarela" (1980 – RCA). O compacto, com arranjos de Lincoln Olivetti, ainda teria no lado B uma versão instrumental com a "Gang do Tagarela". Mas o primeiro melô mesmo teria sido lançado no ano anterior, por Gerson King Combo, o "Melô do Hulk". O termo melô seria adotado para designar os primeiros raps do funk carioca, ou identificar hits em inglês de acordo com alguma parte da música ou, ainda, como forma de aportuguesar refrões estrangeiros que lembravam estruturas fonéticas da nossa língua – paródias que transformariam músicas como, por exemplo, "I'm a ho", do rapper Whodini, e que nos bailes ficou conhecida como "Desamarrou" (e não amarrou). Ou apropriações obscenas como *(Say) Oops Upside Your Head*, do grupo Gap Band (1979), rebatizado em coro pela massa festiva como: *"Seu cu* só sai de ré", um prenúncio do funk proibidão. No ano seguinte, Gerson lançou o "Melô do Mão Branca", pela PolyGram. O compacto, também com o lado B instrumental, não trazia os créditos do *soulman* carioca no disco, fazia troça com um personagem que representava um grupo de extermínio atuante na Baixada Fluminense e causaria manchetes nos jornais sensacionalistas por vários meses. Ainda em 1980, o grupo Tarântulas lançava o "Melô do Aplauso", versão para "Rap-o Clap-o", um hip-hop nova-iorquino do também pioneiro Joe Bataan, cantor e expoente do *boogaloo* e *soul* latinos.

Nessa época, Marlboro começava a despontar como DJ e assumia definitivamente o nome artístico. Sua linha de discotecagem variava do disco-funk ao charme. Por dedicar horas à fio ao exercício da mixagem, Marlboro não apenas desenvolveu suas técnicas, como também arriscava peripécias baseadas nas performances gringas dos DJs do hip-hop. Foi pioneiro na prática do *scratch* em terras cariocas. Introduzia, entre as equipes, a habilidade dos DJs *turntables* de Nova Iorque que, por sua vez, surgiram em festas de quadras públicas em bairros habitados por negros e latinos, ainda no começo dos anos 1970. A manipulação dos discos e a mistura de *breaks* (trechos ritmados de determinada faixa, inserida em outra música, por meio de mixagens) faziam parte da performance de Marlboro. A novidade criava a fama do DJ. E ele conta:

> Em 1982, já tinha o meu nome reconhecido na cena dos bailes. Um grande público não conhecia o Marlboro, mas sabia quem eu era. Me lembro de uma ocasião que estava com colegas fazendo o baile, quando apareceu um sujeito se apresentando como o DJ Marlboro. Botei pilha e disse que era seu fã. Reproduziu uma breve biografia do meu personagem. Os amigos caíram na gargalhada e o rapaz saiu constrangido.

A manha de manipular os discos e suas estripulias o levaria a gravar em estúdio como um dos primeiros DJs brasileiros a fazer *scratch*. Em 1987, gravou os efeitos com a banda Gueto, o disco *Estação Primeira*, na faixa título e em *G.U.E.T.O.*

Mas, em 1984, ingressou na equipe Pop Rio, no clube Mackenzie (no Méier) – aquele baile que, na sua pré-adolescência, teria marcado a sua vida e despertado a sua vocação. A partir daí, enveredaria definitivamente na discotecagem de um novo estilo de hip-hop, o Miami Bass, a matriz de todo o funk carioca:

> Depois veio o estilo chamado *Miami Bass*, mas que ainda não tinha exatamente essa denominação, originalmente cunhada pelos europeus para o som que se fazia em Miami. Era um hip-hop mais corrido, mais acelerado, com alguma latinidade. Diferente do hip-hop nova-iorquino, aquela coisa mais downtempo, mais devagar, com uma toada de protesto, reclamação, uma sintonia meio gângster. O som do hip-hop de Miami era mais alegre, pra cima, e isso tinha uma similaridade muito grande com o Rio de Janeiro. No final das contas, o som de Nova Iorque foi pra São Paulo e teve boa aceitação, e o som de Miami veio pro Rio e dominou a cena. Quando o ritmo chegou ao Rio, casou perfeitamente com as raízes locais negras e as influências latinas. O Rio de Janeiro já era funk, tudo acabava em funk aqui. A razão de eu fazer as primeiras músicas de funk nacional foi porque me via indignado, ingenuamente me perguntando por que é que a música que eu tocava nos bailes pra um milhão de pessoas não tocava na rádio, ninguém falava dessas músicas. Hoje, entendo o porquê disso. Mas foi aí que pensei em colocar artistas nacionais e fazer músicas nossas pra começar a ter representatividade e colocar na televisão, nos jornais, em tudo quanto é lugar.[69]

---

[69] WAGNER, Marcus; FEIJÓ, Leo. *Rio cultura da noite: uma história da noite carioca*. Rio de Janeiro: Casa da Palavra, 2014, p. 268.

O hip-hop tomava conta do mercado estadunidense e se irradiava pelo mundo. A gravadora independente Sugar Hill, que tinha emplacado o hit "Rapper's Delight" e uma sequência de artistas na mesma linha, em 1982, apresentava outro marco: Grandmaster Flash & The Furious Five, com o clássico "The message". O selo Tommy Boy, também de Nova Iorque, lançava o outro petardo: *Planet Rock*, de Afrika Bambaataa e The Soulsonic Force. Bambaataa, considerado o *godfather* (padrinho, poderoso chefão) da cultura hip-hop, liderava o grupo formado por Mr. Biggs, Pow Wow, Mc G.L.O.B.E. e DJ Jazzy Jay. The Soulsonic Force se apresentava com fantasias intergalácticas e cocares indígenas. Esse projeto teria forte influência sobre os pancadões do funk nacional.

Os beats eletrônicos da máquina de ritmos programável Roland TR-808, com seus graves potentes, e o advento dos *samplers* (equipamento de memória digital que armazena e reproduz trechos de músicas sampleados, geralmente em cima de bases eletrônicas) criavam a estrutura musical do hip-hop, que já alcançava a Flórida. Em 1985, o segmento *miami bass* se firmava com o produtor Tony Butler e o seu projeto *Freestyle*. Os batidões eletrônicos – *vocoders* robóticos (efeitos de voz) – desse estilo de hip-hop seriam elementos fundamentais que serviriam de base para o funk carioca do DJ Marlboro. Faixas do projeto *Freestyle*, como "Don't Stop the Rock" e "It's Automatic", seriam, talvez, as principais trilhas usadas no *break dance* – cultura que marcaria o pop nacional e os dançarinos dos bailes. Basta ver que em 1984 a abertura da telenovela *Partido Alto*, com a música "Enredo do meu samba" interpretada pela cantora Sandra de Sá, criava um paralelo dos dançarinos de *break* e seus *moonwalks* (passo eternizado por Michael Jackson, em *Billie Jean*) com ritmistas de escolas de samba – uma analogia evidenciada pelo sambista Candeia, tempos atrás, no samba de partido alto "Sou mais o samba": "os *blacks* de hoje são os sambistas de amanhã."

Tony Butler também seria o pai de outro estilo de hip-hop, mais pop e com elementos latinos, que ficaria conhecido nos EUA como *freestyle*, e, no Rio de Janeiro, como funk *melody*. Exemplos de artistas desse estilo que ganhariam evidência por essas bandas são: Trinere, Stevie B, Debbie Deb, Lydia Lee, Shavonne, Olga, Samuel e Bardeux, fora os artistas nacionais, que seguiriam a mesma fórmula, como Latino e Sampa Crew.

O cenário dos bailes cariocas, então, estava definido no seguinte contexto durante os anos 1980: disco-funk, charme, hip-hop, rap, Miami Bass e funk *melody*. Equipes da época do Movimento Black Rio que fizeram a transição para a nova década absorviam os novos estilos insurgentes no mercado norte-americano. Algumas das principais equipes dos bailes de *black* e soul e alguns dos principais DJs que se formaram naquele período ocupavam o *dial* com seus próprios programas de rádio. A Furacão 2000, de Rômulo Costa, conquistava uma faixa de grande audiência na Rádio Antena 1; Marcão da Cash Box, na Rádio Imprensa; A Soul Grand Prix, totalmente transformada com a saída de seu fundador Dom Filó, era comandada por Nirto e pelo DJ Maks Peu. Focada no charme e com programa na Rádio Manchete, a SGP continuava ocupando a posição de uma das principais equipes. Marlboro também tinha o seu horário na Rádio Tropical. Dois anos mais tarde, em 1989, faturava o primeiro lugar no campeonato brasileiro de DJs.

Finalmente, em 1989, Marlboro conseguiu atingir seu objetivo: a nacionalização do rap. Com a ajuda de Cidinho Cambalhota, conseguiu lançar sua primeira produção pela PolyGram. O projeto Funk Brasil vendeu muito mais cópias do que esperavam os executivos da gravadora. Depois disso, ele se consagrou com o Vol. 2 (1990), o Vol. 3 (1991), uma Edição Especial (1994) e o Vol. 5 (1996).

Hoje o funk carioca é reconhecido no mundo inteiro como um segmento musical brasileiro que teve o hip-hop original americano como referência. Espalhou-se por diversas comunidades e eventos em todas as regiões do Rio de Janeiro, além de atingir seguidores de todas as esferas sociais. A prática nascida com as equipes do Movimento Black Rio, suas formas de organização, divulgação e a maneira como se propagaram durante os anos 1970, formaram as bases do funk carioca e claramente podem ser evidenciadas como traços de hereditariedade dos bailes pioneiros dos subúrbios da cidade. A massa funkeira, muitas vezes sem ter referências de sua origem, é fundamentalmente uma derivação da massa *black*.

O MOVIMENTO REVELA O SALTO E OS NOVOS PASSOS

Quando Gilberto Gil lançou o seu disco *Refavela*, de 1977, a faixa título fazia uma referência explícita ao Movimento Black Rio como forte expressão daqueles tempos. Como tudo que estava associado ao Black Rio passava pelo crivo fino da opinião nacional, a recepção de seu disco pela crítica especializada não teria sido diferente:

> Ainda teve a imprensa que caiu de pau em cima, por causa da atitude do disco que era *black* e eles na época estavam todos contra *black*, não contra negro, mas contra *black*, a consciência que vem e que é internacional e está ligada a tudo e não é uma coisa brasileira só.

Com esse depoimento de Gil para o tabloide *Jornegro*, nº 7, de 1979, Paulina Alberto, estudiosa sobre o pensamento negro e seus desdobramentos sociais, abre a sua tese "When Rio was black", em que demonstra como o Movimento Black Rio teria sido perseguido, não apenas pela ditadura militar, mas pela *inteligentsia* e a militância da esquerda tradicional. Paulina conclui:

> Pra mim foi muito revelador quando descobri as controvérsias que envolviam esse período no Brasil e como as questões raciais estavam sendo tratadas, sob uma perspectiva muito interessante e singular, frente às evoluções que se viam no mundo em busca de uma consciência negra.

> Percebo no Movimento Black Rio, independen-
> te do que essa manifestação sofreu perante a
> sociedade da época, um momento ímpar que
> soube tratar as questões raciais de uma forma
> muito astuta e eficaz, através do entretenimen-
> to e da cultura como formas de empoderamen-
> to da raça negra e de classes sociais menos
> privilegiadas. [70]

O Movimento Black Rio florescia e gerava frutos, mesmo visto como uma *terrível* ameaça perante a classe dominante brasileira. Na medida em que o fenômeno de massa
se espalhava pelo país, a opinião *oficialesca* não poupava
munição para os ataques massivos perpetrados pela grande imprensa. Porém era inevitável perceber que a ideia
contida no Black Rio, estava na esteira de uma filosofia
que partia da dança e da música como busca por uma autoestima e se disseminava de maneira desenfreada como
inspiração para uma nova geração de artistas. Uma nova
consciência sobre a cultura negra se manifestava numa
dimensão global.

Essa era a chave da questão, pelo menos manifesta-
da nos trabalhos de artistas como Gilberto Gil e Caetano Veloso, que mais uma vez sofriam um patrulhamento
ideológico,[71] a defesa da integridade da cultura nacional
sustentada por intelectuais adeptos do purismo.

Nos versos da música "Refavela", de 1977, Gilberto
Gil transmitia esse sentimento *blackriano*, do grito negro
por uma identidade própria, por uma libertação e contem-
poraneidade, que ecoava nos quatro cantos do planeta:

---

[70] *Jornegro* n. 7, ano 2, 1979. Citado por DUNN, Christopher. *Brutality Garden:* Tropicália and the Emergence of a Brazilian Counterculture. Chapel Hill: University of North
Carolina Press, 2001, p. 184.

[71] Termo criado pelo cineasta Cacá Diegues, trazia o problema do patrulhamento da esquerda das
produções culturais no país

"A Refavela / Revela o salto / Que o preto pobre tenta dar / Quando se arranca / Do seu barraco / Prum bloco do BNH. "

Em entrevista à jornalista Ana Maria Bahiana, para o suplemento "Domingo" do jornal *O Globo*, de 10 de julho de 1977, Gil expõe as suas aflições perante um momento que julga ser revolucionário e fala justamente sobre a enxurrada de críticas de que vinha sendo vitimado. Na introdução da matéria, Ana destaca o vulcão de ideias que entrava em erupção no pensamento do músico:

> A ideia inicial, que era entrevistar Gilberto Gil acerca de seu novo disco, das ideias e informações que trouxe da Nigéria e elaborou em seu trabalho mais recente, acabou se transformando em algo muito mais explosivo. Como destapar um vulcão? Os recortes mais recentes de jornais e revistas, do Rio e de São Paulo, davam conta de que ultimamente Gil não vinha sendo inquirido sobre os problemas e qualidades de sua música, mas sobre posições existenciais e políticas. E que o saldo não era nada favorável para o criador de "Refazenda" (e, agora, de "Refavela").[72] Conformista, alienado, escapista, ditador e nazista eram alguns de seus novos epítetos.
>
> Numa casa simples e simpática da Barra da Tijuca, Gilberto Gil está evidentemente em paz. Não se furta a comentar tais adjetivos, até a justificá-los. Curiosamente, fala com vagar e cuidado do disco e das questões que ele levanta – negritude, culturas negras das Américas, colonialismo cultural – e rápida, relaxadamente de seus conflitos com os estudantes e a imprensa. Na cabeça, tranças. Na parede, um pôster de Bob Marley, rei do reggae, líder musical da Jamaica, atual ídolo de Gil. Em cima da estante, um livreto – *Traditional Hairstylers* –

---

[72] O último trabalho de uma trilogia, dessa etapa da carreira do cantor Gil, seria o disco Realce.

sobre penteados afros; e um bilhete do produtor Roberto Santana: "Parabéns, nossa Refavela já saiu vendendo 11.500 cópias. Vamos trabalhar a música Refavela." Na vitrola, *O sítio do Pica-pau Amarelo"*. Em volta, as traquinagens dos filhos, Pedro, Preta Maria e Maria. Paz doméstica.

Antes de ligar o gravador, um comentário: "Tudo isso que está acontecendo não é só comigo, não. É um estado geral de desespero, uma entregação geral, muito feia, muito ruim. Muito destrutiva. É como se tampassem um formigueiro e as diversas formigas, cada qual com sua ocupação – formiga-músico, formiga-jornalista, formiga-cineasta –, saíssem se devorando umas às outras, descuidadas do perigo que, enquanto formigueiro, representam para a plantação. Isso é péssimo para as formigas. Mas é ótimo para o dono da plantação", filosofava Gil, sobre aquele momento, para Ana Maria Bahiana.

Gil expressava um sentimento universal que, para o *status quo* da época, se refletia como uma temeridade. Era uma temática que atingia grande evidência naquele momento "em que se discutia a arte dos trópicos, a contribuição das comunidades negras para a formação de novas etnias e novas culturas no Novo Mundo, Brasil, Caribe, Nigéria, Estados Unidos. Uma cultura emergente como presença forte do dado negro", como colocava o músico na reportagem do *Globo*. Gil percebia que da mesma forma que a sociedade brasileira se exasperou com os reflexos do rock e contra as guitarras elétricas na nossa música, havia um levante muito semelhante e até mais radical contra os *blacks* da Zona Norte que se miravam no ídolo James Brown. E, no entanto, não era uma reação exclusiva da nossa cultura ou na nossa forma de produzir música, mas algo que surgia com a repercussão mundial do funky dançante, e que reverberava igualmente como influência

203

na música mundial: "essa coisa negra bem tribalizante, de cantar e dançar", como explicava o músico.

A letra de "Refavela" era justamente uma crônica daquele momento e, muito particularmente, sobre as discussões em torno da situação das populações negras nos centros urbanos, quando o assunto se tornava uma verdadeira contenda social.

Em outra faixa do mesmo LP, Gilberto Gil interpreta a música "Ilê Aiyê" do compositor Paulinho Camafeu, composta para o primeiro bloco afro da Bahia, o Ilê Aiyê, fundado por Antônio Carlos Vovô, no ano de 1974 (nos anos mais duros da repressão militar). O bloco trazia como lema "poder negro para o povo negro" e refletia os princípios do *black power* estadunidense. A música "Ilê Aiyê" revelava a influência do Movimento Black Rio em todo o país, que na Bahia teve similaridade no Movimento Black Bahia ou Black Pau, como fora designado: "Somos crioulo doido somos bem legal/ Temos cabelo duro somos *black* pau".

Na mesma ebulição social do ano de 1977, Caetano Veloso também não seria poupado pela crítica musical quando se uniu a Banda Black Rio para o projeto ao vivo do seu disco *Bicho*. O espetáculo que aconteceu no Teatro Carlos Gomes, foi gravado e lançado posteriormente como *Bicho Baile Show*. Na edição do jornal *O Globo*, de 15 de julho do mesmo ano, a articulista Margarida Autran criticava Caetano por empreender um espetáculo com discurso vazio e "irresponsavelmente feito para dançar":

> Dividindo o show com a banda Black Rio, um conjunto de excelentes instrumentistas que, no rastro do sucesso do *black* e soul tenta uma oportuna e malsucedida incursão ao alienado clima que hoje embala os subúrbios cariocas. Caetano foi a África e voltou achando que o quente é esta versão cabocla dos ritmos da negritude americana.

No ano seguinte, a polêmica ainda se estendia e Caetano se posicionava sobre o constante patrulhamento ideológico, sofrido por ele e Gil, em reportagem concedida a Ana Maria Bahiana para o mesmo periódico. A Jornalista chamava a atenção para a crítica recorrente que colocava em xeque a participação política desses artistas e a provável aceitação de uma postura alienada em detrimento da defesa do patrimônio cultural e os perigos de uma dominação estrangeira. "E no centro da comoção, mais uma vez, o mesmo Caetano de sempre", reportava a jornalista como um paralelo aos tempos em que o músico foi o pivô das discussões da utilização da guitarra elétrica na MPB, nos tempos dos festivais e do nascimento do tropicalismo. Na entrevista, Ana Maria sabatinava Caetano sobre como ele via o Black Rio:

> Eu nem vejo, propriamente. Eu não gostaria nem muito de me exprimir assim tão peremptoriamente sobre o assunto. Mas eu acho que é o seguinte: o preto é preto, é uma coisa que é verdade, que é internacional em qualquer lugar do mundo. Essa coisa de que preto brasileiro tem que ser assim ou assado é uma coisa totalmente injusta, porque quando o samba é produto industrial de São Paulo e nas áreas de escola de samba as pessoas se interessam por soul e os pretos de Itapoã na Bahia soul music, não teria sido uma coisa muito real.

A resposta de Caetano circundava a ponto crucial do debate que sugeria uma suposta rivalidade entre o soul e o samba. O argumento nacionalista seria o cerne de todo o equívoco que foi perpetuado pela ferocidade da imprensa tendenciosa. Para André Midani, uma matéria na revista *Veja*, de novembro de 1976, daria início a cruzada contra os *blacks*. A reportagem que se distribuía com destaque em quatro páginas servia como evidência de que um fenômeno negro suburbano recusava "ostensivamente o morro e a favela" e que o soul era "considerado, por seus defensores, capaz de satisfazer a necessidades que o samba comercializado não mais conseguia preencher."

Na mesma matéria, Midani avaliava o porquê da "tempestade de críticas e resistências culturais que desabaram" após a revelação da existência do Movimento Black Rio:

> Quando o pobre do negro brasileiro tem a felicidade de sair da favela para fazer outra coisa se não samba, depara-se com uma imprensa branca que o acusa de estar perdendo sua negritude e lhe diz que ele tem que continuar fazendo samba. É bonito, mas isso equivale a dizer: fica na tua favela, vive na tua favela e morre na tua favela. Por que recusam a ele a possibilidade de existir em outra estrutura, ou se lançar em outra manifestação cultural que não as conhecidas?

Da mesma forma que a exposição dada pela revista iria trazer problemas para Midani, frente aos órgãos de repressão, transformariam Filó no porta voz principal do movimento para a opinião pública. A matéria que identificava a equipe, representada por Filó, como o "estado maior do Soul Grand Prix", iria criar uma polarização irreversível entre o samba e o soul, segundo Midani.

Filó colocava, em linhas claras, as intenções e as ideias desenvolvidas por seu grupo, como o projeto BRAFRO. E se admirava com a enxurrada de críticas com as quais estavam sendo vitimados:

> Por que se aceita com toda a naturalidade que a juventude da zona sul se vista de jeans, dance o rock, frequente discoteca e cultue Mick Jagger, enquanto o negro da zona norte não pode se vestir colorido, dançar o soul e cultuar

James Brown? Por que o negro tem que ser o último reduto da nacionalidade ou da pureza musical brasileira? Não será uma reação contra o fato de ele haver abandonado o morro? Contra uma eventual competição do mercado de trabalho? Por que o negro da zona norte deve aceitar que o branco da zona sul (ou zona norte) venha lhe dizer o que é autêntico e próprio ao negro brasileiro? Afinal, nós que somos negros brasileiros nunca nos interessamos em fixar o que é autêntico e próprio ao branco brasileiro.

Tendenciosa ou não, a matéria de *Veja*, teria sido o estopim de uma série de matérias dividindo posições, tais como, "críticos brancos" e "radicais negros"; "defensores de valores nacionais" e "adeptos de estrangeirismos" ou "soul versus samba", como queria Midani.

Para Dom Filó, o que iria representar o golpe de misericórdia contra o combalido Movimento Black Rio seria a chegada da controvérsia na televisão, para ser mais exato em um debate produzido para o programa do apresentador J. Silvestre. "Foi uma mesa redonda, na verdade, uma roda *pinga-fogo,* pois já existia uma opinião formada entre eles. Eu estava no centro dos entrevistadores que não estavam muito dispostos ao diálogo, não pouparam ataques ao Movimento e pegaram pesado. Todos imbuídos de uma opinião pré-concebida – como editorial. E o pior foi a covardia da transmissão do programa, que deveria entrar ao vivo, e na verdade foi editado com um hiato de uma hora para os telespectadores. Então, o meu posicionamento foi totalmente deturpado. Simplesmente, não foram ao ar as ponderações que tinha feito", revela Filó.

Com essa resistência silenciosa que insistia no perigo paranoico da onda *black* e as pressões sofridas pelo mercado fonográfico à uma massificação da disco *music*, o pilar central do Movimento Black Rio ficaria enfraquecido.

Na opinião de Filó, o que sustentava o circuito de bailes e a tamanha reverberação daquela manifestação era a ideia de identificação que ultrapassava a questão do entretenimento, pura e simplesmente. "A afirmação de nossa negritude não implica conflito. O que gostamos no negro americano é seu orgulho pela beleza e pelas características de nossa raça", dizia Filó para a matéria da *Veja*.

O que se transformou com a chegada da década de 1980 foi justamente o comprometimento dos bailes com essa consciência *black*, que Filó e a equipe Soul Grand Prix tinham como base primordial. Os tempos eram outros e os públicos se misturavam com a onda da *discothèque* e disco funk.

Filó nunca se distanciou de fato de sua comunidade, do Clube Renascença ou da Soul Grand Prix (que se adaptou a modelos mais comerciais, e seguiu sob a administração do primo Nirto e com DJs como Maks Peu). Mas o produtor-MC teve que se manter inevitavelmente fiel aos seus princípios.

Como empreendedor compulsivo, se lançou em diversos outros projetos de lá pra cá. Fundou com o amigo Carlos Medeiros a TV Cor da Pele, ainda nos anos 1980. Na década de 1990, trabalhou no INDESP (Instituto Nacional de desenvolvimento do Desporto) na gestão do Ministro dos Esportes Edson Arantes do Nascimento, o Pelé. Em 2002, ocupou mais uma vez um cargo público como Superintendente da Suderj e foi Secretário de Esportes do Estado do Rio de Janeiro na gestão da então governadora Benedita da Silva. Foi assessor da RIOTOUR e esteve presente na criação do Terreirão do Samba. Também foi produtor esportivo da NBA no Brasil e fundou a LUB (Liga Urbana de Basquete). Ainda desenvolveu o projeto You Entertainment, selo de música que lançou projetos como Soul of Brazil e atualmente se dedica ao canal CULTNE com grande acervo de memória e cultura negra. Recentemente, assumiu a vice-presidência do seu querido Renascença Clube.

HERANÇA BLACKRIANA

O Movimento Black Rio deixava as suas marcas impressas na cultura carioca. A sua essência ainda se fez presente nos anos que se seguiram, e permaneceu nos traços de certos artistas e em manifestações culturais da cidade.

Ainda nos anos 1980, a cantora Sandra de Sá, por exemplo, estava entre as finalistas do festival MPB 80, e debutava sua carreira de sucessos com a música "Demônio Colorido". Na sua adolescência, frequentou bailes *black* e trazia no sangue as experiências de ter assistido os ídolos, Tim Maia, Toni Tornado, Carlos Dafé e Gerson King Combo. "Quando vi o Gerson pela primeira vez fiquei muito impressionada com sua performance. Aquela indumentária

e a figura do "Rei do *blacks*", como o identificavam. Toda aquela mise-en-scène, o terno cor-de-rosa, a sua capa e o chapelão",[73] lembra Sandra que ainda era adolescente. Em 1982, Sandra gravava o hino *Olhos Coloridos* do compositor Macau, que ficaria eternizado na história *blackriana*, música que até hoje leva multidões a comoção.

Macau lembra do dia em que conheceu Sandra por intermédio do grande músico e produtor Durval Ferreira, que ouviu pela primeira vez a música "Olhos coloridos" em fita demo e fez a conexão imediata para a voz da cantora, quando gravavam o seu segundo LP. "Eu tinha composto a música em 1973,

---

[73] Depoimento em entrevista aos autores do livro.

quando fazia parte da banda Paulo Bagunça e a Tropa Maldita. Quando Durval me apresentou à Sandra, parecia que a conhecia de outra dimensão, foi como se tivéssemos tido um reencontro de outras vidas"[74], recorda-se o compositor Macau.

Paulo Bagunça e a Tropa Maldita teve um único disco, lançado também em 1973. Foram considerados por Nelson Motta "uma fusão de Santana com o samba. Um soul latino. O som negro do Harlem carioca", como associava o jornalista, que fazia o paralelo com a origem do grupo, advindo do conjunto habitacional da Cruzada São Sebastião, no Leblon.

Sandra lançava o seu mais definitivo sucesso no disco que contava com a participação de Claudinho Stevenson e Oberdan Magalhães, da Banda Black Rio. Em 1983, alcançava mais uma vez o *hit parede* com a música "Vale Tudo", dessa vez apadrinhada por Tim Maia, com quem fazia o dueto.

Também em 1982, o guitarrista Claudio Zoli lançava o sucesso "Noite do prazer", com a sua banda Brylho (Arnaldo Batista - baixo, Paulo Zdanowski, Robério Rafael - bateria, Bolão – percussão, Ricardo Cristaldi – teclado e Paulo Roquette – guitarra base). Zoli veio de uma safra de músicos niteroienses ligados a música *black*, como o baixista Arthur Maia. Depois da banda Brylho, se lançou em carreira solo e teve vários sucessos radiofônicos como *Livre pra viver* e À francesa, que se tornou um hit na voz da cantora Marina Lima.

Para o cantor Ed Motta, esses nomes fizeram a passagem dos ecos do Movimento Black Rio com a atualidade. Ed, por sua vez, talvez seja o maior herdeiro da música *soul* brasileira, reconhecido pelos principais festivais de música no mundo inteiro. Sobrinho de Tim Maia, Ed lembra que

---

[74] Depoimento em entrevista aos autores do livro.

desde cedo se identificou com as sonoridades da Banda Black Rio, quando ouvia o disco da novela *Locomotivas*, da sua irmã mais velha. Logo se tornou um curtidor de soul/funk e um colecionador de discos inveterado. "Quando ainda era adolescente, na Tijuca, o que imperava era o rock, afinal o bairro carrega essa tradição. Tocava bateria em algumas bandas e mesmo adorando Led Zeppelin e Black Sabbath, já trazia, do seio familiar, a aptidão pela *black music* de Earth, Wind & Fire e Kool and Gang, que ainda tocavam no rádio",[75] lembra Ed. Rato dos sebos do centro do Rio, das lojas Moto Disco e Toc Discos, foi na loja Farelo, no Largo de São Francisco, que se recorda de ter se deparado com um tesouro. "Encontrei os discos que tinham sido da equipe Black Power, do DJ Paulão. LPs de soul da pesada que traziam o carimbo de uma das principais equipes da época do Movimento Black Rio. Foi aí que comecei a me inteirar dessa história e até me aventurei como DJ. Em Copacabana, também frequentava a histórica loja Modern Sound, que tinha os principais discos de música *black* e reggae importados, que só encontrávamos ali. Nesse período, fui convidado pelo DJ Zezinho, que trabalhava na Modern Sound para fazer sets na discotecagem da boate Mariuzinn, no Posto 6. Talvez tenha sido a minha primeira fonte de renda e finalmente podia comprar os sons que gostava.

Era uma época em que o rock inglês (punk e gótico) imperavam. A rádio Fluminense ditava as tendências. Mas, Ed acompanhava também programas como *Rockalive*, do radialista e fotógrafo Mauricio Valladares, que mostrava um cenário mais amplo da música universal e fez a cabeça de muita gente com as sonoridades da música negra de todas as partes. "Outro radialista muito importante na época, foi o Nelson Meirelles, poucos anos depois de Valladares, aplicava a rapaziada nos ritmos do reggae e dub", lembra

---

[75] Depoimento em entrevista aos autores do livro.

Ed Motta, que chama a atenção para a importância do produtor que hoje mantém o projeto Digital Dubs.

Com essas influências, Ed fundou a banda Conexão Japeri assim que teve oportunidade com os parceiros Luiz Fernando Comprido (guitarras), Fabio Fonseca (teclados), Marcelo Pereira (bateria), Fran Bouéres (percussão) e o seu grande parceiro Bombom (baixo). "Tinha a noção muito clara na época, que, naquele contexto do underground carioca, éramos os únicos que estávamos reencontrando as raízes do Movimento Black Rio. A filosofia da Conexão Japeri era exatamente o resgate daquele clima dos bailes black", avalia Ed. Depois do sucesso das músicas "Manuel", "Parada de Lucas" e "Vamos Dançar", a banda chegou a se apresentar no contexto dos bailes de charme e Miami Bass que rolavam no subúrbio carioca e reverberavam os ecos do Movimento Black Rio.

Na sequência, Ed investiria na sua carreira solo com a parceria do baixista Bombom. Gravou a música "These are the songs", com a cantora Marisa Monte, um dueto que não devia nada a versão original gravada por seu tio Tim Maia e Elis Regina, em 1970. A produção de Nelson Motta para disco de estreia da cantora, ainda iria render outro dueto com Marisa, em 1991, na música "Ainda lembro".

Seus primeiros discos de carreira, *Um contrato com Deus* (1990), *Entre e ouça* (1992) e *Manual prático para festa, bailes e afins* (1997) – este último com arranjos de metais de William Magalhães, atual líder da Banda Black Rio – iriam levar o cantor a alcançar o reconhecimento como principal *soulman* brasileiro da atualidade, considerado pela crítica especializada mundial.

Ainda em 1990, Fernanda Abreu, a vocalista da famosa banda pop Blitz, mostrava a sua alma negra, com o lançamento do disco *SLA Radical Dance Disco Club.* Na *intro* do disco, os samples de alguns dos principais hits da evolução dos bailes do Movimento Black Rio e dos *vocali-*

zes de James Brown, mostravam as principais influências da cantora branca da zona sul. "Infelizmente não pude viver nos tempos áureos do Movimento Black Rio e do Baile da Pesada de Big Boy e Ademir. Mas desde 1971, quando fiz 10 anos de idade e ganhei minha primeira mesada, o investimento que fiz imediatamente foi comprar o compacto *ABC*, dos Jackson Five. No mês seguinte, torrei com o LP do James Brown, *There it is*, depois Tim Maia, Jorge Ben, Cassiano, Hyldon, Stevie Wonder, Al Green e tal"[76], confidencia a cantora e performer. Escolada nos bailes charme, que ainda estavam em voga durante a década de 1990, como a festa Soul, da produtora Adriana Milagres e os bailes do DJ Corello, Fernadinho DJ e Marlboro, Fernanda reacendeu a tradição dos bailes das equipes do Movimento Black Rio, pelo menos para a zona sul e o resto do país. Com parceria de Fausto Fawcett, do guitarrista Laufer, Fabio Fonseca e Herbert Vianna, entre outros, a cantora ainda apresentava a Melô do Radical, com scratchs e programações do DJ Marlboro.

Em 2001, lança o single "Baile da Pesada", composição em parceria com Rodrigo Maranhão em homenagem aos DJs pioneiros Big Boy, Ademir Lemos, Monsieur Lima, Pedrinho Nitroglicerina e, claro, ao Movimento Black Rio, seus bailes e principais clubes. "Resolvi juntar a matriz da batida de *Planet Rock* do pai do Hip Hop, Afrika Bambaataa (a música também mãe do Funk Carioca, no final dos anos 1980), cavaquinho e samples do Big Boy. Linha de baixo poderosa (como deve ser), talkbox (instrumento eternizado por Roger Troutman da banda Zapp). Referências americanas e brazucas", sintetiza Fernanda na sua reverência: "Chame Ademir, Big Boy, Monsieur Lima, é o baile da pesada que chegou pra arrebentar. Hey, Mister D.J. quero Nitroglicerina, quero Maria Fumaça, Black Rio, adrenalina."

---

[76] Depoimento em entrevista aos autores do livro.

Em 2001, William Magalhães recebe o chamado da sua hereditariedade e reativa a Banda Black Rio, com o disco *Movimento*. O disco que traz composições com Bernardo Vilhena, Claudio Schoppa, Aleh Ferreira, ainda conta com a parceria do grão-mestre do soul brasileiro Genival Cassiano. Logo o disco ganha o prêmio Caras (antigo prêmio Sharp) como revelação do ano. Lançado na Europa pelo selo Mr. Bongo, a edição é remasterizada por DJs e produtores ingleses e recebe o título *Rebirth*. William confessa:

> Esse era um caminho natural que, cedo ou tarde, eu teria que retomar. A Banda Black Rio era constantemente citada por vários artistas internacionais como grande influência ou como o elo de contato com a música brasileira, em trabalhos de bandas como Earth, Wind & Fire, Kool and Gang, Average White Band, entre outros grandes nomes. Foi declaradamente umas das principais inspirações e referência para expoentes da era do Acid Jazz, que tomou corpo no fim dos anos 1990. Projetos como Incógnito, Brand New Heavies, James Taylor Quartet e Jamiroquai. Hoje em dia, quando excurcionamos para a Europa, o reconhecimento da Banda Black Rio é até maior do que no Brasil.
>
> (...) A gente ainda se surpreende quando vemos um artista como o rapper Mos Def lançar um trabalho com a base da música "Casa Forte", de Edu Lobo, com arranjos do primeiro disco da Black Rio, de 1977. O lançamento de coletâneas de selo ingleses como Mr. Bongo, What-Music, ou como a série *Black Rio* do DJ Cliffy ou seleções do disc-jockey britânico Gilles Peterson, são sinais para percebermos como esse registro de som ainda repercute fortemente no mundo inteiro.[77]

---

[77] Depoimento em entrevista aos autores do livro.

Em 2011, a Banda Black Rio lançou o disco *Super Nova Samba Funk*, com participações de Elza Soares, Seu Jorge, Cesar Camargo Mariano, Mano Brown, Gilberto Gil e Caetano Veloso e continua se apresentando com parceiros do soul brasileiro: Gerson King Combo, Di Melo, Paulo Diniz, Toni Tornado, Carlos Dafé, Luiz Melodia, Sandra de Sá, Bebeto, Paula Lima, Clube do Balanço, entre estelares da MPBlack.

No festival Back2black de 2013, a Black Rio fez apresentação com parte dos JBs, a banda de acompanhamento de James Brown. Sob a batuta do saxofonista Pee Wee Ellis, parceiros em diversas músicas do repertório de Mr. Dynamite, a Black Rio tocou clássicos como "Say it out loud, I'm black and I'm proud", com participações do baixista Arthur Maia, Ed Motta, Otto Nascarella e a cantora Negra Lee. Pee Wee Ellis discorre, em entrevista para este livro, sobre a música "Say it out loud, I'm black and I'm proud", na ocasião do festival:

> Notei que aqui no Brasil a questão do orgulho negro predomina até mais aqui do que em outros lugares por onde eu viajei nos últimos anos, mas eu vejo um trabalho em progresso, eu vejo todo mundo ainda tentando se unir e isso é o que é mais importante para mim e – eu acho – importante para o mundo. Que nós, como povo, percebamos que precisamos uns dos outros, sabe? Porque, não que o mundo esteja contra nós (os negros), mas, se nós não nos unirmos, então vai ser um problema, porque estaremos uns contra os outros. Se nós não cuidarmos de nós mesmos e cuidarmos uns dos outros... não dá para esperar que outra pessoa faça isso, porque eles não vão fazê-lo por nós.

No Rio de Janeiro, artistas da novíssima geração também prestam essa reverência ao Movimento Black Rio e as influencias são percebidas em nomes como Cesar Ninne,

Aleh Ferreira, Marcio Local, João Sabia, Donatinho, Bossacucanova (do DJ Marcelinho da Lua), Andreia Dutra e Augusto Bapt, da banda Caixa Preta (este último parceiro de William Magalhães na maioria das composições do disco mais recente da Black Rio). Bandas como Farofa Carioca ainda mantém a chama viva do samba-soul, talvez a expressão que melhor sintetiza a música carioca contemporânea. "Seu Jorge, por exemplo, carrega a tradição e os timbres de nomes como Carlos Dafé e Luiz Melodia, onde se percebe a presença dessa escola musical", como sintetiza o cantor Ed Motta.

Sob a mesma influência, o Hip-Hop Rio surgido em meados dos anos 1990, repercute os samples do Movimento Black Rio, em trabalhos de bandas como Planet Hemp e seus fundadores, Marcelo D2 e BNegão. D2 traz referências do funk-soul brazuca e loopings em cima de artistas como, João Donato, Marcos Valle, Azymuth, Gerson King Combo, com parcerias de DJs e produtores como Zé Gonzales, DJ Nuts e o grande produtor norte-americano Mario Caldato Jr. Também não dispensa as influências de sambistas que fizeram parte de sua formação musical como João Nogueira e Bezerra da Silva e que soube associar as sonoridades do hard core e do rap ouvidos pela sua geração.

BNegão também alcança status internacional com a sua banda Seletores de Frequência e leva adiante as bases do funk e do soul dos bailes do Movimento Black Rio.

> Tomei conhecimento do Black Rio e do que acontecia no Rio dos anos 1970 não apenas por intermédio de meus familiares, que frequentaram os bailes, mas também em projetos como os Racionais MCs, que sempre sampleraram os papas do soul como Tim Maia e James Brown, em loopings do DJ KL Jay. Da mesma forma que descobri essas raízes com a banda de rap Câmbio Negro e com o rapper Thayde e DJ Hum, que sempre misturaram hits dos bai-

les e samples de Miguel de Deus, Gerson King Combo e União Black. (...) Os Seletores de Frequência, são meus parceiros de estrada que participaram de projetos que no final dos anos 1990 e a partir de 2000, buscavam essas raízes, como Robson Riva (bateria), Fabiano Moreno (que teve a banda de soul Manifesto 21), Fabio Kalunga (baixo) e Pedro Selector (trompete) que fez parte do coletivo festa Phunk, com o DJ Seans Pena – Emilio Domingos, documentarista de filmes como *Batalha do Passinho*.[78]

A música "Funk até o caroço", de BNegão, é uma homenagem aos bailes de resistência do Movimento Black Rio, que existem até hoje nos subúrbios cariocas, assim como as festas da nova geração como a Blax (dos DJs Preto Serra e Paulo Futura) e Soul Baby Soul, dos DJs Lucio Branco, Peixinho, DJ Sir Dema e Leandro Petersen, filho do grande Big Boy.

O clipe de BNegão, "Funk até o caroço", foi gravado em uma das edições do baile de resistência Club do Soul, em Bangu, com o DJ Sir Dema e os dançarinos da época do Movimento Black Rio, Ligeirinho e Francisco Black (este último falecido em 2011).

Os bailes de resistência continuam acontecendo em quadras e clubes da periferia da cidade: Projeto Cultural Espaço Black, na Praça do Pacificador, em Duque de Caxias, realizado por Jailson da Silva, Juan Costa, Gentílo Pereira, Luiz Felisberto, Carlos Alberto, Vere Teixeira, Mauro, Ruth Pereira, Helinho e Luiz; A Wolrdsoulmusic, que acontece no Clube Olariense sob a batuta de Edinho "O Cara", Nunes e Jailson DJ; o Apollo Brazilian Soul, no Jardim América, com os produtores Ubirajara Pupo, Fernando Chaves, Ed Brown; Soul da Tarde, em Duque de Caxias, com Marquinhos PQD e Jorge Gallo e o Clube do Soul, em Bangu, com a direção do DJ Sir Dema.

---

[78] Depoimento em entrevista aos autores do livro.

GET ON UP

Em 1977, Gil profetizava que o Movimento Black Rio se desenvolveria se o deixassem em liberdade.

Ai é que está. Se ele é deixado em liberdade ele chega lá, ele já começa, já começou, "Refavela" já é, a música é uma emboladinha, é super brasileira, é aquilo que eu digo, "brasileirinho pelo sotaque, mas de liberdade internacional". Agora, no momento em que aparece o título do poema o sujeito já condena o poema todo, sem saber os versos que vêm... O poema chama-se Black Rio, vai ser escrito, está por ser escrito, e todo mundo já está condenando o negócio.... É preciso deixar que se escreva o poema. A mesma coisa foi Jovem Guarda, foi Tropicalismo. Eu digo que o Black Rio é coirmão deles todos. Veja o que foram os outros, veja o que vai ser Black Rio. Vai acontecer com ele o que deixarem que aconteça.

Naqueles tempos, as placas tectônicas da ancestralidade negra estavam em total atrito com o maciço que havia se formado no decorrer de séculos de opressão racial. Os abalos sísmicos dessa revolução cultural se faziam sentir em diversas partes do planeta e certamente o Rio de Janeiro foi um de seus epicentros.

Que o Movimento Black Rio sofreu uma perseguição implacável da grande mídia, bem como dos órgãos de repressão do regime militar, isso é fato. Se é que tentaram abafar o Movimento Black Rio? Parece-nos mais do que evidente, afinal, não se mediram esforços nessa empreitada, mesmo que sorrateiramente.

Essa obra não se reserva apenas a descarregar uma torrente de relatos acerca do tema, muitas vezes excessiva, como revelam nossas páginas. Mas traz como principal razão o reconhecimento da um período histórico que se descrito sem substância ou sem um profundo embasamento, pode até parecer que não passou de ficção. Na medida em que avançávamos nas nossas pesquisas para a elaboração do livro, chegamos a estremecer com a enormidade de artigos e depoimentos sobre o Movimento Black Rio (que se revelavam aos borbotões). Até presumimos que nossa tarefa se tornaria um poço sem fundo de informação. E mesmo para nós, a carga de atenção que se investiu sobre esse fenômeno social, durante a década de 1970, muitas vezes nos causou espanto e nos fez questionar se não teria sido um devaneio coletivo. Assim como não nos furtamos em acreditar que tudo aquilo pudesse ser inverossímil, o que nos fez recuar em diversos momentos da nossa investigação. Finalmente, seguimos a diretriz de trazer a baila os documentos mais contundentes e as experiências mais significativas e não menos emocionadas dos que transformaram aquele instante em história.

A pergunta que cabe e que sempre se apresenta como definitiva, muitas vezes, se restringe e converge a um ponto comum: quando ou como o Movimento Black Rio teria sucumbido ao espetáculo que se criou em torno dele? Ou em que momento o Black Rio teria se tornado passado?

Mesmo com tanto estardalhaço gerado pela mídia, mesmo com tanta exposição e entusiasmo que se investiu contra ou a favor ao Black Rio, a bem da verdade, o universo dos bailes e seus produtores nunca precisaram de tamanha publicidade. Até porque a massa *black* se bastava

219

em si própria. Ou seja, a massa *black* nunca precisou da exacerbação midiática que se fez valer ou do alarido que se criou em torno dela. Eram centenas de equipes e milhares de pessoas dentro de um circuito que se autossustentava. Afinal, quando as elites se deram conta daquele fenômeno de massa ele já acontecia numa proporção extraordinária. O Movimento Black Rio surgiu e se manteve espontaneamente, tese que defendemos repetidas vezes no decorrer da linha cronológica aqui traçada.

O Movimento Black Rio foi agente, representou a ponta de resistência, o fio condutor de uma revolução de ideias. Foi a pedra de toque para uma possibilidade de transformação da civilização brasileira, no que tange as questões da cultura negra e contra a discriminação racial. E talvez, mais do que todas as iniciativas dessa natureza, tenha sido a mais eficaz. O Movimento Black Rio, nesse sentido, foi estratégico e surgiu como a liga que consolidou um conjunto de ideais que estavam em plena ebulição nos intensos anos 1970.

Com o Movimento Black Rio, surgiu um contexto para a discussão de temas fundamentais; como impulso, para a consolidação de um Movimento Negro; para um desenvolvimento do pensamento negro contemporâneo e mais que tudo, para a ampliação de ideias que se tornaram realidade como medidas reparatórias finalmente institucionalizadas. As raízes negras se tornaram ainda mais profundas na nossa sociedade e a nossa cidade viveu uma nova concepção de produção cultural, no mesmo tempo em que se voltou para si própria.

Melhor seria perguntar: E se o Movimento Black Rio não tivesse existido? Ora, o Movimento Black Rio está aí!

Considerações Finais

CARLOS ALBERTO MEDEIROS[79]

Em julho de 2015, fui convidado a dar um depoimento à Comissão Estadual da Verdade do Rio de Janeiro. O tema não era a situação por que passei na Aeronáutica, da qual fui injustamente excluído, junto com dois outros cadetes, pela simples suspeita de que fôssemos os líderes de um "grupo de estudos marxista" (na verdade, uma espécie de clube do livro, sem qualquer vinculação ideológica, mas o suficiente para atrairmos esse tipo de atenção numa época como aquela, em plena ditadura). O assunto, na verdade, era o conteúdo de documentos que vêm sendo liberados a respeito da espionagem de que foram objeto, no período ditatorial, as organizações do Movimento Negro e também, o que é no mínimo curioso de uma perspectiva contemporânea, os responsáveis pelas festas de soul, vistas por algum tempo como instâncias tupiniquins do radicalismo de grupos afro-americanos como os Panteras Negras.

E o mais interessante é que a minha trajetória no Movimento Negro representa exatamente a confluência dessas organizações e dessas festas. Afinal, foi num baile de soul

---

[79] Jornalista, tradutor, mestre em Ciências Jurídicas e Sociais, autor de *Na lei e na raça: legislação e relações raciais, Brasil – Estados Unidos* e coautor de *Racismo, preconceito e intolerância* (com Jacques D'Adesky e Edson Borges). Traduziu vinte obras de Zygmunt Bauman, incluindo *Amor líquido*, além de *A autobiografia de Martin Luther King*.

– a Noite do Shaft, promovida por Asfilófio de Oliveira, o Dom Filó, no historicamente negro Renascença Clube – que fiquei sabendo de uma reunião que seria realizada no Centro de Estudos Afro-Asiáticos da Faculdade Cândido Mendes, em Ipanema, para discutir o 13 de Maio. Foi nessa reunião que me tornei um militante. Isso nos remete à própria história do Movimento Negro no Brasil.

Com efeito, o que chamo de Movimento Negro brasileiro contemporâneo começa a se estruturar no início da década de 1970, tendo como marco a fundação do Grupo Palmares de Porto Alegre, criado em 1971, ao qual devemos a ideia de comemorar o 20 de Novembro como Dia de Zumbi ou Dia do Negro – a expressão "da Consciência Negra" seria consagrada anos depois. Logo o Movimento Negro se faria presente – de modo autônomo e espontâneo, de vez que não havia internet àquela época, e uma simples ligação interurbana demandava a mediação de uma telefonista – na maioria das grandes cidades brasileiras: Rio de Janeiro, São Paulo, Belo Horizonte, Salvador... Duas influências externas deixaram nele a sua marca: o movimento anticolonial na África e a luta dos negros nos Estados Unidos, esta última com efeitos mais poderosos em função não apenas do papel central exercido por esse país no sistema-mundo, mas também da maior semelhança entre os problemas enfrentados por afro-americanos e afro-brasileiros, cujo objetivo não era, como na África (com exceção da União Sul-Africana [atual África do Sul] e da Rodésia, atual Zimbábue), expulsar os colonizadores, mas encontrar formas de coexistência pacífica e igualitária. Além disso, as ideias e posturas dos afro-americanos tinham reflexos em dois veículos poderosos: o cinema, com os chamados *blaxploitation movies*, filmes de ação com heróis e heroínas negros apresentados como belos, fortes, inteligentes, corajosos e, sobretudo, cheios de autoestima e orgulho negro – o oposto da imagem negra nas produções brasileiras não apenas da época, mas também atuais; e a música, onde os intérpretes de soul incorporavam a suas performances essas novas posturas.

O nosso Movimento Negro contemporâneo traz duas marcas distintivas em relação à luta anterior: a denúncia do mito da "democracia racial", até então considerado quase inatacável, sobretudo por negros, cuja ousadia seria contemplada com acusações de racismo às avessas, divisionismo ou simplesmente "complexo de cor", como se dizia à época; e a ênfase na construção de uma identidade negra positiva, baseada na valorização do fenótipo negro (o "black is beautiful"), assim como da história e da cultura dos africanos e afrodescendentes.

Apesar da oposição que provocava, tanto à direita do espectro político quanto à esquerda, o novo movimento contou com o apoio decisivo de um importante conjunto de atores que retornava, com novas ideias, à cena brasileira. Refiro-me aos intelectuais e políticos que haviam sido forçados ao exílio e que começaram a voltar com o processo de abertura, iniciado na segunda metade da década de 1970, muitos dos quais haviam tomado contato com visões da questão racial que estavam em conflito com as ideias freyrianas então predominantes na academia e no senso comum.

Em paralelo a tudo isso, e com muitos pontos de conexão entre os dois fenômenos, espalhavam-se pelo Brasil as festas embaladas pelo soul – a música negra americana –, responsáveis por levar às massas de afro-brasileiros a ideia de valorização de nossos traços fenotípicos e de nossa ancestralidade africana. Essas festas, que constituíam, antes de mais nada, encontros de celebração da beleza e da identidade negras, foram mal-interpretadas e/ou desprezadas tanto pelas forças de segurança quanto pela esquerda tradicional, como é brilhantemente exposto pela pesquisadora e doutora Paulina Alberto em "When Rio was black: soul music, national culture, and the politics of racial comparison in 1970's Brazil".[80] Chega a ser irônico constatarmos o

---

[80] (Em: *Hispanic American Historical Review*, fevereiro de 2009)

grau de preocupação que essas festas provocaram nos órgãos de repressão e na direita em geral, sob as bênçãos do próprio Gilberto Freyre, que enxergou no movimento *black* brasileiro uma tentativa de introduzir no país um racismo inexistente, teoria conspiratória que consegue reunir, num mesmo e improvável saco de gatos, os então megarrivais Estados Unidos e União Soviética:

> Será que estou enxergando mal? Ou terei realmente lido que os Estados Unidos vão chegar ao Brasil (...) norte-americanos de cor (...) para convencer os brasileiros também de cor de que seus bailes e suas canções afro-brasileiras teriam de ser de "melancolia" e de "revolta"? E não, como acontece hoje (...), os sambas, que são quase todos alegres e fraternos. Se o que li é verdade, trata-se, *mais uma vez*, de uma tentativa de introduzir, num Brasil que cresce plena e fraternalmente moreno – que parece provocar ciúme nas nações que também são birraciais ou trirraciais –, o *mito da negritude*, não do tipo do de Senghor,[81] da justa valorização dos valores negros ou africanos, mas do tipo que às vezes traz a "luta de classes" como instrumento de guerra civil, não do Marx sociólogo, mas do outro, do inspirador de um marxismo militante que é provocador de ódios (...). O que se deve destacar, nestes tempos difíceis que o mundo está vivendo, com uma crise terrível de liderança (...) [é que] o Brasil precisa estar preparado para o trabalho que é feito contra ele, não apenas pelo imperialismo soviético (...) mas também pelo dos Estados Unidos.[82]

Criativo como sempre, o mestre de Apipucos nos oferece uma salada ideológica em que comunistas e capitalis-

---

[81] Léopold Sédar Senghor foi um político, poeta e teórico cultural senegalês muito importante e aclamado. (N.E.)

[82] Retirado de Gilberto Freyre, "Atenção, brasileiros", *Diário de Pernambuco*, 15 de maio de 1977.

tas se juntam e se misturam na torpe intenção de acabar com a democracia racial, para tanto utilizando-se dos bailes de soul. Enquanto isso, a miopia de amplos setores da esquerda, acompanhados de seus pupilos e lacaios do mundo do samba, fazia com que vissem no soul unicamente um braço do imperialismo americano, interessado em solapar a gloriosa cultura brasileira. Textos lamentáveis foram publicados nessa direção por órgãos respeitáveis da mídia alternativa, como o *Movimento* e *O Pasquim*, sem que seus autores, na imensa maioria dos casos, sequer se dessem ao trabalho de comparecer às festas, cuidado totalmente dispensável para quem se percebia como dono da verdade. Com o tempo, os agentes infiltrados, evidentemente negros, chegaram à conclusão, positiva para eles, de que as festas não eram políticas nem pregavam a violência, enquanto a esquerda continuou perseverando no seu erro.

Entretanto, como nos mostra Paulina Alberto, se as festas soul não eram políticas no sentido usual do termo, expressavam, não obstante, o que hoje se denomina "política de identidade", voltada à celebração da negritude, que influenciou futuros militantes. É o que nos revela o livro *Lideranças negras*, de Marcia Contins: a maioria das pessoas por ela entrevistadas na qualidade de lideranças do Movimento Negro afirma ter tido nos bailes *black* uma experiência fundamental do ponto de vista da constituição de sua identidade. É o que também pude constatar pessoalmente quando entrevistei os fundadores dos blocos afro Ilê-Aiyê e Olodum, como Antônio Carlos Vovô e Edu Omô Oguiam, os quais me confirmaram, como afirma Antônio Risério em *Carnaval ijexá*, que os bailes de soul estão na origem dessas organizações: "Nós dançávamos o *brown*", confirmou Vovô numa entrevista informal.

Curiosamente, o nome pelo qual essas festas vieram a se tornar conhecidas – Black Rio, Black São Paulo, Black Bahia – é resultado da conexão entre jornalismo e história. Isso porque apareceu pela primeira vez numa reportagem de cinco páginas publicada no Caderno B do *Jornal do Brasil*, assinada por uma jornalista negra (ou "mulata", como ela própria preferia identificar-se) chamada Lena Frias: "Black Rio – O orgulho (importado) de ser negro no Brasil". A matéria, que provocou um misto de medo, excitação e repulsa entre as elites cariocas, que desconheciam o fenômeno, inicia-se exatamente com o relato da exibição na Cinemateca do Museu de Arte Moderna do Rio de Janeiro, em comemoração ao primeiro aniversário do Instituto de Pesquisa das Culturas Negras (IPCN), do filme *Wattstax*, registro de um festival de *black music* realizado em Los Angeles em que mais importantes do que as músicas são os depoimentos e discursos, como a famosa "Litania Negra" declamada pelo Reverendo Jesse Jackson. Divulgado nos bailes de soul, o evento atraiu para o MAM cerca de duas mil pessoas, na maioria jovens negros que jamais haviam frequentado suas instalações, o que surpreendeu os responsáveis pela Cinemateca, obrigando-os a promover imediatamente uma segunda sessão.

Neste livro, os autores procuram recuperar esse momento rico da história de nossas manifestações culturais, fazendo uso de um amplo manancial de recursos históricos proveniente da pesquisa bibliográfica, documental e iconográfica, e também de um número significativo de entrevistas, de modo a oferecerem um retrato substancioso e coerente de seu objeto de estudo. Lançado num momento em que se assiste, em diversos lugares do país – graças, em grande parte, ao luxuoso auxílio da internet –, a uma espécie de *revival* da estética setentista entre a juventude negra, com o retorno dos penteados afro agora em versões mais criativas e ousadas, frequentemente acompanhados da afirmação vocal da identidade negra e do respeito à ancestralidade, este livro certamente contribuirá nesse processo de autoafirmação de um grupo secularmente rebaixado e inferiorizado.

ANA MARIA BAHIANA

Para entender as forças que criaram o Black Rio é preciso imaginar o país e a cidade quatro décadas atrás. É preciso pensar num universo compartimentalizado, segregado, onde o local, o comunitário, o tribal era mais importante que tudo mais... corrijo: era, em última análise, a única realidade possível. No país, a televisão em rede nacional dava os primeiros passos, e a telefonia interestadual ainda era algo complexo e caro. Na orla da Guanabara, subúrbio e cidade eram planetas em órbitas diferentes que muito raramente se cruzavam, mantidos à distância tanto pelos preconceitos que conhecemos todos tão bem quanto pelas mazelas do transporte público, a falta de supervias, o longe – geográfico, emocional, cultural.

E ainda havia ditadura, estrangulando tudo, constrangendo e limitando espaço público. Essa parte pode ser difícil de ser imaginada, felizmente – para quem cresceu depois de 1985 essa experiência deve parecer remota, quase fantástica. Então imagine o seguinte: imagine que todos os dias eram cinza, e todos os dias eram chatos. Imagine que, se você quisesse cor, alegria, energia, ideias, movimento, você mesmo teria que inventá-lo e alimentá-lo. Que tudo ao seu redor conspirava contra. A não ser seus amigos, seus iguais, os do bairro, os da tribo.

Quando Lena Frias flagrou e batizou o Black Rio, em 1976, ele já existia de fato há pelo menos cinco anos, nascido da mesma energia que deu origem à segunda leva do rock Brasil e a tudo de experimental e inovador que acontecia no único espaço possível: o subterrâneo, o udigrudi. Elementos da Consciência Negra e da Contracultura vindos dos Estados Unidos e da Europa, somados à eclosão do soul estão ali no caldo, mas o que sustenta e dá a forma final ao movimento é tudo o que faz o Rio de Janeiro o Rio de Janeiro – suas raízes de música compartilhada, música como elemento solificador de comunidades; suas divisões e compartimentalizações sociais; a necessidade urgente, constante, de se mover, de se expressar, apesar de tudo.

Não sei nem se chamaria de o Black Rio de "movimento" – para mim ele sempre foi mais uma cultura, uma comunidade itinerante. Algo comum nos 1970, aliás: se a pressão de cima era grande, aqui embaixo nos dividíamos para sermos, em grupo, quem realmente éramos.

Com toda sinceridade, eu não deveria estar escrevendo este texto. Eu preferia – e os autores sabem disso – que aqui estivesse alguém diretamente ligado ao Black Rio. Eu era – ainda sou – apenas uma observadora infinitamente curiosa com as permutações da criatividade humana, essa nossa capacidade de se expressar e inventar formas de beleza e alegria que, tantas e tantas vezes, representam o melhor de nós, aquilo que nos anima, nos eleva e, se quisermos, nos salva. Mas me sinto honrada com o convite, e feliz ao ver o trabalho feito. Temos uma memória tão curta! Achamos sempre que o que nos parece novo veio do nada, foi combustão espontânea, um mini big bang a cada década. A recuperação de algo tão recente e tão fundamental para compreender o que vemos e ouvimos hoje.

Aqui estão, leitoras e leitores (e futuros visitantes da exposição) as ferramentas para o exercício de imaginar o universo brasileiro e carioca do começo dos anos 1970, e, quem sabe, viver, 40 anos depois, essa experiência única, um pouco pelos olhos de quem inventou essa cultura, esse baile itinerante, esse modo de ser temporário e forte.

Essa é uma das magias do tempo – quando tudo isso estava sendo inventado e vivido, lá atrás, não sei se a ideia de "legado" passava pela cabeça, e, no entanto, quantos frutos vieram dessa raiz! Quatro décadas atrás os tempos eram duros e a alegria, conquistada arduamente. O importante era aquele momento na quadra, ao som da equipe, quem sabe antes ou depois de um show de rock ou de soul, madrugada adentro, todo mundo livre e igual enquanto a música tocasse e o baixão sacudisse as caixas. Aquele momento era puro, e era tudo.

Los Angeles, 7 de agosto de 2016

REFERÊNCIAS BIBLIOGRAFICAS

ALBERTO, Paulina. *When Rio Was Black: Soul Music, National Culture, and the Politics of Racial Comparison in 1970s Brazil. Hispanic American Historical Review.* Durham, Carolina do Norte: Duke University Press, 2009.

ALBIN, Ricardo Cravo. *Dicionário Cravo Albin da Música Popular Brasileira.* Disponível em <http://www.dicionariompb.com.br/ary-barroso/dados-artisticos>. Acesso em 22.04.2013.

ALEXANDRE, Ricardo. *Nem vem que não tem: a vida e o veneno de Wilson Simonal*. São Paulo: Globo, 2009.

ALONSO, Gustavo. *Simonal: Quem não tem swing morre com a boca cheia de formiga*. Rio de Janeiro: Record, 2011.

ANDERSON, Benedict. *Comunidades imaginadas: Reflexões sobre a origem e a difusão do nacionalismo*. São Paulo: Companhia das Letras, 2008.

ARANTES, Erika Bastos. *O porto negro: cultura e trabalho no Rio de Janeiro dos primeiros anos do século XX.* Dissertação (Mestrado em História) - Instituto de Filosofia e Ciências Humanas. Universidade Estadual de Campinas. Campinas: [s.n.], 2005.

ARANTES, Paulo Eduardo. "Nação e Reflexão." Em *Zero à esquerda*. São Paulo: Conrad, 2004.

ARAÚJO, Joel Zito. *A negação do Brasil. O negro na telenovela brasileira*. São Paulo: Senac, 2000.

ARAÚJO, Paulo Cesar de. *Eu não sou cachorro não: música popular cafona e ditadura*. Rio de Janeiro: Record, 7ª ed.,2010.

ASSEF, Cláudia. *Todo DJ já sambou: a história do disc-jóquei no Brasil*. São Paulo: Conrad, 2003.

AUTRAN, Margarida. "O Estado e o músico popular." Em NOVAES, Adauto (Org). *Anos 70: ainda sob a tempestade*. Rio de Janeiro: SENAC, 2005.

BAHIANA, Ana Maria. *Nada será como antes: MPB anos 1970 – 30 anos depois*. Rio de Janeiro: SENAC, 2006.

BAKHTIN, Mikhail. *Marxismo e filosofia da linguagem*. São Paulo: Hucitec, 2006.

BARBOSA, Flávio de Aguiar. *Palavra de bamba: estudo léxico-discursivo de pioneiros do samba urbano carioca*. Tese (Doutorado em Letras) - Programa de Pós-Graduação em Letras. Universidade do Estado do Rio de Janeiro. Rio de Janeiro, 2009.

BARBOSA, Márcio e RIBEIRO, Esmeralda (org.). *Bailes: soul: samba-rock, hip hop e identidade em São Paulo*. São Paulo: Quilombhoje, 2007.

BASTIDE, Roger. *Estudos afro-brasileiros*. São Paulo: Perspectiva, 1973.

BASTIDE, Roger e FERNANDES, Florestan. *Brancos e negros em São Paulo*. São Paulo: Global, 4ª ed., 2008.

BASTOS, Elide Rugai. *As criaturas de Prometeu: Gilberto Freyre e a formação da sociedade brasileira*. São Paulo: Global, 1996.

BASTOS, Rafael José de Menezes. "Les Batutas, 1922: uma antropologia da noite parisiense." Em *Rev. bras. Ci. Soc.*, São Paulo, v. 20, n. 58, jun. 2005. Disponível em <http://www.scielo.br/scielo.php?script=sci_arttext&-pid=S0102-69092005000200009&lng=en&nrm=i-so.155?>.

BAUDRAS, Jean-Luc. "Contracultura." Em RIOT-SARCEY, M.; BOUCHET, T.; PICON, A. *Dicionário das utopias*. Tradução de Carla Bogalheiro Gamboa e Tiago Marques. Lisboa: Texto & Grafia, 2008, pp.83-84.

BERNARDES, Lysia M. C.; SOARES, Maria Therezinha de Segadas. *Rio de Janeiro – cidade e região*. Rio de Janeiro: Sec. Municipal de cultura, 1987.

BOBBIO, Norberto; MATTEUCCI, Nicola. *Diccionario de Política*. Madrid: Siglo Veintiuno de España Editores, 1985.

BOURDIEU, Pierre. *A distinção: crítica social do julgamento*. Porto Alegre: Zouk, 2ª ed., 2011.

_____. *As regras da arte: gênese e estrutura do campo literário*. São Paulo: Companhia das Letras, 1996.

BRACKETT, David. "Música soul." Em *Revista Opus*, tradução Carlos Palombini. Goiânia, v. 15, n. 1, pp. 62-68, jun. 2009.

BRAIT, Beth. "A natureza dialógica da linguagem: formas e graus de representação dessa dimensão constitutiva." Em FARACO, Carlos Alberto; TEZZA, Cristóvão; CASTRO, Gilberto de (org.). *Diálogos com Bakhtin*. Curitiba: UFPR, 2007. BUCCI, Eugênio. *Sobre ética e imprensa*. São Paulo: Companhia das Letras, 2000.

BUENO, Francisco da Silveira. *Dicionário escolar da língua portuguesa*. Brasília: FAE, 1995.

CABRAL, Sérgio. *As escolas de samba do Rio de Janeiro*. Rio de Janeiro: Luminar, 1996.

CALADO, Carlos. *O jazz como espetáculo*. São Paulo: Perspectiva, 1990.

CALDAS, Waldenyr. *A cultura da juventude de 1950 a 1970*. São Paulo: Musa, 2008.

CAMPOS, Augusto. *Balanço da bossa e outras bossas*. São Paulo: Perspectiva, 1968.

_____. "Boa palavra sobre a música popular." Em *Balanço da Bossa*, São Paulo: Perspectiva, 1968.

CANDEIA, Antônio e ARAÚJO, Isnard. *Escola de samba – árvore que perdeu a raiz*. Rio de Janeiro: Lidador e SEEC/RJ (Secretaria de Estado de Educação e cultura do Rio de Janeiro), 1978.

CARDOSO, Fernando Henrique. "Uma pesquisa impactante." Em BASTIDE, Roger e CONTINS, Marcia. *Lideranças Negras*. Rio de Janeiro: Aeroplano, 2005.

CARVALHO, José Murilo. *Pontos e Bordados: Escritos de história política*. Belo Horizonte: UFMG, 1999.

CASTRO, Ruy. *A noite do meu bem*. São Paulo: Companhia das Letras, 2015.

CEVASCO, Maria Elisa. "Modernização à brasileira." Em *Rev. Inst. Estud. Bras*. 2014, n. 59, pp. 191-212. Acesso em 10 de dez. de 2014.

_____. *Para ler Raymond Williams*. São Paulo: Paz e Terra, 2000. CHAUI, Marilena. *Cultura e democracia: o discurso competente e outras falas*. São Paulo: Cortez, 6ª ed., 1993.

CHAPPLE, Steve e GAROFALO, Reebee. *Rock e Indústria*. Lisboa: Caminho, 1989.

CIPRO NETO, Pasquale; INFANTE, Ulisses. *Gramática da Língua Portuguesa*. São Paulo: Scipione, 2001.

COELHO, Frederico. *Eu, brasileiro, confesso minha culpa meu pecado: cultura marginal no Brasil das décadas de 1960 e 1970*. Rio de Janeiro: Civilização Brasileira, 2010.

COSTA, Emília Viotti. *Da monarquia à república: momentos decisivos*. São Paulo: UNESP, 1999.

COSTA, Sérgio. *Dois Atlânticos: teoria social, antirracismo, cosmopolitismo*. Belo Horizonte: UFMG, 2006.

_____. "Desprovincializando a sociologia: a contribuição pós-colonial." Em *Rev. bras. Ci. Soc.*, v. 21, n. 60, 2006b.

CUNHA, Manuela Carneiro. *Negros estrangeiros. Os escravos libertos e sua volta à* África. São Paulo: Companhia das Letras, 2ª ed., 2012.

CUNHA, Olivia Maria Gomes. "Depois da Festa: Movimentos negros e 'políticas de identidade' no Brasil." Em ALVARES, Sonia; DAGNINO, Evelina; ESCOBAR, Arturo (org.). *Cultura e política nos movimentos sociais latino-americanos: Novas leituras*. Belo Horizonte: UFMG, 2000.

CUNHA, Perses Maria Canellas da. *Educação como forma de resistência. O caso da Irmandade de Nossa Senhora do Rosário e São Benedito dos Homens Pretos.* Dissertação (Mestrado em Educação). Instituto de Educação da Universidade Federal Fluminense. Niterói: 2004.

D'ADESKY, Jacques. "Do direito à palavra ao poder de enunciação do Movimento Negro no Brasil." Em *Nguzu. Revista do Núcleo de Estudos Afro-Asiáticos da UEL* (Universidade Estadual de Londrina - PR). Ano 1, n. 1, pp. 94 - 105, março/julho de 2011.

DA MATTA, Roberto. *Carnavais, malandros e heróis*. Rio de Janeiro: Zahar, 1981.

DAGNINO, Evelina. "Cultura, cidadania e democracia: as transformações dos discursos e práticas na esquerda latino-americana." Em ALVARES, Sonia; DAGNINO, Evelina; ESCOBAR, Arturo (org.). *Cultura e política nos movimentos sociais latino-americanos: Novas leituras*. Belo Horizonte: UFMG, 2000.

DAVALLON, Jean. "A imagem, uma arte de memória?" Em ACHARD, Pierre *et al. Papel da memória*. Campinas: Pontes, 1999.

DÉBORD, Guy. *A sociedade do espetáculo*. Rio de Janeiro: Contraponto, 1997.

DIAS, Márcia Tosta. *Os donos da voz: indústria fonográfica brasileira e mundialização da cultura*. São Paulo: Boitempo, 2000.

DOMINGUES, Petrônio. "Movimento da negritude: uma breve reconstrução histórica." Em *Mediações – Revista de Ciências Sociais*. Londrina, v. 10, n.1, pp. 25-40, jan.-jun. 2005.

DOUGLAS, Mary. *Pureza e perigo*. São Paulo: Perspectiva, 1976.

DUNN, Christopher. *Brutalidade Jardim: A tropicália e o surgimento da contracultura brasileira.* São Paulo: Unesp, 2009.

ELIAS, Norbert. *Os estabelecidos e os outsiders: sociologia das relações de poder a partir de uma pequena comunidade*. Rio de Janeiro: Zahar, 2000.

ESCOSTEGUY, Ana Carolina. "Circuitos de cultura/circuitos de comunicação: um protocolo analítico de integração da produção e da recepção." Em *Revista Comunicação, Mídia e Consumo*, v. 4, n. 11, pp. 115-135. São Paulo: ESPM, 2007.

ESSINGER, Sílvio. *Batidão – uma história do funk*. Rio de Janeiro: Record, 2005.

ESTRELLA, Charbelly [et al]. *Comunicação e imagem*. Andréa Estevão e Fernando do Nascimento Gonçalves (org.). Rio de Janeiro, 2000.

FARACO, Carlos Alberto. O dialogismo como chave de uma antropologia filosófica. Em FARACO, Carlos Alberto; TEZZA, Cristóvão; CASTRO, Gilberto de (org). *Diálogos com Bakhtin*. Curitiba: UFPR, 2007.

FAVARETTO, Celso Fernando. *Tropicália – alegoria, alegria*. São Paulo: Ateliê Editorial, 1966.

FEATHERSTONE, Michael. *Cultura de consumo e pós-modernismo*. São Paulo: Nobel, 1995.

FEIJÓ, Léo; WAGNER, Marcus. *Rio cultura da noite, uma história da noite carioca*. Rio de Janeiro: Casa da Palavra, 2014.

FENERICK, José Adriano. "A ditadura, a indústria fonográfica e os 'independentes' de São Paulo nos anos 70/80." Em *Métis: História e Cultura*. Revista de História da Universidade Caxias do Sul, v. 3, n. 6, jul/dez 2004, pp. 155-178. Caxias do Sul: Educs, 2004.

FERNANDES, Florestan. *A integração do negro na sociedade de classes*. São Paulo: Ática,1978.

_____. *Brancos e negros em São Paulo*. São Paulo: Global, 4ª ed., 2008.

FICO, Carlos. "Prezada censura: cartas ao regime militar." Em *Revista Topoi*, Rio de Janeiro, pp. 251-286, dez. 2002.

_____. *Reinventando o otimismo. Ditadura, propaganda e imaginário no Brasil*. Rio de Janeiro: Fundação Getúlio Vargas, 1997.

FONSECA JÚNIOR, Eduardo. *Zumbi dos Palmares – Herói negro da nova consciência nacional*. São Paulo: Atheneu, 2003.

FREIRE FILHO, João. *Usos (e abusos) do conceito de espetáculo na teoria social e na crítica cultural*. Rio de Janeiro: E-papers, 2005.

FREYRE, Gilberto. *Casa-grande & Senzala*. Rio de Janeiro: Record, 2000.

_____. *Sobrados e Mucambos*. Rio de Janeiro: José Olympio, 1961.

FRIAS, Lena. "Black Rio: o orgulho (importado) de ser negro no Brasil." Em *Jornal do Brasil*, 17 jul. Caderno B, pp. 1 e 4-6. Rio de Janeiro, 1976.

FRY, Peter. *Para inglês ver: identidade e política na cultura brasileira*. Rio de Janeiro: Zahar, 1982.

FRUNGILLO, Mário D. *Dicionário de percussão*. São Paulo, UNESP, 2002. Informações sobre os instrumentos em http://www.percussionista.com.br/instrumentos.

GARCIA, Januário (org.). *25 anos do Movimento Negro no Brasil*. Brasília: Fundação Cultural Palmares, 2008.

GARCÍA, Luís Britto. *El império contracultural del rock a La postmodernidad*. Caracas: Nueva Sociedad, 1990.

GARCIA-CANCLINI, Néstor. *Consumidores e cidadãos*. Rio de Janeiro: UFRJ, 2008.

_____. *A globalização imaginada*. São Paulo: Iluminuras, 2007.

GARCIA, Walter. Melancolias e mercadorias: Dorival Caymmi, Chico Buarque, o pregão de rua e a canção popular. Cotia: Ateliê Cultural, 2013.

_____. *Bim Bom: A contradição sem conflitos de João Gilberto*. São Paulo: Paz e Terra, 1999.

GIACOMINI, Sonia Maria. *A alma da festa: família, etnicidade e projetos num clube social da Zona Norte do Rio de Janeiro - o Renascença Clube*. Belo Horizonte: UFMG; Rio de Janeiro: IUPERJ, 2006.

GILROY, Paul. *O Atlântico Negro. Modernidade e dupla consciência*. Rio de Janeiro: 34, 2001.

GOMES, Flávio. *Negros e Política (1888-1937)*. Rio de Janeiro: Zahar, 2005.

GOMES, Nilma Lino. *Corpo e cabelo como símbolos da identidade negra*. Disponível em http://www.acaoeducativa.org.br/fdh/wp-content/uploads/2012/10/Corpo-e-cabelo-como-s%C3%ADmbolos-da-identidade-negra.pdf.

GONÇALVES, Eloá Gabriele. *Banda Black Rio: o soul no Brasil da década de 1970*. Dissertação (Mestrado em Música) - Departamento de Música do Instituto de Artes da Universidade Estadual de Campinas. Campinas: [s.n.], 2011.

GONÇALVES, José Reginaldo. "Autenticidade, memória e ideologias nacionais: o problema dos patrimônios culturais." Em *Estudos Históricos*, Rio de Janeiro, vol.1, n. 2: pp. 264-275, 1988.

GOSS, Karine Pereira; PRUDÊNCIO, Kelly. *O conceito de movimentos sociais revisitados*. Disponível em periódicos.ufsc.br/índex.php/emtese/view/13624. Acesso em 13/12/2013.

GUIMARÃES, Antônio Sérgio Alfredo. "Notas sobre raça, cultura e identidade na imprensa negra de São Paulo e Rio de Janeiro, 1925-1950." Em *Afro-Ásia*, 29/30, pp. 247-269, 2003.

_____. *Classes, Raça e Democracia*. São Paulo: 34, 2002.

_____. "Acesso de negros às universidades públicas." Em *Temas de debate* – ações afirmativas. Cadernos de Pesquisa, n. 118, pp. 247-268, março/ 2003.

GUIMARÃES, Antônio Sérgio; HUNTLEY, Lynn (orgs.) *Tirando a máscara. Ensaios sobre o racismo no Brasil*. São Paulo: Paz e Terra, 2000.

GUIMARÃES, Reinaldo da Silva. *Afrocidadanização: ações afirmativas e trajetórias de vida no Rio de Janeiro*. Rio de Janeiro: Selo Negro, 2013.

GUIMARÃES, Roberta Sampaio. *A utopia da pequena África*. Rio de Janeiro: Faperj, 2014.

HALL, Stuart. *A identidade cultural na pós-modernidade*. Rio de Janeiro: DP&A, 11ª ed., 2011.

_____. *Da diáspora: identidades e mediações culturais*. Belo Horizonte: UFMG, 2003.

_____. "Identidade cultural e diáspora." Em *Revista do Patrimônio Histórico e Artístico Nacional*. Rio de Janeiro: IPHAN, 1996, pp. 68-75.

HANCHARD, Michael George. "Política transnacional negra, anti-imperalismo e etnocentrismo para Pierre Bourdieu e Loic Wacquant: exemplos de interpretação equivocada." Em *Estudos Afro-Asiáticos*, ano 24, n. 1, pp. 63-9, 2002.

_____. *Orfeu e o poder: movimento negro no Rio de Janeiro e em São Paulo (1945- 1988)*. Rio de Janeiro: EdUERJ, 2001.

HASENBALG, Carlos Alfredo. *Discriminação e desigualdades raciais no Brasil*. Rio de Janeiro: Graal, 1979.

HERSCHMANN, Micael. "Espetacularização e alta visibilidade – a politização da cultura hip-hop no Brasil Contemporâneo." Em FREIRE FILHO, João; HERSCHMANN, Micael (org.). *Comunicação, cultura e consumo. A (des)construção do espetáculo contemporâneo*. Rio de Janeiro: EPapers, 2005, pp. 153-168.

_____. *O Funk e o Hip-Hop invadem a cena*. Rio de Janeiro: UFRJ, 2005.

HOBSBAWM, Eric. *Bandidos*. São Paulo: Paz e Terra, 2010.

_____. *Era dos extremos: o breve século XX: 1914-1991*. São Paulo: Companhia das Letras, 1995.

HOLANDA, Sérgio Buarque de. *Raízes do Brasil*. São Paulo: Companhia das Letras, 26ª ed., 1995.

HOLLANDA, Heloísa Buarque de. *Impressões de viagem: CPC, vanguarda e desbunde, 1960/1970*. Rio de Janeiro: Aeroplano, 2004.

HOLLANDA, Heloísa Buarque de; PEREIRA, Carlos Alberto. *Patrulhas ideológicas: arte e engajamento em debate*. São Paulo: Brasiliense, 1980.

JACCOUD, Luciana. "Racismo e República: o debate sobre o branqueamento e a discriminação racial no Brasil." Em THEODORO, Mário (org.). *As políticas públicas e a desigualdade racial no Brasil 120 anos após a abolição*. Brasília: Ipea, 2008.

JAMESON, Frederic. "Periodicizando os anos 1960." Em HOLLANDA, Heloísa Buarque de. *Pós-modernismo e política*. Rio de Janeiro: Rocco, 1992.

JOHNSON, Richard. *O que é, afinal, estudos culturais?* Belo Horizonte: Autêntica, 1999.

JÚNIOR, Eduardo Fonseca. *Zumbi dos Palmares – Herói negro da nova consciência nacional*. São Paulo: Atheneu, 2003.

KAMEL, Ali. *Não somos racistas: uma reação aos que querem nos transformar numa nação bicolor.* Rio de Janeiro: Nova Fronteira, 2006.

KHEL, Maria Rita. "As duas décadas dos anos 70." Em *Anos 70: Trajetórias*. São Paulo: Iluminuras/ Itaú Cultural, 2005.

LINS, Paulo. *Cidade de Deus*. São Paulo: Companhia das Letras, 2002.

LOPES, Nei. Em GARCIA, Januário (org.). *Movimento Negro no Brasil. 25 anos 1980 – 2005*. Brasília: Fundação Cultural Palmares, 2008.

_____. Entrevista dele em 26/11/2009, disponível em www.geledes.org.br/areas-de-atuacao/questao-racial/ afrobrasileiros-e-suas-lutas. Acesso em 12/06/2013.

MAFFESOLI, Michel. *O tempo das tribos – O declínio do individualismo nas sociedades de massa*. Rio de Janeiro: Forense Universitária, 2006.

MARTÍN BARBERO, Jesús. *Dos meios às mediações: comunicação, cultura e hegemonia*. Rio de Janeiro: UFRJ, 4ª ed., 2006.

MATIAS, Antônio; ALEXANDRE, Sylvio. *Monografia: do projeto à execução*. Rio de Janeiro: Editora Rio, 2006.

MALAMUD, Samuel. *Recordando a Praça Onze*. Rio de Janeiro: Kosmos, 1988.

MANDELA, Nelson. *Conversas que tive comigo*. Rio de Janeiro: Rocco, 2010.

McCANN, Bryan. *Black Pau: Uncovering the History of Brazilian Soul*. Journal of Popular Music Studies, n. 14, p. 33-62, 2002.

MEDAGLIA, Júlio. "Balanço da Bossa." Em *Balanço da Bossa*. São Paulo: Perspectiva, 1968.

MEDEIROS, Carlos Alberto de. *Na lei e na raça – Legislação e relações raciais, no Brasil – Estados Unidos*. Rio de Janeiro: DP&A, 2004.

MELLO, Zuza Homem de. *A era dos festivas: uma parábola*. São Paulo: 34, 2003.

_____. *Música com Z – artigos, reportagens e entrevistas (1957-2014)*. São Paulo: 34, 2014.

MONTEIRO, Denilson. *Dez, nota dez! Eu sou Carlos Imperial*. São Paulo: Planeta, 2015.

MIDANI, André. *Música, ídolos e poder*. Rio de Janeiro: Nova Fronteira, 2008.

MORELLI, Rita de Cássia Lahoz. *Indústria fonográfica: um estudo antropológico*. Campinas: Unicamp, 1991.

MOTTA, Nelson. *Vale tudo: o som e a fúria de Tim Maia*. Rio de Janeiro: Objetiva, 2011.

MOURA, Roberto. *Tia ciata e a Pequena África no Rio de Janeiro*. Rio de Janeiro: Sec. Municipal de Cultura, 1995.

MOUTINHO, Laura. *Razão "cor" e desejo: uma análise comparativa sobre os relacionamentos afetivos-se-*

xuais "inter-raciais" no Brasil e na África do Sul. São Paulo: Unesp, 2004.

NAPOLITANO, Marcos. *1964: História do regime militar brasileiro*. São Paulo: Contexto, 2014.

_____. *Síncope das ideias: a questão da tradição na música popular brasileira*. São Paulo: Fundação Perseu Abreu, 2007.

_____. "O caso das 'patrulhas ideológicas' na cena cultural brasileira do final dos anos 1970." Em *O golpe de 1964 e o regime militar: novas perspectivas*. São Carlos: EdUFSCAR, 2006(a).

_____. "A historiografia da música popular brasileira (1970-1990)." Em *ArtCultura*. Uberlândia, v. 8, n. 13, pp. 135-150, jul.-dez. 2006(b).

_____. *História & Música: História cultural da música popular*. Belo Horizonte: Autêntica, 2005.

_____. *Seguindo a canção: engajamento político e indústria cultural na MPB*. São Paulo: Anna Blume/FAPESP, 2001.

NASCIMENTO, Alam d'Ávila. *Para animar a festa: a música de Jorge Ben Jor*. Dissertação (Mestrado em Artes) - Instituto de Artes da Universidade Estadual de Campinas. Campinas: [s.n.], 2008.

NAVES, Santuza Cambraia. *Canção popular no Brasil*. Rio de Janeiro: Civilização Brasileira, 2010.

NOVAIS, Fernando A.; SCHWARCZ Lília Moritz. (org.). *História da Vida Privada no Brasil: contrastes da intimidade contemporânea,* vol. 4. São Paulo: Companhia das Letras, 1998.

NOGUEIRA, Oracy. *Tanto preto quanto branco: estudos de relações raciais*. São Paulo: T. A. Queiroz, 1985.

ORTIZ, Renato. *A moderna tradição brasileira: cultura brasileira e indústria cultural*. São Paulo: Brasiliense, 1988.

_____. *Cultura brasileira e identidade nacional*. São Paulo: Brasiliense, 1985.

_____. "A procura de uma sociologia da prática". Em BOURDIEU, Pierre. *Sociologia*. São Paulo: Ática, 1983.

OSÓRIO, Rafael Guerreiro. "Desigualdade racial e mobilidade social no Brasil: um balanço das teorias." Em THEODORO, Mário (org.). *As políticas públicas e a desigualdade racial no Brasil 120 anos após a abolição*. Brasília: Ipea, 2008.

OTSUKA, Edu Teruki. *Era no tempo do rei: a dimensão sombria da malandragem e a atualidade das Memórias de um sargento de milícias*. Tese (Doutorado em Letras) - Departamento de Letras Clássicas e Vernáculas da Universidade de São Paulo. FFLCH. São Paulo: [s.n.], 2005.

PAIANO, Enor. *O berimbau e o som universal: lutas culturais e a indústria fonográfica nos anos 1960*. São Paulo: Dissertação (Mestrado em Comunicação e Artes) - Escola de Comunicação e Artes da Universidade de São Paulo. São Paulo: [s.n.], 1994.

PALOMBINI, Carlos. "Soul brasileiro e funk carioca." Em *Opus*, v. 15, n. 1, pp. 37-61, 2009.

PASQUALE, Cipro Neto e INFANTE, Ulisses. *Gramática da Língua Portuguesa*. São Paulo, SP: Spicione, 2001.

PAVIS, Patrice. *Dicionário de Teatro*. São Paulo: Perspectiva, 1999.

PELEGRINI, Sandra C.A.; ALVES, Amanda Palomo. "Eu quero um homem de cor." Em *Revista de História da Biblioteca Nacional*. Ano 6, nº 67. Abril de 2011. Rio de Janeiro.

_____. "Tornado 'black' e musical." Em *Revista de História da Biblioteca Nacional*. Disponível em http://www. revistadehistoria.com.br/secao/artigos/tornado-black- -e-musical.

PENTEADO, Lea. *Um instante, maestro!* Rio de Janeiro: Record,1993.

PEREIRA, Amilcar Araújo. *O mundo negro: a constituição do movimento negro contemporâneo no Brasil (1970- 1995)*. Tese (Doutorado em História) - Programa de Pós Graduação em História da Universidade Federal Fluminense Niterói: [s.n.],. 2010.

PEREIRA, Carlos Alberto Messeder. *O que é contracultura*. São Paulo: Brasiliense, 8ª ed., 1992.

PERMAN, Janice. *O mito da marginalidade – favelas e políticas no Rio de Janeiro*. Rio de Janeiro: Paz e Terra, 1991.

PITTIGLIANI, Armando. Contracapa. Em BEN, Jorge. Samba esquema novo. Universal Music, 1963.

POLLAK, Michael. "Memória, esquecimento, silêncio." Em *Estudos Históricos*. Rio de Janeiro, v. 2, n. 3, pp. 3-15, 1989.

_____. "Memória e identidade Social." Em *Estudos Históricos*. Rio de Janeiro, v 5. n. 10, pp. 200-212, 1992.

POUTIGNAT, Philippe; STREIFF-FENART, Jocelyne. *Teorias da Etnicidade seguido de grupos étnicos e suas fronteiras de Fredrik Barth*. São Paulo: Editora da UNESP, 1998.

PRANDI, Reginaldo. *Os candomblés em São Paulo: a velha magia na metrópole nova*. São Paulo: Huicitec/ USP, 1991.

PURDY, Sean. "O século americano." Em KARNAL, Leandro. *História dos Estados Unidos: das origens ao século XXI*. São Paulo: Contexto, 2011.

QUEIROZ JÚNIOR, Teófilo. *Preconceito de cor e a mulata na literatura brasileira*. São Paulo: Ática, 1975.

RAIM, Raline Nunes. "Relações étnico-raciais no Brasil: pretinho (a) eu? Discutindo o pertencimento étnico." Em *Nguzu. Revista do Núcleo de Estudos Afro-Asiáticos da UEL* (Universidade Estadual de Londrina - PR). Ano 1, n. 1, março/julho de 2011.

RAMOS, Arthur. *O negro na civilização brasileira*. Rio de Janeiro: Casa do estudante do Brasil, 1971.

RAMOS, Silvia (org.). *Mídia e racismo*. Rio de Janeiro: Pallas, 2002.

REIS, João José; GOMES, Flávio dos Santos. *Liberdade por um fio – História dos quilombos no Brasil*. São Paulo: Companhia das Letras, 1996.

REZENDE, Guilherme Jorge de. *Telejornalismo no Brasil: um perfil editorial*. São Paulo: Summus, 2000.

RIBEIRO, Lídice Meyer Pinto. Negros islâmicos no Brasil escravocrata. Em *Cadernos CERU*, Universidade de São Paulo (USP). São Paulo, série 2, v. 22, n.1, 2011.

RIBEIRO, Maria Aparecida da Conceição. *Identidade e resistência no urbano: o quarteirão do soul em Belo Horizonte*. Tese (Doutorado em Geografia) - Programa de Pós-Graduação do departamento de Geografia da Universidade Federal de Minas Gerais. Belo Horizonte: [s.n.], 2006.

RIBEIRO, Rita. "Errância e exílio na soul music: do movimento Black-Rio nos anos 70 ao Quarteirão do Soul em Belo Horizonte." Em *Tempo e Argumento*, Florianópolis, v. 2, n. 2, pp. 154-180, 2010.

RIDENTI, Marcelo. *Brasilidade revolucionária: um século de cultura e política*. São Paulo: Unesp, 2010.

_____. *Em busca do povo brasileiro: artistas da revolução, do CPC à era da TV*. Rio de Janeiro: Record, 2000.

RISÉRIO, Antônio. *A utopia brasileira e os movimentos negros*. São Paulo: 34, 2012.

_____. *Carnaval Ijexá: notas sobre o afoxé e blocos no novo carnaval afro-baiano*. Salvador: Corrupio, 1981.

ROCHA, João Cezar de Castro. "Dialética da marginalidade: caracterização da cultura brasileira contemporânea." Em *Jornal Folha de S.Paulo*. São Paulo: 29 fev. 2004.

SAHLINS, Marshall. *Cultura na prática*. Rio de Janeiro: UFRJ, 2004.

SANCHES, Pedro Alexandre. *Como dois e dois são cinco: Roberto Carlos (& Erasmo &Wanderléa)*. São Paulo: Boitempo, 2004.

_____. *Tropicalismo: decadência bonita do samba*. São Paulo: Boitempo, 2000.

SANSONE, Lívio. *Negritude sem etnicidade*. Edufba. Salvador: Pallas, 2003.

_____. "Da África ao Afro: uso e abuso da África entre intelectuais e na cultura popular brasileira durante o século XX." Em *Revista Afro-Ásia*, n. 27, pp. 249-269, 2002.

SANTIAGO, Silviano. *Uma literatura nos trópicos*. Rio de Janeiro: Rocco, 2ª ed., 2000.

SANTOS, Daniela Vieira. *Não vá se perder por aí: a trajetória dos mutantes*. São Paulo: Annablume/Fapesp, 2010.

SANTOS, Joel Rufino dos. *O Movimento negro e a crise brasileira*. Rio de janeiro: FESP, 1982.

SANTOS, José Antônio dos. Prisioneiros da História. Trajetórias intelectuais na imprensa negra meridional. Tese (Doutorado em História) - Programa de Pós-Graduação em História, Faculdade de Filosofia e Ciências Humanas, Pontifícia Universidade Católica do Rio Grande do Sul – PUC/RS. Porto Alegre: [s.n.], 2011.

SCHWARCZ, Lilia Moritz. *Nem preto nem branco, muito pelo contrário: Cor e raça na sociabilidade brasileira*. São Paulo: Claro Enigma, 2012.

_____. "Raça sempre deu o que falar." Em FERNANDES, Florestan. *O negro no mundo dos brancos*. São Paulo: Global, 2 ed., 2007.

_____. *O espetáculo das raças: cientistas, instituições e questão racial no Brasil 1870-1930*. São Paulo: Companhia das Letras, 1993.

SCHWARZ, Roberto. "Verdade Tropical: um percurso em nosso tempo." Em _____. *Martinha versus Lucrécia: ensaios e entrevistas*. São Paulo: Companhia das Letras, 2012.

SCOVILLE, Eduardo. Na barriga da baleia: a rede Globo de televisão e a música popular brasileira na primeira metade da década de 1970. Tese (Doutorado em

História) - Programa de Pós-Graduação em História na Universidade do Paraná. Curitiba: 2008.

SEVCENKO, Nicolau. "Configurando os anos 70: a imaginação no poder e a arte nas ruas." Em *Anos 70: Trajetórias*. São Paulo: Iluminuras, 2005.

SILVA, Jorge da. *120 Anos de Abolição – 1888-2008*. Rio de Janeiro: Hama, 2008.

SILVA, Yara da. *Tia Carmem – negra tradição da Praça Onze*. Rio de Janeiro: Garamond, 2009.

SIMMEL, Georg. *Filosofia da moda e outros escritos*. Lisboa: Texto &Grafia, 2008.

SKIDMORE, Thomas. *O Brasil visto de fora*. Rio de Janeiro: Paz e Terra, 1994.

_____. *Preto no branco: raça e nacionalidade no pensamento brasileiro*. Rio de Janeiro: Paz e Terra, 2ª ed., 1976.

SOARES, Luiz Carlos. *O "povo de Cam" na capital do Brasil: a escravidão urbana no Rio de Janeiro do século XIX*. Rio de Janeiro: Faperj/ 7Letras, 2007.

SODRÉ, Muniz. *Claros e escuros - identidade, povo e mídia no Brasil*. Petrópolis: Vozes, 1999.

_____. *A verdade seduzida. Por um conceito de cultura no Brasil*. Rio de Janeiro: DP&A, 2005.

_____. *Samba, o dono do corpo*. Rio de Janeiro: Mauad, 2007.

SOUZA, Antonio Candido de Melo. "O significado de raízes do Brasil." Em HOLANDA, Sérgio Buarque de. *Raízes do Brasil*. São Paulo: Companhia das Letras, 26ª ed., 1995.

_____. "Dialética da malandragem." Em *O discurso e a cidade*. São Paulo: Duas Cidades, 1993.

_____. *O método crítico de Sílvio Romero*. São Paulo: EDUSP, 1988.

STAN, Robert. *Bakhtin - da teoria literária à cultura de massa*. São Paulo: Ática, 2000.

TATIT, Luiz. "A Canção Moderna." Em *Anos 70: Trajetórias*. São Paulo: Iluminuras/ Itaú Cultural, 2005.

_____. *O século da canção*. Cotia: Ateliê Cultural, 2004.

TAVARES, Julio Cesar de; GARCIA, Januario. *Diásporas africanas na América do Sul – Uma ponte sobre o Atlântico*. Brasília: Fundação Alexandre de Gusmão, 2008.

_____. "Etnografando orfeu afro-brasileiro." Resenha do livro *Orfeu e poder - movimento negro no Rio e São Paulo*, de Michel George Hanchard, em,Revista Espaço Acadêmico, ano II, n. 22, mar.2003. Disponível em http://www.espacoacademico.com.br/022/22res_tavares.htm. Acesso em 13.01.2013.

TELLES, Edward E. "Industrialização e desigualdade racial no emprego: o exemplo brasileiro." Em *Estudos Afro--Asiáticos*, n. 26, set.1994. Rio de Janeiro: Centro de Estudos Afo-Asiáticos CEEA – Conjunto Universitário Cândido Mendes, 1994.

THAYER, Allen. "Brazilian Soul and DJ Culture's Lost Chapter." Em *Wax Poetics*, n. 16, pp. 88-106, 2006.

VELOSO, Caetano. *Verdade Tropical*. São Paulo: Companhia das Letras, 1997.

VENTURA, Zuenir. "Vazio Cultural." Em GASPARI, Elio; HOLLANDA, Heloisa Buarque de; VENTURA, Zuenir.

Cultura em trânsito: da repressão à abertura – 70/ 80. Rio de Janeiro: Aeroplano, 2000.

VELHO, Gilberto. "Mudança social. Universidade e contracultura." Em ALMEIDA, Maria Isabel Mendes de; NAVES, Santuza Cambraia. *Por que não? Rupturas e continuidades da contracultura.* Rio de Janeiro: 7letras, 2007.

VICENTE, Eduardo. "Música e disco no Brasil: a trajetória de André Midani." Em *Significação: Revista de Cultura Audiovisual*, v. 35, n. 29, pp. 115-142, jun. 2008. ISSN 2316-7114. Disponível em: http://www.revistas.usp.br/significacao/article/view/65663.

VIANNA, Hermano. *O mistério do samba.* Rio de Janeiro: Zahar, 4ª ed., 2002.

_____. *O baile funk carioca: festas e estilos de vida metropolitanos.* Tese (Doutorado em Antropologia social) - Museu Nacional, Programa de Pós-Graduação em Antropologia social. Universidade Federal do Rio de Janeiro, [s.n.], 1987.

_____. *Galeras cariocas - territórios de conflitos e encontros culturais.* Rio de Janeiro: UFRJ, 1997.

WEBER, Max. *Economia e sociedade: fundamentos da sociologia compreensiva. Volume 1.* Brasília: Universidade de Brasília, 4ª ed., 2000.

WEIL, Pierre; TOMPAKOW, Roland. *O corpo fala – a linguagem silenciosa da comunicação não verbal.* Petrópolis: Vozes, 2011.

WILLIAMS, Raymond. *Marxismo e Literatura.* São Paulo: Zahar, 1979.

WISNIK, José Miguel. "O minuto e o milênio ou por favor, professor, uma década de cada vez." Em *Anos 70: música popular.* Rio de Janeiro: Europa, 1980.

WOLTON, Dominique. *Elogio do grande público – uma teoria crítica da televisão*. São Paulo: Ática, 1990.

YÚDICE, George. *A conveniência da cultura: usos da cultura na era global*. Belo Horizonte: UFMG, 2004.

ZAN, José Roberto. "Funk, soul e jazz na terra do samba: a sonoridade da Banda Black Rio." Em *ArtCultura: Revista do Instituto de História da Universidade Federal de Uberlândia*, v. 7, n. 11, pp. 183-196, jul-dez. de 2005. Uberlândia: EDUFU, 2005.

Este livro foi composto na tipologia Univers,
em corpo 12/14,5, e impresso em
papel off-white na Lis Gráfica.

Acervo JB/ Almir Veiga

Acervo JB/ Almir Veiga

Acervo JB/ Almir Veiga

Acervo JB/ Almir Veiga

Acervo JB/ Almir Veiga

Acervo JB/ Almir Veiga

Acervo JB/ Almir Veiga

Acervo JB/ Almir Veiga

Acervo JB/ Almir Veiga

Acervo JB/ Almir Veiga

Acervo JB/ Almir Veiga